講談社選書メチエ

778

パルメニデス

錯乱の女神の頭上を越えて

山川偉也

MÉTIER

PARMENIDES, OVER THE HEAD OF *ATH*

Hideya Yamakawa

プロロゴス

「ぞうさん　ぞうさん　おはなが　ながいのね　そうよ　かあさんも　ながいのよ」という童謡（團《だん》伊玖磨《いくま》作曲）をご存知でしょう。その作者まど・みちおに、「リンゴ」という詩があります。[1]

リンゴを　ひとつ
ここに　おくと

リンゴの
この　大きさは
この　リンゴだけで
いっぱいだ

リンゴが　ひとつ
ここに　ある
ほかには
なんにも　ない

ああ　ここで
あることと
ないことが
まぶしいように
ぴったりだ

この詩をはじめて読んだとき――それはもうずいぶんずいぶん昔のことですが――「あっ、パルメニデス！」と思わず声を出しました。「あること」についてギリシアの大哲学者が言っていることは、この詩とほとんどなにも変わりません。そして、現代の物理学理論、アインシュタインのそれも、量子力学のそれも、べつだん、これにまさったことを言っているわけでもありません。

⁂

ごく最近（二〇二二年二月二日）、イタリアのＡＮＳＡ誌に、「ヴェリア（＝エレア）の発掘、アレリア海での戦いを印す兜と武器の発見」という写真つきの記事が掲載されました。パルメニデスの生地、現在の南イタリアのヴェリア（エレア）、そのアクロポリスのアテナ神殿の遺跡から、「女神に」という刻銘をもつ青銅製の二つの兜――そのひとつは明らかにエトルリア製のもの――が発掘された、という記事です。

そのニュースのポイントは、記者によれば、ギリシアのものではないエトルリア製の兜が、他ならぬエレアのアテナ神殿址から発掘されたという点にあります。つまりその記者は、ヘロドトスが『歴史』第一巻一六六において語っているフォカイア人対カルタゴ・エトルリア人の間で行なわれた「海戦」がたんなる物語ではなく、ほんとうにあった歴史的事実なんだよ、と言いたいわけです。

しかしその記者は、エレアを建てたフォカイア人たちが、何故、また、どういうつもりで、敵方から分捕ったエトルリア製の兜をアテナ女神に奉献したのかについては、何も言っていません。その点について、もし彼が追及されたなら、彼はたぶんこう叫んだことでしょう、「そんなこと、分かるはずないじゃないか!」、と。だが、彼は、本書の第一章を読むべきだったのです。そうすれば彼は、きっと、その答えをみつけることができたでしょう。

図1　エレアのアテナ神殿址から発掘されたエトルリア製の兜（ANSA）

⁂

本書のタイトル『パルメニデス——錯乱の女神の頭上を越えて』は、一風変わっています。が、内容のほうもそれに劣らず独創的です。本書には、世界中でこれまでに出版されたパルメニデスについてのどんな書物にもなかった、オリジナルで斬新な観点が、たくさん盛り込まれています。

わたしが描こうとしたのはトルソーではありません。パルメニデスの全身像です。パルメニデスの父祖フォカイア人がエレア建国を果たすまでの苦闘をリアルに描いたのも、まさにそのためでした。パルメニデス詩『ペリ・フュセオース』の真相に迫るために、わたしは、これまでパルメニデス研究者たちがタッチしてこなかった、写本テクストに歴然と残る「カタ・パンタ・アーテーィ」（訳せば「アーテー女神の虜となりし人みなの頭上を越えて」となりましょう）という文字を掘り起こし、復活させました。そして、この読みとのかかわりにおいて、パルメニデスの全断片、とりわけ断片二、断片六、断片七、断片八を丹念に読み直し、パルメニデスの存在論を支える「エレア的アルゴリズム」を発見したのです。これは、パルメニデスの論理が、アリストテレスやストア派ではなく、後代のライプニッツやブールの二進法論理（0－1算法）に繋がるものであることを確認させるものとなりました。さらに、断片八における「あるもの」をめぐるすべての論証を「帰謬法仮定」に基づくものとして再現し、「思惑」と「真理」間の関係を「帰謬法仮定としての思惑と真理の関係」と捉え直すことにより、パルメニデス研究最大の難問を解くに至ったのです。

ゼノンの最期、そして彼のパルメニデスとの関係については、これまでも、さんざん論じられてきました。このトピックをめぐって、わたしは、エレアの遺跡発掘にかかわる最近の考古学的発見に基づき、エレア市の歴史に関する単純な仮説を立ててみました。そして、その仮説に基づき、ストラボンとプルタルコスが伝える、政治家・立法者としてのパルメニデスを、根本から見直してみました。その結果、ゼノンの壮絶きわまる最期、パルメニデスとゼノンの関係、さらにパルメニデス詩『ペリ・フュセオース』の成立事情について、たぶんこれまで誰も予想しなかったであろう意外な結論に達することになったのです。

本書はミステリー仕立てになっています。あなたが未知のパルメニデスに遭遇されますように！

二〇二二年五月七日

目次

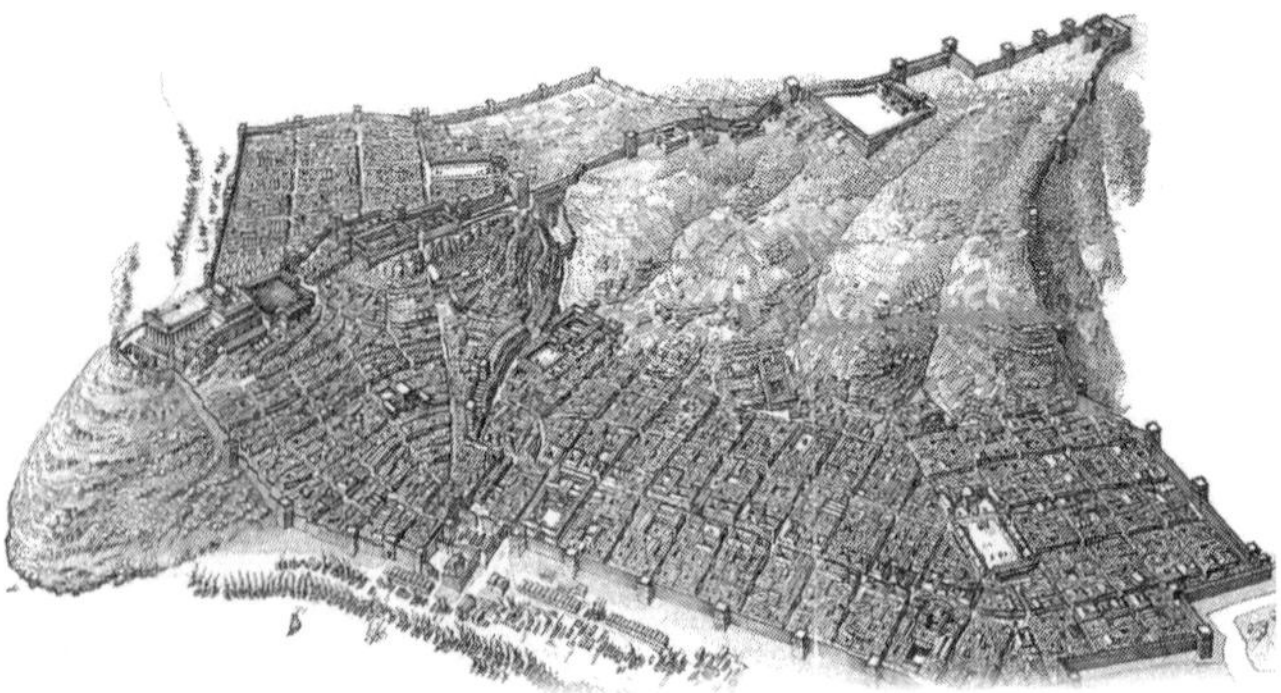

第一章

海上を放浪する国

放浪する海上の国

パルメニデスの生国エレアは、新興ペルシア帝国によって祖国を追われたフォカイア人たちが、[1]およそ一〇年の歳月というもの、安住の地を求めてさまよったあげく、前五三五年頃に南イタリアのテュレニア海沿岸に建てた、貧しくも小さな国であった。その小さな国に生まれ育ったパルメニデスが、「ギリシア思想史上最大の分水嶺」と目される哲学者になったのは、いかにしてであったか。まずは、パルメニデスの父祖フォカイア人たちが故郷を捨て、艱難辛苦《かんなんしんく》の末にエレアという国を建てるに至った経緯を見てみよう。

　前五四七年、押し寄せるペルシアの大軍に蹂躙《じゅうりん》され、リュディアの王都サルディスが陥落する。このときを境として、小アジアのイオニア地方は大動乱の時代に突入する。ペルシアの将軍ハルパゴスが大軍を率いてイオニア地方に侵攻し、ギリシア人たちの居住区域の自由と独立を次々と奪っていったからだ。『歴史』第一巻一六三においてヘロドトスは、フォカイアが「海上を放浪する国」となった経緯を次のように語り始める、[2]「ハルパゴスがイオニアで最初に手をつけたのはフォカイアである。フォカイア人はギリシア人の中では遠洋航海の先駆者であり、アドリア海、テュルセニア、イベリア、タルテッソスなどを発見したのも、このフォカイア人である」、と。

　フォカイアの市街は堅固な城壁によって隙間なく守られていた。が、これをハルパゴスは盛り土作戦によって攻略し、降伏を迫った。「もしもフォカイア側が（降伏したしるしとしてペルシア王に）城壁の胸壁を一つだけ取り壊し、家屋を一つ献納すれば、自分はそれでもって満足しよう」、と。だが、

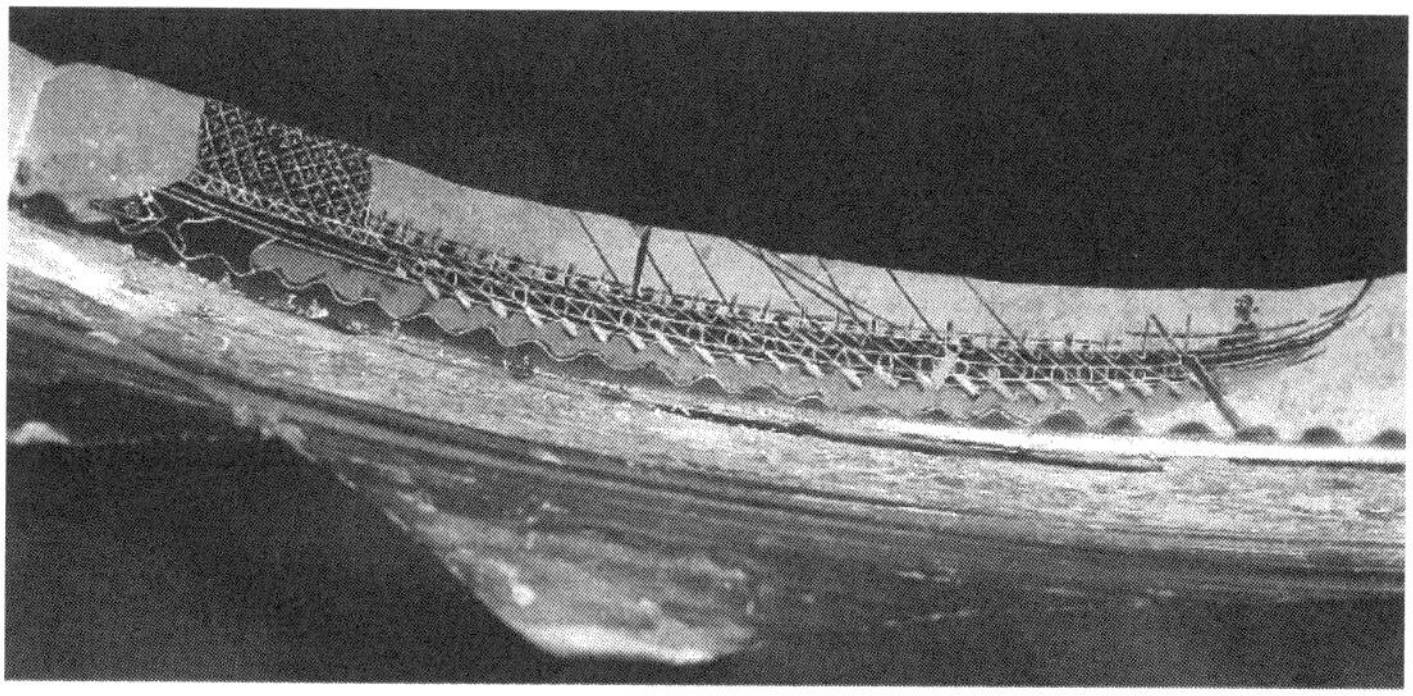

図2　Attic black-figure *dinos* signed Execias, Penteconter with two rows of oarsmen but only the upper row working, 550-530 B.C. Rome, Museo Nazionale di Villa Giulia: Giovanni Pugliese Carratelli, *The Western Greeks: Classical Civilization in the Western Mediterranean*, Thames and Hudson, 1996, p.138.

フォカイア人はペルシアに隷属することを潔しとしなかった。そこで「一日間協議したうえで返事をしたい」と答え、自分たちが協議中は、「軍隊を城壁から退けてほしい」と要求した。ハルパゴスにはフォカイア人の胸の内が分かっていたが、あえてその要求を呑むことにした。ハルパゴスが軍隊を城壁から遠ざけたのを見計らうや、フォカイア人は五十櫂船《かいせん》をすべて海に降ろし、女子供や家財そのほか大切なもの一切をこれに積み込み、最後には自分たち自身も乗り込んで、ヒオス島に向かって一斉に出帆した。こうしてペルシア軍は、「もぬけの殻となったフォカイアを占領したのである」(一・一六四)。

ここに「五十櫂船」という船が出てくる。船には大きく「丸船」(ストロンギュレ・ナウス)と「長船」(マクラ・ナウス)があった。「丸船」は長さと幅の比が四対一くらいの、ずんぐりむっくり型の帆走専用の商船ないし輸送船で、その積載量は一二〇〜一五〇トンくらいから四〇〇〜五〇〇トンくらいまであった。他方、「五十櫂船」は「長船」で、少し後の時代に登場する三段櫂船の親にあたる船である。船首には戦時に敵船の船体を打ち砕く青銅製の「衝角」（エムボロス）が取付けられていた。

五十櫂船の長さは二八～三三メートルくらい。横幅は四メートルほどあった。両舷側には縦一列に二五個ずつ臍穴《ほぞ》が穿《うが》たれていて、この臍穴に櫂を操作する支点となる「櫂栓」（クレイス）が取付けられた。漕ぎ手たちはその「櫂栓」に櫂を引っ掛け皮紐で括《くく》り付けて、一斉に櫂を漕いだ。その最高速度は九・五ノットほど。現代のレース用八人乗りボートに匹敵するスピードが出た。残念ながら、五十櫂船に乗り組んだ人員数がどれだけであったか、記録がない。が、サモスの僭主ポリュクラテスが保有した一〇〇艘の五十櫂船に関するK・ウォーターフィールドの研究がある。それによると、ポリュクラテスは各一艘ごとに「全部でおよそ六五名の人員、つまり五〇人の漕ぎ手（ナウタイ）、一〇人の海兵（エピバタイ）ないし弓兵（トクソタイ）、および少数の熟練した甲板乗務員を配置する必要があった」。すると、ポリュクラテスは、緊急事態に際して全艦隊を集結させなければならない事態が発生したときには、一遍に「六、五〇〇人の乗組員を招集しなければならなかった」ことになる。[3]

ヘロドトスの「ペルシア軍はもぬけの殻となったフォカイアを占領した」という口ぶりによれば、フォカイアの全市民が一人残らず祖国フォカイアを後にしたかのようである。では、彼らの総勢は何人、乗った船は全部で何艘であったか。ヘロドトスは、「女子供や家財全部をそれに載せ、神社の神像やそのほかの奉納物も、青銅製や大理石製のものおよび絵画類を除いては、全部積み込んで」（一六四）と言うのみである。詳しいことは何も分からない。

フォカイア人たちは、西方の隣国ヒオスをめざして出航した。彼らの心づもりは、ヒオス島本土近くのオイヌッサイ諸島を買い取ることにあった。ところが、意に反してヒオス人たちは、「これが商業の中心地となり、そのため自分たちの島が通商活動から締め出されるのを恐れて売却に応じなかった」（一六五）。そこで、やむなく、フォカイア人たちは、後にしてきたフォカイアに取って返し、市を警備していたペルシアの守備隊を襲撃した。そして、これを首尾よく仕終えると一つの誓いを立てた。ひとたび国を捨てると決めたからには、二度とふたたびフォカイアには帰るまい、と。そこで彼らは、この誓願を「破った者たちにふりかかるように」と、恐るべき呪いの言葉をかけ、真っ赤に焼いた巨大な鉄塊を海中に投じ、「この鉄塊がふたたび海上に浮き上がってくるまでは、決してフォカイアには戻るまい！」と誓った。しかし、いよいよもってキュルノス（現在のフランス領コルシカ島）に向かって出航する段になると、「市民たちの半数以上の者たちが、祖国や住み慣れた場所に恋い焦がれ、その思いに耐えかねて誓いを破った。そしてフォカイアへと船を返して行った」。こうして、「誓いを守った者たち」だけが、ヒオスのオイヌッサイに集結し、そこからふたたび「出帆して、（キュルノスへと）船を進めていった」（一六五）。

ここでもヘロドトスは、キュルノスへ向かった人々の総勢がどれだけであったか、また彼らが保有していた五十櫂船が何艘であったか、はっきりとしたことは何も言っていない。しかし、キュルノスに着いて五年の歳月が過ぎた頃、フォカイア人たちと先住民エトルリア人ならびにカルタゴ人との間に、厄介な揉め事が起こった。そして、ついに、海戦が勃発した。その事態を報告するなかでヘロドトスは、両軍の艦船数に言及する。

「一行はキュルノスに着くと、彼らより先に移住していた者たちといっしょに、この地に五年間住み、聖所も建てた」。ところが「彼らが近隣住民たちに対して誰彼なしに略奪を働いた」廉《かど》で、「テュルセノイ人（エトルリア人）とカルケドン人（カルタゴ人）が共同戦線を張り、それぞれ六〇艘の船をもってフォカイア人を攻めたてた」。そこで「フォカイア人もまた六〇艘の船に兵員を満たし、いわゆるサルディニア海へと出動してこれを迎え撃った」。しかるに、「海戦を交えた結果フォカイア人が得たものは世にいうところの『カドメイアの勝利』[4]であって、船四〇艘を失ったうえ、残った二〇艘も、船首の衝角がへし曲げられ、用をなさなくなってしまった」（一六六）。

他方、五十櫂船四〇艘に乗り組んでいた者たちは、カルケドン人とテュルセノイ人の捕虜とされ、籤引《くじび》きによりそれぞれ分配される憂き目に遭った。その籤引きで特に多くの捕虜を引き当ててしまったアギュラ人は処置に困った。そこで、捕虜たちを町の外に引き出して石打ちの刑に処し殺してしまった。しかし、他の捕虜たちも同様の悲惨な目に遭ったにちがいない。こうして、二、六〇〇人ほどのフォカイア人が、無残な最期を遂げることになった。

一方で生き残ったフォカイア人たち、負傷者・健常者合わせて一、三〇〇人ほどの者たちは、いったんキュルノス島のアレリアへと取って返し、妻子のほか、船に積めるかぎりの家財をまとめてレギオン（レッジョ・カラブリア）へと向かって出航した、という[5]。

だが、生き残った者たちは、何故レギオンへと向かったのであろうか。彼らはキュルノスへと出航する前から、つまりフォカイアを発つときすでに、後々レギオンに行く、と決めていたのであろうか。ありえない。フォカイアを発つ前からそう決めていたのなら、彼らはキュルノスには行かなかったであろう。では、レギオンに向かってテュレニア海を南下しているその最中に、レギオンのことを聞き知って、レギオンに向かうことになったのであろうか。もちろん、これもありえない。その想定は、論理矛盾を犯しているだけではなく、現実的にもありえない。というのは、キュルノスの西北方には、彼らの父祖のフォカイア人が建てた植民地マッサリア（現在のマルセーユ）があったからだ。すると、彼らが「レギオン」のことを聞き知ったのは、キュルノスにおいて、「あるポセイドニア人から、デルフォイの巫女が彼らに『キュルノスを建てよ』と託宣を下したそのキュルノスとは、島のキュルノスではなく、英雄キュルノスのことであったのだと教えられた」（一六七）、まさにそのときを措いて外にはない、ということになるだろう。

『歴史』第一巻一六七の記述は非常に分かりにくい。整合性に乏しい。しかし、次のように考えれば一応の整合性は保たれよう。キュルノスにあってフォカイア人たちが紛争に巻き込まれ困っていたある日あるとき、問題のポセイドニア人から「きみたちは何故当地にやってきたのか」と問われたフォカイア人が、「デルフォイの巫女が彼らに〔先祖の一部がすでにそこに住んでいるキュルノスの地へ行って〕『キュルノスを建てよ（再興せよ）』と託宣を下したからである」と答えたところ、そのポセイドニア人が笑って、「それは『キュルノス』違いというものだ。デルフォイの巫女が言った『キュルノス』とは英雄『キュルノス（ヘラクレスの孫）』のことであって、当地のキュルノスのことではない。きみたちはそれを勘違いして当地にやってき、紛争にまきこまれることになったが、それはもともときみたちが悪い。きみたちはむしろ南方のレギオンに向かうべきだったのだ」とアドヴァイスした。そこで、フォカイア人たちは、レギオンへの道筋その他について教えてもらうことになった、というふうに解釈すると、一六七の文脈は一応筋の通ったものになるだろう。[6]

だが、実際には、いま一つの可能性が残っている。ヒオスを発ってイタリア半島の「つま先」、テュレニア海とイオニア海を結ぶ、渦まく激しい潮流で知られるメッシーナ海峡にさしかかろうとしたとき、つまり、その激しい潮の流れを乗り切ろうとする前に、もしもフォカイア人たちが、疲れ切った身心を休めるためにレギオンの港に立ち寄ることがあったとすれば、そしてレギオンの人々から好意的に処遇されることがあったとすれば、こと破れてアレリアを捨てた時点で、いまさらにレギオンのことを思い出し、彼らがレギオンへ行こうと決心するに至ったとしても、無理はなかったことになるのではあるまいか。

ストラボンの語るエレアの地誌

こうして、生き残ったフォカイア人たちは、半壊状態の五十櫂船二〇艘ならびに妻子や財産を積んだ何艘かの輸送船に分乗して、ヒオスを発ってキュルノスに向かったとき一度は北上したことのある同じテュレニア海のルートを、今度は南下して、アレリアから遠く離れた古代都市レギオンをめざし下って行った。途中、イタリア半島沿岸に近づいたときには、ギリシア人が築いた数々の植民都市、ネアポリス（ナポリ）、サレルニム（サレルノ）、ポセイドニア（パエストゥム）、そして自分たちの国がそこに建設されることになるであろうヴェリア（カステッラマーレ・ディ・ヴェリア）の地のあたりを左に見ながら、ピュクスス岬を廻り、ラオス、ケリロイ、エンポリオンを経て、次第にレギオンに近づいていったであろう。

レギオンは、前七三〇－前七二〇年頃カルキス人が建てた国である。が、前五四〇－前五三五年頃

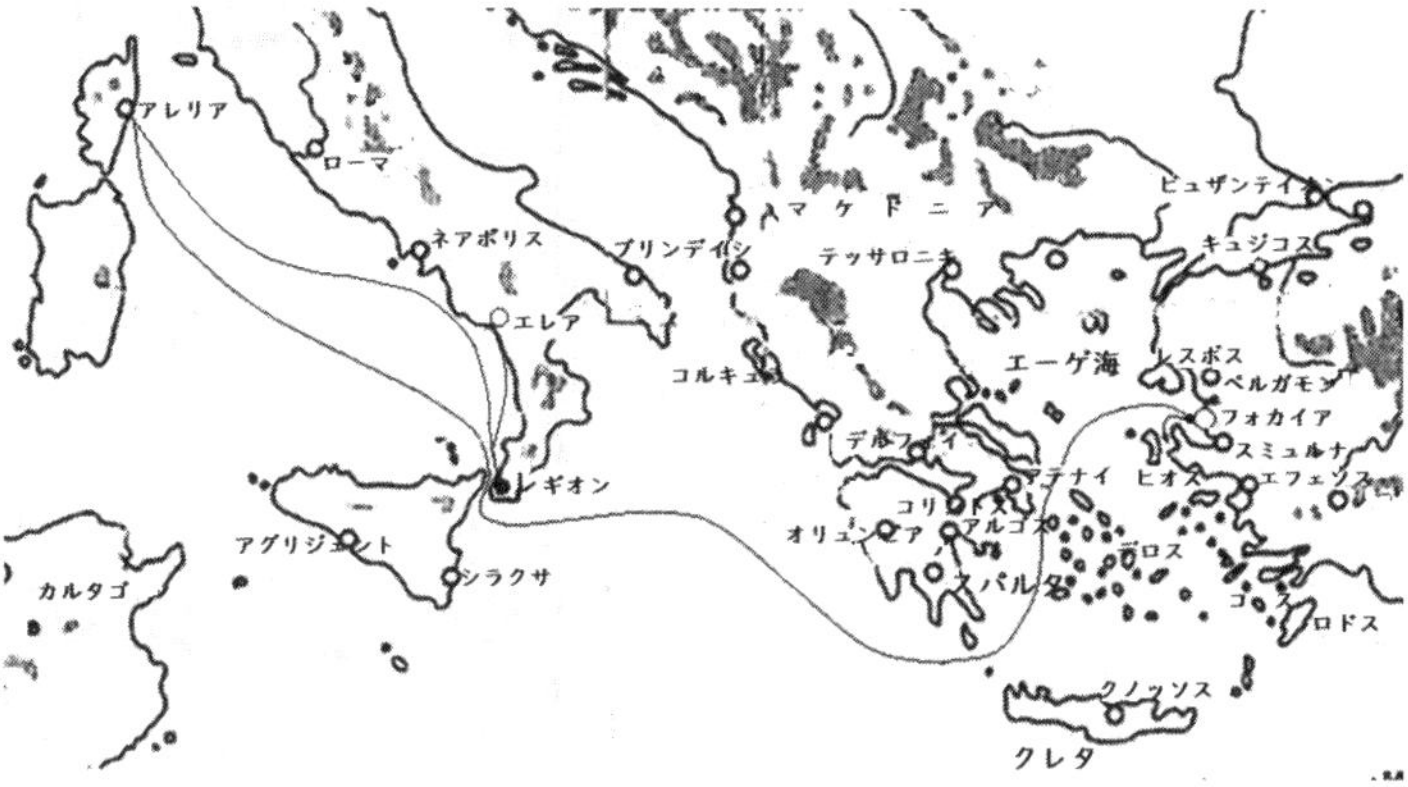

図３　フォカイア人の航路：フォカイアからエレアまで

にレギオンを支配していたのは、第二次メッセニア戦争においてスパルタとの戦いに敗れ当地レギオンに逃れてきた一部敗残者たちの子孫であった。彼らは、スパルタに隷属させられ国を追われるという、フォカイア人たちの運命と一脈相通じる過酷なトラウマを経験していた。彼らメッセニア人たちがフォカイア人たちを無下にあしらったという証拠はない。かえって、ヘロドトスの「レギオンに逃れたものは、そこから出発してオイノトリア地方に今日ヒュエレと呼ばれている市（ポリス）を作った」（一六七）という言葉は、レギオンがエレア建国を支援する根城となったという意味合いをもつだろう。

国を建てるには、それなりの時間と準備が必要である。人材を募り、資材を整え、費用を調達し、有力者の支援をねばりづよく要請し、可能なかぎり土地の人々との協力体制を整えなければならない。そのためにはなによりも、事業を最後までやり遂げる強い意志をもった指導者が必要である。

フォカイア人には、幸いなことに、そのような指導者がいたようである。地理学者ストラボン（前六三年頃―後二三年頃）は『地理誌』第六巻第一章二五二において次のように言っている。

アンティオコスによると、フォカイアがキュロスの手に落ちると、有力者たちはそれぞれ一家を挙げて軽い船に乗り組み、クレオンティアデスに従って最初キュルノスとマッサリアまで航海したが、追い払われたので、エレアを建設した。一説ではこの市の名前はエレエス川に因《ちな》んでつけられたという。市はポセイドニアから約二〇〇スタディオン（三六キロ）離れている。

ストラボンのこの報告によると、フォカイア人たちは最初キュルノスに加えてマッサリアまで航海したことになっている。キュルノスもマッサリアもフォカイア人の父祖たちが建てたポリス（市）である。したがって、フォカイア人たちがこれらの市に救いを求めて行ったとしても、何の不思議もない。が、「追い払われた」というのは事理に反する。なぜ、救いを求めてはるばるとやってきた同胞のひとびとを彼らは追い払わなければならなかったのか。はっきりとした理由は分かっていない。「有力者たちはそれぞれ一家を挙げて軽い船[7]に乗り組み」というのは理にかなっている。この説明によれば、フォカイアの全市民が妻子を含めて五十櫂船に乗り組んだように語るヘロドトスの報告の矛盾は解消される。ストラボンの説明によれば、フォカイアから逃れたのはフォカイアの全市民ではなく、船に乗り込みうる資産を保有していた有力市民たちだけだった、ということになるからだ。他方、「レギオン」の名が出てこないのは不思議ではないかもしれない。「キュルノスとマッサリアまで航海したが、（なにかの理由があって）追い払われたので、（レギオンへ行き、そこを根城にして）エレアを建設するに至った」という報告の一部分が省略されていると解釈することができるからである。

大事なのは、フォカイア人たちの船団を率いた指導者がクレオンティアデスという名前の男だと分かったことである。このクレオンティアデスこそが、フォカイアからエレアまで一貫して一同を率いていった人物であり、したがってまた、フォカイアの港を出るとき灼熱の鉄塊を海中に投じて、「この鉄塊がふたたび海上に浮き上がってくるまでは、フォカイアには決して戻るまい！」と誓いの音頭を取った当の人物だったのであろう。こうして、クレオンティアデス率いるフォカイア人たちの船団は、前五三五年頃のある日ある時、いよいよもってレギオンを出立し、エレアへと向かうこととなった。

そのエレアについて、ストラボンは次のように書き残している。「湾のなかにポリス（市）があって、これを、国を建てたフォカイア人たちは、ある噴泉に因んで、『ヒュエレ』（Ὑέλη）ないし『エレー』（Ἔλη）と呼んだが、今では人々はこの市を『エレア』（Ἐλέα）と名づけている。この市の出身者にパルメニデスとゼノンがいて、両人ともピュタゴラスの徒であった。この市がよく治められてきたのは、この人たちに拠るところ大であったが、その前から、ここは統治のゆきとどいた土地柄であったように思われる。だからこそ、この地の人々は、ルカニア族やポセイドニア市（の侵攻）を撥《は》ね退けて、ただたんに、それに持ちこたえたというだけではなく、土地の広さも人の数も、相手方よりずっと劣っていたというのに、戦さに際しては勝ち名乗りを挙げ、国に引き返したことであった。しかし、なんといっても土地が痩せていたものだから、人々はおおかた海で働いて、魚を塩漬けにする工場をつくったり、なにかこういうたぐいの他の仕事をこしらえたりして、生きていかざるをえなかったのである」（ストラボン『地理誌』第六巻第一章）[8]、と。

さて、二つの重要なことが言われている。一つ目は、エレアが耕作に適さないひどい痩せ地であったということ。二つ目は、建国後のエレアがルカニアならびにポセイドニアによる侵攻を受けたことがあったが、これに持ちこたえたということ。これら二つの事実は、ともにただ一つのことを指し示している。すなわちエレアは、元々、豊かさとは縁遠い土地柄であったということだ[9]。実際、フォカイア人たちが入植すべくこの地にやってきたとき、彼らは、土着の人々によるどんな抵抗にも合わなかったらしい[10]。ということは、要するにこの土地が、誰も欲しがらない荒地だったということである。ルカニア人もポセイドニア人も、その建国後にはエレアの発展にいささかならず注目し、食指を動かしたようだが、その前には、つまりフォカイア人たちがこの地にやってきたときには、この痩せ地に、たいした関心を払わなかったのである。

後に南イタリア一帯を支配するにいたるルカニア人は、ローマのラテン人とは異なる系統の、オスク語（古代イタリア共通語のひとつ）を話すイタリック語系部族のひとつで、当時はイタリア半島南部の山間部に住んでいて、テュレニア海沿岸には進出していなかった[11]。他方、後にルカニア人たちによって支配されることになるポセイドニア（後のパエストゥム）は、シュバリス（前七二〇–前七一〇年頃建国）を母市とする人々によってセレ川河口の平地に建てられた植民都市であった。ポセイドニア市はイオニア海との通商路の真中に位置し、当時は、その好立地のゆえに経済的におおいに繁栄していて、エレアのちっぽけな痩せ地には何の興味ももたなかったのであろう[12]。

しかしこの荒蕪《こうぶ》の地は、フォカイア人たちをひるませなかった。彼らはむしろこの地を、神が自分たちを救うために用意してくれた「アジール」(Asylum)と考えたようだ。どうやら彼らは、ラデの海戦においてイオニア軍の総司令官となり、戦い敗れても意気消沈するどころか、ついには海賊となってまで自分の意地を張りとおした、あの同国人ディオニュシオス同様に、あくまでも初志を貫徹してやまぬ頑固一徹の人々であったようだ。[13]

考古学的観点から

古代エレアの港は、小アジア・イオニア地方のミレトスやエフェソスと同様に、二五〇〇年の歴史を経て、堆積する沖積土層の下に埋もれてしまった。今日、エレアの遺跡はユネスコの世界遺産として登録され、ルカニア地方を代表する公園となっている。そのエレアには、パルメニデスやゼノンを偲ばせるものはほとんどない。彼らが日々仰ぎ見たであろうイオニア式神殿が建つ岬は、昔と変わらず、テュレニア海の白波に洗われている。だが、その断崖の横っ腹にはトンネルが穿たれ、サレルノ－アシェア間の鉄道路線が走っている。**図4**の「鉄道路線」の表記に注意していただきたい。網の目がかかっている。その網の目は前五三五年頃の海上ならびに海岸線を表している。その海岸線が現在のサレルノ－アシェア間の鉄道路線の軌道のうえ、さらには前六世紀以降の住居祉「AⅠ」ならびに「AⅡ」の一部の上にもかぶさっていることに注目されたい。現在の鉄道路線は、前五三五年頃の海上に敷設されているのである。

一九世紀に開始されたアクロポリス直下を貫通する大掛かりなトンネル工事が、その手掛かりを台

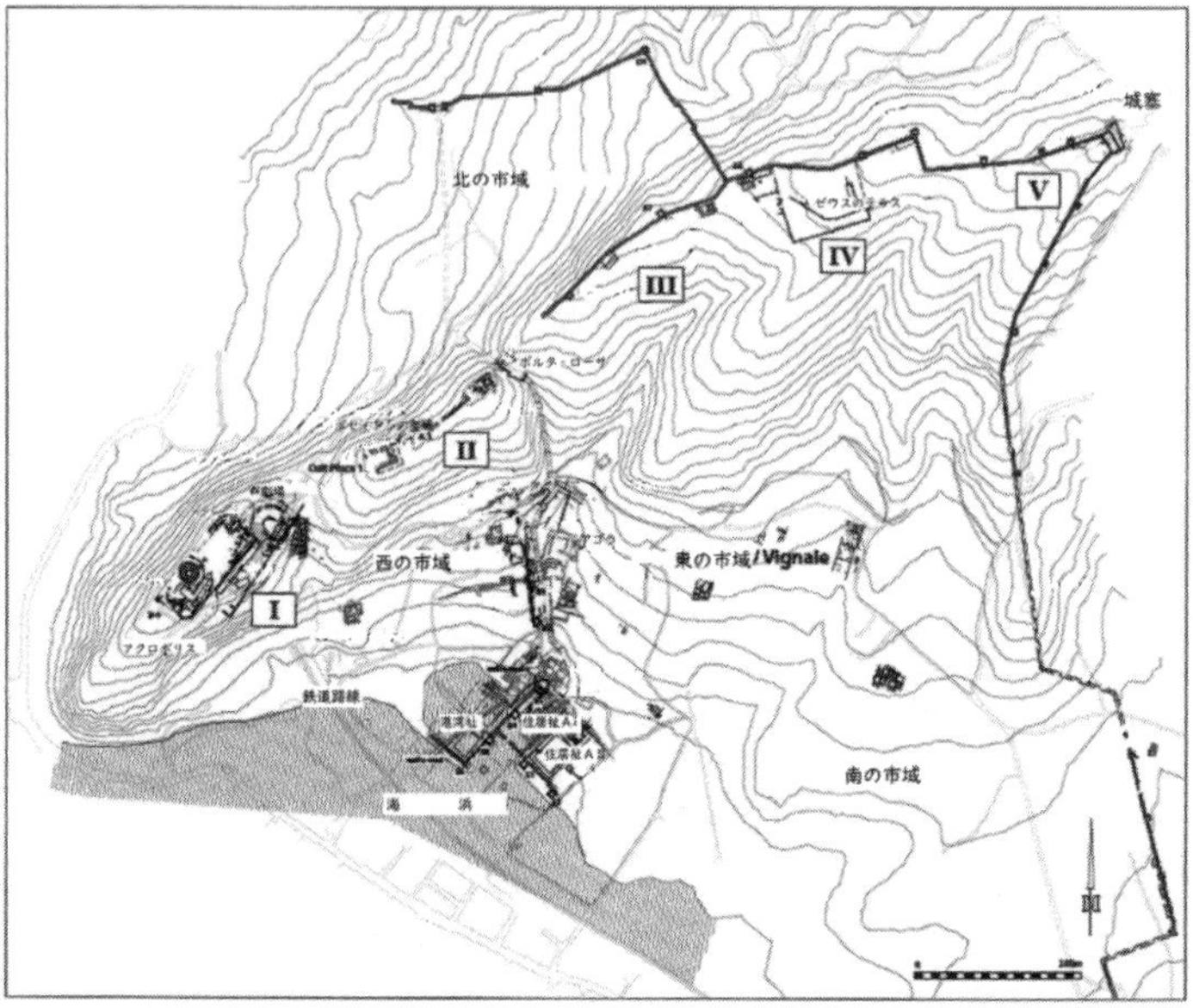

図4　エレア遺跡地図

無しにしてしまった、とウイーン大学考古学調査隊のV・ガスナー（Gassner）は指摘している。だが、成果が全くあがっていないというわけではない。[14]

エレア遺跡の本格的発掘調査はアメデオ・マイウリによる一九二七年のアクロポリスの調査に始まるが、一九七七年にオーストリア考古学チームのクリンチンガーは住居址IIの中庭の発掘調査を行い、砂泥と沖積土の数メートル下に、アルカイック後期時代（つまりフォカイア人たちがこの地にやってきた頃）の家屋の基礎部分を、そしてその最下層部に打ち込まれた幾つもの杭穴の跡、ブロックレンガ、タイルなどの破片を発見した。これらは、当然ながら、フォカイア人たちがこの区域の最下層のテラスのうえに建てた初期建造物の痕跡だとみなされてし

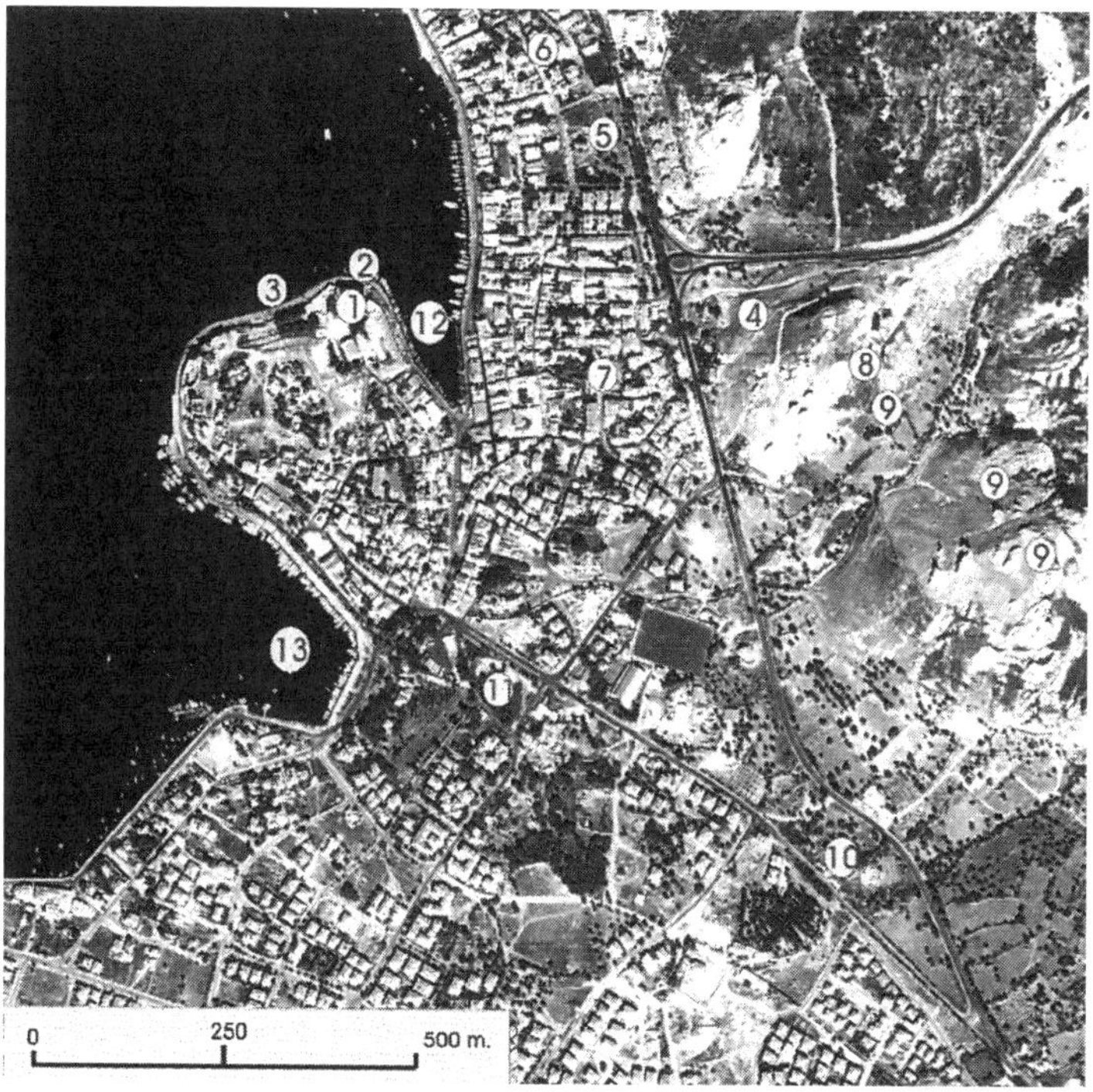

図５　Ömer Özyiğit, *EMPURIES* 56, 2009-2011, p. 26に拠る．1. アテナ神殿 2. キュベレの聖域 3. ジェノヴァ・オットマンの城壁 4. 古代劇場 5. ローマ時代の陶器廃棄物 6. アルカイック期メガロン跡 7. 古代都市遺構 8. 劇場丘キュベレの聖域 9. アルカイック期市壁遺構 10. 同 11. 同 12.（小）港 13.（大）港

かるべきものであった。港は、航海の民フォカイア人にとって、生命にも等しいものであった。エレアの痩せ地では農耕生活は成り立たなかったからだ。が、もっと大切なものがあった。それはアクロポリスであり、そこに建つ聖域であった。地図上の西の区域［I］とアクロポリスの位置に注目していただきたい。現在、アクロポリスには中世に建てられたレンガ作りの醜い塔が立っている。

しかし、よく注意すると、その基壇のあたりに、塔のものではない古代の礎石のようなものが、点々と連なって、一区画をなしている。これは、ヘラ神殿の跡であるとする説[15]もある。が、ガスナーその他が主張するとおり、アテナ神殿の跡であるとみて間違いあるまい[16]。というのも彼らの祖国、かつてのイオニアの地にあった都市国家フォカイア（現在のトルコ領フォチャ）の港湾跡には、今なお、ヘラ神殿ではなく、まぎれもなくアテナ神殿の遺跡が、港を眼下に見下ろす位置に立っているからである[17]。

フォカイア人たちがヒオスに向かって船出したとき、彼らは、背後に遠ざかっていくアテナ神殿のほうを、何度も振り返り見つつ、沖合へと出ていったことであろう。エレアのアクロポリスの神殿址がヘラ女神のためのものであったはずはない。

エレアのアクロポリスには、エレア以外には認められない一つの特徴があった。アテナ神殿のすぐ東側の区域に、市民たちが住んでいた家屋群の跡が残されていたのである。エレアに着いたばかりのフォカイア人たちにとっては、港湾部以外には、アクロポリスがすなわち「ポリス」そのものであったようだ[18]。こうした特異なサイトプランは、少なくとも六〇年ほど維持される。フォカイアの有力な家の子孫であったパルメニデスの生活圏がアクロポリスにあったことに疑いはない。けれども、前四七五年頃を境として、こうした聖俗合体方式は廃れていき、公私分離・聖俗分離型サイトプランへと代わっていく。プライベートな家屋が建ち並んでいたアクロポリスの区域には公共の劇場が建てられ、東の山稜［Ⅱ］の頂上にはポセイドン神殿が建てられ、エレア特異型サイトプランは尋常のギリシア型サイトプランへと変わっていく[19]。それにつれて、エレアの人口分布のあり方も大きく様変わりしていったにちがいない。西と東の居住区域が整備されていき、ほぼ南北両地域に分散して住んでいたエレア市民たちは、第一次ポエニ戦争（前二六四－前二四一年）に際しローマに味方して勝利をえ、この時を境に豊かとなっていく。有名な「ポルタ・ローザ（薔薇門）」が建設されるなどして市域は拡大され、ローマ初代皇帝アウグストスの時代には、港湾近くの居住区域が整備される。そのAIIの公共施設には市に功績のあった人々を顕彰するさまざまな彫像が設置された。とりわけ「トリポリュティコス」と呼ばれる東の翼壁のコーナーには、パルメニデスの胸像ならびに「ΠΑΡΜΕΝΕΙΔΗΣ ΠΥΡΗΤΟΣ ΟΥΛΙΑΔΗΣ ΦΥΣΙΚΟΣ（パルメネイデース・ピュレートス（ピュレスの子）・ウーリアデース（ウーリスの長）・フュシコス（医師ないし自然学者）」という刻銘のある台座が設置されることになった[20]。

貨幣史的観点から

エレア建国の年代について決着をつけておこう。エレアの建国年代は前五三五年頃を上限としてそれ以前には遡りえない。その理由は簡単明瞭。前五三五年を遡るエレア発行の硬貨が存在しないからである。エレア創成期の貨幣は、銀製ドラクマ硬貨である。その図柄は裏面からタガネで打ち出す独特のもので、表面細部は鑿《のみ》で削って仕上げられている。その図柄は、一頭のライオンが鹿の脚を引き裂き貪り喰う姿を、斜め上から写したものになっている（**図6**①および②参照[21]）。

しかし、ライオンを硬貨の図柄とすること自体は、近東のリュディアやエーゲ海周辺諸都市、ならびにイオニア地方諸都市では、ごくありふれたことであった。珍しいことでも何でもない。たとえば

図6

サモスでは、ピュタゴラスがイタリアのクロトンへ集団移住する前の段階、すなわちポリュクラテスがサモスで独裁政治を行っていた頃、ライオンをエレクトロン硬貨の図柄としていた（図6③を参照）。クニドスやリュディアについても同様である。

　実際、当時、小アジア地方では、ライオンはそれほど珍しい動物ではなかったのである。それどころか西マケドニア周辺ですら、当時は、ライオンが出没していた。『歴史』第七巻一二五においてヘロドトスは、ギリシア征討のためペルシア王クセルクセスがテルメを目指して近道を採り内陸を進んでいたとき、ライオンの群が食料輸送中のラクダ部隊を襲撃した、と報告している。

　エレアはたぶん、「マグナ・グラエキア」と呼ばれていた当時の西方ギリシア世界では、ライオンを硬貨の図柄として採用した最初の都市国家であっただろう。エレアの硬貨については注目すべきことがいまひとつある。それは、建国当初からはじまって、ローマによって併合され硬貨鋳造をやめてしまうまで、エレアとわたしたちが今日呼んでいる国家は、一度たりとも、「エレア人たちの」を意味する「ΕΛΕΑΤΩΝ」（エレアトーン）という刻銘の硬貨を発行したことがなかったという事実である。その刻銘は、いちばん最初に発行された硬貨は例外として、一貫してつねに「ヒュエレ人たちの」を意味する「ΥΕΛΗΤΩΝ」（ヒュエレートーン）となっている。[22] だとすると、パルメニデスもゼノンも、自分たちを「エレア人」だとは考えていなかったのかもしれない。

　上の**図7**の硬貨①は、エレア建国当初のドラクマ硬貨である。この硬貨は、もしもプラトン『パルメニデス』篇がパルメニデスならびにゼノンの生年について与えている示唆が正しいとすれば、五〇歳頃までのパルメニデス、そして二五歳頃までのゼノンによって使用されたであろう。そして硬貨②もまた、前四五〇年頃までに両人が見ただろうことに間違いはない。ただし、その後のことについては何とも言えない。しかしゼノンが、たぶんありえないことでフィクションであろうが、プルタルコスの言うとおりアテナイの将軍ペリクレスを教えたことがあったとすれば[23]、彼は、少なくとも前四四年頃までは、つまり彼が四六歳くらいになるまでは、生きていたことになるだろう。[24] 何故なら、ペリクレスが将軍職にあったのは、前四四四年から前四三〇年にかけての一五年間だからである。他方③は、パルメニデスにもゼノンにももはや無関係であり、ローマの支配圏に入って自治独立を失ったエレアが最後に発行したところの、その意味では、記念すべき硬貨であるということになるだろう。

①535-465BC

②465-440BC

③300-280BC

図7

プラトン『パルメニデス』篇の証言

　さて、これまでわたしは、プラトン『パルメニデス』篇の示唆にしたがい、パルメニデスの生年を前五一五年頃、ゼノンのそれを前四九〇年頃として話を進めてきた。だが、ディオゲネス・ラエルティオスによれば、パルメニデスの生年は違ったものになる。彼は、たぶんアポロドロスに従って、第六九オリュンピア祭期（前五〇四－前五〇一年）にパルメニデスは盛年（アクメー、四〇歳頃）であった、と言っている。[25]この証言に従えば、パルメニデスは、前五四四－前五四一年頃、つまり貨幣史的観点から結論されるエレア建国時（前五三五年）より一〇年ほども前、つまり彼の父祖たちがまだ海上を放浪していた頃のある日ある時に生まれたことになるだろう。だが、そのような結論を証拠だてるものはまったくない。パルメニデスに関する古い証言は、すべて、パルメニデスがエレアに生まれたことを前提している。アポロドロスの年代測定のやり方が大雑把であることは周知のところである。パルメニデスに関してもその欠点が露呈している[26]と言わねばなるまい。にもかかわらず、もっぱらアポロドロスに依拠してパルメニデスの生年を決定しようとする研究者が未だにいる。それは、パルメニデスとクセノファネスの師弟関係が成立するか否かを顧慮してのことである。[27]

　パルメニデスの生年をめぐる問題は、エレア建国の時期やパルメニデスを教えたとされるクセノファネスやアメイニアスとの関わりにおいて、[28]難しい問題となる。だが、わたしは、『パルメニデス』篇におけるプラトンの示唆を、アポロドロスの年代測定のやり方よりは信頼に値すると考えている。『パルメニデス』篇は前三七〇－前三六八年頃の作とされているが、[29]内容の難解さもさることながら、作品としての構成も、かなりに入り組んでいる。その話者ケファロスは読者に向かって、「わたしたちはクラゾメナイ[30]の家を出てアテナイに着いてから、中央広場でアディマントスとグラウコン[31]に出会ったのです。アディマントスはわたしの手を取って……」[32]（１２６Ａ）と話し始める。

ケファロスの言うところによると、アディマントスとグラウコンの義弟にあたるアンティフォンが「ゼノンの仲間の一人であるピュトドロスとたびたび落ち合っており、かつてソクラテスとゼノンが問答をかわしたときの、その議論内容をしばしばピュトドロスから聞かされたので、その暗誦ができるようになっておられる、という話を聞かされた」ので、ぜひともその詳しい話をアンティフォン自身の口から聞きたいと思い、知恵の探求（哲学）に熱心な人々と連れ立って、当地アテナイにやってきた次第である、と言う。するとアディマントスが、「いやそれならわけない……なにしろ彼（アンティフォン）は十代のおわりの年頃に、それの勉強を大へんよくやったからです。もっとも今は、あれと同名の祖父にならって、大方は馬術の方にかかりきりになっていますがね。いずれにしても、必要ならば、彼のところへ行きましょう。さっきここから家へ帰って行ったばかりですし、あれの住まいというのはこの近くのメリテにあるからです」というような会話を交わしながら、一行はアンティフォンの家へと歩いていった。するとちょうどうまいことアンティフォンに会えて、来意を告げ、例の議論を詳しく話してくれるよう頼むと、最初は大仕事だからと渋っていたものの、結局は話してくれることになった（１２６Ａ－１２７Ａ）というのである。

さて、そのアンティフォンの語るところによると、ピュトドロスの話は次のようなものであった。

「むかしパンアテナイア大祭[33]のためにゼノンとパルメニデスがやってきたというのです。パルメニデスはもうすでにかなりの高齢で、髪も白がずっと多く、およそ六五歳くらい。見た様子はりっぱな人だった。ゼノンは当時四〇歳に近く、丈が高くて、見るからに気持ちのよい様子をしていて、パルメニデスの寵愛を受けているという話だった。かれらはピュトドロスのところに旅装を解いているのだという話でしたが、それはケラメイコスの城壁の外側にあったのです。そのピュトドロスのところへまたソクラテスと、なお他にも誰か多くの人たちが彼といっしょにやってきたが、それはゼノンの書いた書物の朗読を聞きたい一心からであった。なぜなら、それらの書物はその時はじめてかれらによってアテナイにもたらされたからです。そしてソクラテスはその時ごく若かったのです。さて、かれらのためにはゼノンが自分でそれを朗読してくれていたが、パルメニデスはちょうど外出中であった。そして論文の朗読が残りもごくわずかで終わろうとしていた時、自分も――とピュトドロスが言ったのだが――またパルメニデスも自分といっしょに外から帰ってきた。それから例の三十人政権の仲間の一人となったアリストテレスもいっしょでした。そしてかれらは、もはやその書物の少部分しか聞くことはできなかった。ただし自分は（――とピュトドロスは言った――）ちがう。前にもゼノンからもう聞かせてもらっている、というのです」（127B–D）。

やがて、ゼノンによる論文の朗読がおわる。すると、ソクラテスが第一論文第一仮定をもう一度読んでくれるよう頼む。そして、それがなされるとソクラテスは次のように言う。パルメニデスのほうは「万有が一である」と主張するのに対し、ゼノンのほうは「万有が多ではない」と主張している。すると結局、ゼノンはパルメニデスと同じことを言っているのだ、と。この発言を受けてゼノンは、その観察は当たらずといえど遠からずだが、必ずしも自分の書物の本音のところを見抜いたというわけではないと述べ、次のように言う。

実のところ、これら［の論文］はパルメニデスの説に助勢するためのもので、この説を笑いものにしようと企てる人たちに対抗するためのものなのだ。かれらによれば、もし存在を一であるとするならば、その言説に対してはたくさんの笑うべきこと、自己矛盾となることを許容しなければならない結果になる、というのです。そこでわたしのこの書物は、それら存在の多を主張する人たちに対する反論の形をとることになる。そしてかれらにも同じ難点があることを返礼として指摘してやるのです。つまりかれらの考えの前提となっている、もしも存在が多ならばということは、これにひとが充分に検討を加えるなら、存在を一とする前提（仮定）よりも、もっとおかしなことを許容しなければならなくなるだろう、ということを明らかにするのが、この書物のねらいなのです。つまり、このような対抗意識に基づいて、この書物はわたしのまだ若かった頃に書かれたのです。そしてそれをこっそり書き写して持ち出す者まで現れたのです。その結果、これを公表すべきか否かを考慮する余地さえ残されていなかったのです。だから、とにかくこの点に、おおソクラテスよ、君の見落としがあることになる。きみはこの書物が、若い時代のわたしの対抗意識の産物であるとは思わないで、もっと年をとってからのもったいをつけたがる心理によるとしているのだからね。とはいうものの、いまも言ったことだが、きみの推察はなかなか見事だったよ（128C–E）。

ゼノンのこの発言から、わたしたちは次のことを知る。すなわち、（1）パルメニデスの「一」についての学説を笑いものにしようとする人々がいたこと、（2）それらの人々はパルメニデスの「一」から矛盾を導き、そのことのゆえにパルメニデスの「一」説を否定しようとしたこと、（3）これらの人々に対抗して、ゼノンは逆に彼らの「多」の仮定から矛盾した諸帰結を導いたこと、そして（4）そのことによって彼らには、彼らがパルメニデスに加えたよりももっと多くの「おかしな」ことが起こってこざるをえなくなることを指摘し、「しっぺ返し」をしたということを。

さて、もしもこれらのことが事実であったとすれば、パルメニデスの論敵はとりも直さずゼノン自身の論敵でもあったことになるだろう。しかもパルメニデスを「笑いもの」にしようとした人々は、パルメニデスによる攻撃に反撃して自分の立場を固守するべくそうしたのであろうから、ゼノンによる彼らへの反撃は、彼らを「笑いもの」にすることによって、取りも直さず彼らの論点を否定することを意図するものであった、ということになるだろう。

しかしこれは、はたして事実であろうか。プラトンが面白おかしく作り上げたフィクションにすぎないのではあるまいか。プラトンはここで「万物は一」という教説をパルメニデスに帰しているが、歴史上のパルメニデスが唱えたのは「万物は一」ではなく、「《ある》はある」ということではなかったか。パルメニデスの言うように《ある》以外に何もないなら、当然、それは《一》以外の何物でもあるまい。実際、パルメニデス断片八・四－六行では、《ある》が「唯一種」で「一」であると言われている。が、これは、「《ある》のみがある」という命題から帰結するひとつの系であるにすぎない。プラトンの叙述の精確さ、したがってまた史実性が問われるゆえんである。[34] しかし、田中美知太郎は次のように言っている。

伝えられる対話は、われわれがこれをケファロスから聞き、ケファロスはこれをアンティフォンから聞き、アンティフォンはこれをピュトドロスから伝えられたというような、遠いへだたりにある。思うにこの間接性の重複は、かなり意識的なものではないかと疑われるだろう。そしてプラトンはこの対話が事実よりもフィクションに属することを、それとなくほのめかしているのだとも考えられるだろう。しかし他方またプラトンは、これをまったくの架空対話として与えているわけでもない。言わばこれの真実性の証人として、かれの二人の兄弟を登場させているのである……そして本篇第二部の対話人物アリストテレスは、プラトンの説明にあるように、前四〇四年のアテナイ敗戦に際して樹立された革命政権の一員であったとすれば、プラトンも、同政権の主要人物であったクリティアスやカルミデスを身内の最も親しい関係において知っていたのであるから、アリストテレスについても直接間接に多くのことを知っていただろう。そしておそらくケラメイコスに住むピュトドロスについても、義弟のアンティフォンを通じていろいろ知っていただろう。本篇の内容をなす対話そのものは、二重三重の間接性によってわれわれからへだてられているけれども、その間接性をつなぐ人物は、いずれもプラトンが直接に知っている実在の人物なのである。プラトンはこの対話に現実性を持たせるために、できるだけの工夫と努力をしていると言わねばならない。[35]

ここで言及されている対話の現実性ということに関して言えば、強調されるべきことが他にもある。注目すべきはプラトンによるピュトドロスへの言及の仕方である。この会見の様子を描くにあたり、プラトンは、意識的にピュトドロスの役割を際立たせようとしている。「ゼノンの仲間の一人であるピュトドロスとたびたび落ち合っており」とか、「ピュトドロスの語るところによると」とか、「自分も——とピュトドロスが言ったのだが」とか、「ただし自分は違う、前にもゼノンからもう聞かせてもらっている、というのです」とか、聞きようによっては執拗と思われかねないほどまでに、「ピュトドロス」という名が強調されている。そしてその事実はただひとつ、ピュトドロスが実際にゼノンの「仲間」であり、ゼノンがケラメイコスのピュトドロスの家に泊ったのも両者の友人関係によるものであったという事実を示唆しているのではあるまいか。そしてその友人関係が両者の間に初めて成立したのも、自国アテナイにおいてではなく、ゼノンの郷里エレアないし南イタリアの都市のどこかにおいてであった、ということを示唆しているのではないか。というのも、ゼノンの書物が「アテナイにもたらされた」のは例の会見があった「その時はじめて」であったのだとすると、ピュトドロスが「前にもゼノンからもう聞かせてもらった」という場合のその「前にも」が含意するその場所が、アテナイでないことは明らかだからである。

わたしのこの推測は、ゼノン、パルメニデス、ソクラテスの会見に先立って、ピュトドロスが実際に南イタリアに在住していたことを予想している。そして実際、その予想は、トゥキュディデス『戦史』第四巻六五によって立証されうる。その箇所においてトゥキュディデスは「ピュトドロス（先にシケリアにいた）とソフォクレスは追放刑に、エウリュメドンは罰金刑を受けた」[36]と証言しているからだ。つまり、トゥキュディデスの報告によれば、ピュトドロスは前四二七年頃、あるいはそれに先だって、シケリアにいたことになる。

もちろんそのことは、例の会見がアテナイで行われたとされる時日に先立って、すでにピュトドロスが南イタリアにいたという事実そのものを明らかにするわけではない。しかし彼がイタリアにいたという事実は、「その時ごく若かった（二〇歳前後）」ソクラテスがゼノンやパルメニデスに直かに会って会話したというプラトンの想定そのものにまさって確かな事実である。そして、プラトンが後に三十人専制政権時代の執行委員の一人となるアリストテレスをこの対話篇第二部におけるパルメニデスの問答相手として設定していることも、この対話篇におけるピュトドロス登場の意義を知らしめる要因となっている。というのは、クセノフォン『ヘレニカ』第二巻第三章によれば、三十人僭主制（執政官不在年［アナルキア］と呼ばれる）下（前四〇四－前四〇三年）に執政官として選ばれたのはピュトドロスだったからである。会見時の若者アリストテレス（哲学者アリストテレスとは別人）は、ピュトドロスとゼノンが実際に「仲間」であったか否かを、尋ねようとすれば直接に尋ねうる、一人の歴史的人物として登場させられている、と考えられる。

プラトンの証言はアポロドロスのそれよりも確実性が高い。プラトンの書簡集がそのことを証明する。プラトンは、かの地における自らの体験を通じて、当時のシケリアや南イタリアの情勢について熟知していた、と思われる。彼がシケリアのみならずクロトンやタラントにおけるピュタゴラス学派の現状、ひいてはまたエレアの政治情勢やパルメニデスやゼノンについての当地の人々による評判等について、いろいろなことを聞き知っていたことはほぼ間違いない。ソクラテス刑死（前三九九年）後、彼は何度もイタリア各地、特にシケリア島を訪れている。計四回に及ぶイタリア・シケリアへの旅のうち、おそらく最初の旅において、彼はピュタゴラスに関するなみなみならぬ関心をもって当地を訪れたものと思われる。彼が彼と同世代のピュタゴラス派の政治家・数学者、タラント（タラス）のアルキュタス[37]と浅からぬ交わりを結んだのも、そういう彼の関心によるものが大きかったであろう。彼がその後三回にわたるシケリア訪問においてシュラクサの僭主ディオニュシオスI世の義兄弟でかつディオニュシオスII世の叔父にあたるディオンと知り合い、この者と、自らの哲学的使命にかかわるまでの深い交わりを結んだ[38]のも、当地におけるピュタゴラスの徒、とりわけアルキュタスとの深い交わりがあったからだとも言える。プラトンがシケリアや南イタリアの諸事情に精通していたゆえんもまたそこにあろう。

クセノファネスとアメイニアス

パルメニデスとゼノンの年代をめぐる問題は、ディオゲネス・ラエルティオスが『ギリシア哲学者列伝』第九巻二一において述べているパルメニデスとクセノファネスならびにアメイニアスとの師弟関係をめぐる報告との関わりにおいて複雑なものとなる。まずはその報告を読んでおこう。

ピュレスの子パルメニデスはエレアの人で、クセノファネスに教わった……しかしパルメニデスはクセノファネスに教わりはしたが、彼の追従者とはならなかった。また彼は、ソティオンが述べているように、ディオカイタスの子でピュタゴラス派のアメイニアスにも師事したのであるが、この人は貧しかったが立派で優れた人物であった。そして、むしろこの人のほうにこそ彼は従ったのであり、この人が亡くなったときには、自分は立派な家柄の出で、裕福でもあったので、この人のためにヘロオン（英雄碑）を建立したのであった。なお、彼が静謐《せいひつ》の生活（ヘーシュキア）へと転ずることになったのは、このアメイニアスによってであってクセノファネスによってではなかったのである[39]。

ディオゲネス・ラエルティオスは、ここで、きわめて重要なことを言っている。パルメニデスは一方でクセノファネスに「教わった」ものの「追従者」にはならなかったのに対し、他方では「ディオカイタスの子でピュタゴラスの徒アメイニアスと交わり」、「この人に従った」、そしてアメイニアスによって「静謐の生活」（ヘーシュキア）へと転向させられるに至った、と。

クセノファネスの場合

この対比は何を意味するのか。クセノファネスの場合から見ていこう。

クセノファネスはデクシオスの子、あるいはオルトメノスの子で、コロフォンの人。彼は、フォカイア人同様に、ペルシアの台頭とともに生じたイオニア地方未曽有の災厄の時を生きた。彼が二五歳の頃、イオニア地方へのペルシア軍の侵入によりコロフォンは独立を失う。このとき故郷を捨てて以降、マグナ・グラエキアを中心にギリシア各地を転々と放浪して過ごし、二度と故郷の地を踏むことはなかった。彼は一時シケリアのザンクレで暮らし、エレアへの植民活動に参加し、そこで教えもしたらしい[40]。が、後には、同じシケリアのカタネで暮らした、という。彼はアナクシマンドロスの同時代人だと言われていて、叙事詩のみならずエレゲイア調やイアムボス調の詩も作り、ヘシオドスやホメロスの伝統的神観を非難しただけではなく、タレスやピュタゴラスやエピメニデスをも皮肉った。次の詩はその最晩年期の作である。

すでにして六十と七年、わが想い、波立たせつつ
かなたよりこなたへと、ギリシアの地、流離《さすら》いてありぬ。
かのとき吾、生まれし日より、二十と五年、経てありしを
もし吾まことに、これらにつき、語るべき術《すべ》を知りせば。（断片八）

この詩によってみると、クセノファネスは、期せずしてピュタゴラスとほぼ同時期の、前五七〇年頃に生まれ[41]、二五歳の頃、故郷コロフォンをみずから捨て、爾来《じらい》ギリシア各地を転々と放浪して六七年を過ごしたことになる。ときに前四七八年、クセノファネスがほぼ九二歳頃のことである。

クセノファネスは、コロフォンの建国とエレアの建国を祝する二〇〇〇行を越える叙事詩を作ったとされている。彼の故郷コロフォンがイオニア地方にあったことを思えば、彼が自分の祖国コロフォンのみならずエレアの建国を祝する叙事詩をも作ったということについて、後代のわれわれがとやかく言うべき筋合いは何もないのかもしれない。しかし、同じイオニア地方とはいっても、コロフォンとフォカイアは隣りあっているほど近いわけではない。距離的には多くの都市、レベドス、テオス、クラゾメナイ、スミュルナ、マグネシア、ラリッサ等を挟んで、相当に離れている。また、それぞれ

の建国にかかわった人種も異なる。何故クセノファネスは、特に、エレアの建国を祝わねばならなかったのか。疑問である。不思議なことは他にもある。それは多くの著作家たちがクセノファネスをパルメニデスの師とし、あまつさえエレア学派の創始者として祭り上げていることである。このことはたぶんクセノファネスが、パルメニデス断片に出てくる「一」なる「エオン（あるもの）」を思わせる「不動・不変・一」なる「神」を提唱したという事実、そしてプラトンが『ソフィステス』篇二四二Dにおいて「エレア族」なるものに言及し、その元祖をクセノファネスであるかのような口ぶりで語っているという事実に由来するものであろう。[42]

しかし、パルメニデスとの師弟関係というトピックに限って言えば、クセノファネスをパルメニデスの直接の師と想定するには、いささかならぬ無理が伴う。クセノファネスがパルメニデスを実際に教えたことがあったとすれば、それは彼がエレアにいて、その建国を祝う叙事詩を作ったとされる頃、つまり前五三五年頃のことであったに違いない。その時、仮にパルメニデスがクセノファネスの教えを受けるに適した年齢、たとえば一五、六歳から二二歳頃になっていたとすれば、両者間には充分に師弟関係が成立しえたであろう。しかし実際には、その時、パルメニデスは未だ生まれていなかったはずだ。他方、パルメニデスが二〇歳になった頃には、クセノファネスはすでに七五歳頃の老人になっていて、ソクラテスならばすでにこの世にはいなかった年頃である。

要するに、パルメニデスがクセノファネスの弟子であったということを積極的に証明しうる証拠は何もないのである。しかし他方では、パルメニデスが、読書などの手段を通じてクセノファネスの学説や人となりについてよく弁《わきま》え知っていたとしても、これまたなんの不思議もない。

アメイニアスの場合

ピュタゴラスの徒アメイニアスに関しては情報量がまことに少ない。その名は、イアムブリコスの『ピュタゴラスの生涯』やその他のピュタゴラス関係の書物のうちにも出てこない[43]。しかし、だからといって、この人のことを一切無視できるかというと、それもできない。イアムブリコスの著書『ピュタゴラスの生涯』中の「ピュタゴラスの徒の系譜」にはアクラガスのエンペドクレス、タラスのフィロラオス、エウリュトス、アルキュタス、テオドロス、アリスティッポス等々の名前に挟まれて「パルメニデス」の名が挙がっている。これは、結局、ディオゲネス・ラエルティオスがパルメニデスの師として挙げた「アメイニアス」の名前に誘導されて起こったことなのであろうか[44]。そのそもその原因は、ディオゲネスが引用の典拠としたソティオンゆえ、と言えるかもしれない。だが、その事態を確認しようにも、ソティオンの書いた物そのものが雲散霧消してしまっていて、今はどこにもない。それゆえにわれわれとしては、ソティオンが言ったであろうとおり、パルメニデスがこの「ピュタゴラスの徒アメイニアスと交わり……この人に従った」ということ、そしてさらに、この人ゆえに彼は「静謐（の生活）［ヘーシュキア ἡσυχία］へと転ずるようになった」ということを、ディオゲネス・ラエルティオスの言うとおりに、一応、信じてかかるしかないことになる。

プラトン『ファイドン』篇

しかしそのことは、解決しなければならない新たな問題に直面するということをも意味する。その問題は、「静謐」（ヘーシュキア）という語が提起するそれである。

ここに出てくる「ヘーシュキア」は、われわれがふつうにいう「平静」とか「沈黙」ではなく、特殊ピュタゴラス派的なそれを指す。そのことは、ソクラテスの最期を描いたプラトンの『ファイドン』篇一一七B–Eを読むことによって明らかとなる。いささか長くなるが、当該シーンを見ておこう。


クリトンはそれを聞くと、近くに立っていた僕童に、無言であいずしました。すると僕童は出ていって、しばらく経ってから、毒を手渡す役目の男をつれてきたのです。その男の手にしていた杯には、すりつぶされた毒が入っていました。彼をごらんになって、ソクラテスはいわれた。

「うん、ところで君、むろん、君はこのことにくわしいだろう。いったいどうすればいいのか」

「いや何ということはありません。ただ、これをのんで、それからあなたの両脚が重たく感じられるまでは、歩きまわること、それから横になることです。そうすれば、これはひとりでに効いてくるでしょう」

こういいながら、彼は、その杯をソクラテスにさし出しました。

するとあの方は、いかにも、こころなごんだご様子で、それを受け取られたのです、エケクラテス。なんの動ずる気配もなく、顔色にも相貌にもいささかの変わりもなく、平生のように、牡牛のような眼差しを、つと、その男のほうに向けて、

「どうなのかな、君」とあの方はいわれた、「このものを、或る者のために灌奠《かんてん》することは

――、許されているのか、いないのか」

「ちょうど、のむに適量と思うだけしか、ソクラテス、すりつぶしてないのです」とその男はこたえました。

「わかった」とあの方はいわれた、「しかし、神々にいのることだけは、許されてもいるし、またそれは、なさなければならないことだ。この世から、かしこへと居どころをうつす旅路に幸あるようにと――。まさしくこれが、いまわたしのいのるところだ。かくあれかし」

その言葉とともに、そのまま杯を口にあて、じつになんのこだわりもなしに、やすやすと飲みほされたのです。

わたくしたちの多くの者は、その時まではどうにか泣かずにこらえることもできたのですが、あの方が毒杯をあおぐのを見、それをのみほされるのを見ては、このわたしはもうとめることもできず、涙はわれにもあらず、どっとあふれでてしまい、はては顔をおおってはげしくわが身をなげき悲しむばかりでした――ええ、たしかにあの方の身の上をではないのです。それはわたし自身の不幸、かくばかりすぐれた友なるひとから見離されてしまうわが身の不幸になげいたのです。――クリトンは、わたしよりなおさきに、涙をおさえきれなくなると、席を外してしまいました。アポロドロスといえば、すでにそれまでもたえまなく涙にくれていましたが、この期にいたっては、なげきといらだちのあまりに叫喚し、その場にいた人々は、ただソクラテスそのひとを除いて、すべて胸かきむしられる思いにされたのでした。

「なんということをしでかすのだ！　驚いたね、諸君」とあの方はいわれた。「いったい、わたしが女たちを送り返したというのも、こんな間違いが生じないようにと、それがいちばんこころにかかっていたからなのだ。というのも、死は静謐（エウフェミア）のうちにこそ、ときいているのだから。さあ、静かにしたまえ（ヘーシュキアン・テ・アゲテ）、たえなくては」

この言葉を聞いて、わたしたちは面目なく思い、涙をこらえました。[45]

引用した『ファイドン』篇の訳者松永雄二は、この箇所でのソクラテスの「死は静謐（εὐφημία）のうちにこそ、ときいているのだから。さあ、静かにしたまえ」という言葉が、それを誰から聞いたのかは伏せたまま、ピュタゴラス派に由来するものであることを、「ピュタゴラス派の人たちは、死というものは、善きものであり神聖なものであるがゆえに、それは静謐のうちにあらねばならない、とした」、そして、「その静謐さは、魂が、肉体の滅びの苦痛に共にとらわれてしまうことのないようにするためにも、……必要なのである」というオリュンピオドロスの言葉に関連付けながら註している。[46]

ルキアノス『哲学者売ります』

ディオゲネス・ラエルティオスが使った「ヘーシュキア」という語がピュタゴラス派特有の含蓄をもつものであることを、いまひとつ別の事例によって確かめておこう。

後二世紀の風刺作家ルキアノスに、「ヘーシュキア」をネタにした『哲学者売ります』（ビオーン・プラーシス）という寸劇がある。[47] 奴隷売り場のボス役としてゼウスが登場し、哲学者たちを売りさばこうと召使たちに椅子を並べ替えさせたり、売り物の哲学者たちの姿恰好がよく見えるように行列をつくらせたりして、あれやこれやとこき使っている。また、触れ役のヘルメスに命令してお客を売り台近くに呼び込ませている。ヘルメスが「どいつを、最初に、たたき台の上へ挙げましょ？」とゼウスに伺いをたてる。ゼウスが、「そこの長い鬚《ひげ》をしたイオニア人、そいつにしろ。目鼻立ちがぱっちりして威厳がある」と答える。これに応えてヘルメスが「これ、そこのピュタゴラス派の！　こっち来い。お客さん方によく見てもらいな！」と大声を出す。ゼウスが「口上はどうした！　売り込まんか！」と怒鳴る。するとヘルメスが、

「ほいきた、さあ、最上もんだよ！　こいつより上物は、めっかりっこないよ。買わなきゃ損だよ！　こいつは天球の調和（ハルモニア）を熟知しているばかりじゃないよ、身をもって輪廻転生までやってみせられるんだ。こんなのは、いま見逃がしたら、どんなに欲しくったって、どこにももう見つかりっこないよ！」

客「みたところ、まんざらでもなさそうどすな。で、このおひとがいちばん知ってはるんは、何《なん》どすかいな？」

ヘルメス「算術、天文学、ぺてん術、幾何学、音楽、いかさま学。それにな、おまえさん、なんといっても、こいつは第一級の占い師、預言者だっせ！」

客「このおひとに、ちと、お尋ねしてもよろしおすか？」

ヘルメス「よろしおすともさ。お好きなようにしなはれ」

客「あんたはん、どこからおいでやしたんどす？」
ピュタゴラス「サモス」
客「どこでお勉強なさったんどす？」
ピュタゴラス「エジプトのソフィストたちのところで」
客「あたいがあんたはん買《こ》うたとして、あんたはんはあたいに、何を教えてくれはるんどす？」
ピュタゴラス「なーんにも。想起するだけでよい」
客「想起する？　思い出すんどすな、それだけでよろしおすのんか？」
ピュタゴラス「だがその前に、まず、おまえの魂に溜まっている垢をごっそり落とさんとな」
客「よろしおす。その垢落としとやらがみな済んだとして、後どないしたら想起できますのんや？」
ピュタゴラス「まずは、ながーい黙んまり修行（ヘーシュキア）をやってもらわんとな。なにしろ五年間というものは、一言たりとも話してはならんのだ」
　この後、客とピュタゴラスの間には「テトラクテュス」と呼ばれる図形数や輪廻転生の話、ピュタゴラスが空豆を絶対に食べない理由についての話などがあり、最後にピュタゴラスが裸になってその太腿《ふともも》が黄金でできていることを見せびらかす。すると、大喜びした客が、ヘルメスの言い値のまま一〇ムナで、ピュタゴラスを買い取る。次に売り台に呼び出されたのは薄汚い乞食ふうの男、シノペの犬哲学者ディオゲネス。この男は、結局、あたりいちめん唾を吐き散らし、むかつく罵詈雑言をさんざん並べ立てた挙句に、ピュタゴラスとは比べ物にならぬ安値の二オボロスで買い叩かれる。[48]

ピュタゴラスを笑いものにするこの寸劇には、ピュタゴラス派の専売特許である算術、天文学、幾何学、音楽が出てくる。しかしその焦点は何といっても「沈黙」と「想起」を軸とする「ピュタゴラス的生き方」であった。[49] ルキアノスは、ピュタゴラス派の秘密主義にスポットライトを当て、「ピュタゴラス的生き方」を吹聴して、大衆の笑いを取ろうとしたわけだ。そのとき第一に槍玉に挙げられたのが、ピュタゴラス派の「ヘーシュキア」(静謐)をめぐる思想であり儀礼であった。[50]

パルメニデスとアメイニアスの出会いは可能であったか

しかし果たして当時のエレアは、まだ若い頃のパルメニデスが、誰かあるピュタゴラスの徒――それがアメイニアスであれ誰であれ――と出会うことができるような状況にあったのだろうか。アメイニアスとパルメニデスの遭遇なるものは、ソティオンないしディオゲネス・ラエルティオスの創作にすぎないのではないか。ピュタゴラス派の根拠地クロトンとエレアは、海上を行けばともかく、同じ南イタリアにあったとはいえ、実際には、幾重にも重なる山脈を挟んで、かなり遠くに隔たっている。

パルメニデスが生まれて五年ほど経った頃、前五一〇年に、ピュタゴラス教団の指揮下にクロトンは、北西に隣する有力な都市国家シュバリスと戦争状態に入る。そして、ついに壊滅させる。このときを境として、クロトンはメタポントと提携し、シュバリスの入植地ラウス等を支配下に置く。クロトン人はイオニア海やテュレニア海方面へと進出し、カウロニアやメドマ等を支配下に置く。その経済圏は南イタリア全体におよび、北方のポセイドニアやエレアまで及んだ。エレアにクロトンの政治的・経済的勢力が及んでいたことは、クロトンで発行された貨幣がエレアで流通していたことからも明らかである。[51]そして、まさにそのクロトンのエレアへの進出という社会的・政治的状況の変化のゆえにこそ、クセノファネスがピュタゴラスの輪廻転生説をネタにして笑いものにするなどといったことも起こりえたのである。クセノファネスは断片七において次のように言っている。「あるとき彼(ピュタゴラス)は、仔犬が杖で打たれている傍を通りかかったとき、哀れみの心にかられて、次のように言ったということだ。『よせ、打つな。それはまさしく私の友人の魂なんだから。啼《な》き声を聞いて、それと分かった』、と」(断片七)。[52]この笑い話は、もしもクセノファネスがエレアになおも留まりつづけていたと仮定しうるなら、エレアにいたピュタゴラス派の誰かから仕入れたネタを材料にして創られた、クセノファネス一流のパロディーだった、と解されうる。[53]

けれども、クロトンにおけるピュタゴラス派の支配は長くは続かなかった。ピュタゴラス派の会所(シュネドリア)が、ピュタゴラスに悪意を抱くキュロン一派によって焼き打ちされるという事件が起こったのだ。ピュタゴラス派の多くの有力者たちがその焼き打ちによって殺害された。これを機にピュタゴラス派の人々のうちには、クロトンを去って各地に難を避ける者たちも現れた。しかし、ピュタゴラス自身は、その焼き打ち事件が起こったちょうどそのころ、フェレキュデスの葬儀に出かけていて、その場にいなかったとも、あるいは一説によると、彼はその事件を機にして、メタポントへ逃亡したとも、言われている。[54]

注意すべきは、この焼き打ち事件なるものが二度にわたって起こっていることである。そのため、この事件をめぐるひとびとの説明は往々にして混乱したものになっている。が、クロトンにおけるピュタゴラス派が徹底的に襲撃され壊滅することになったのは、第二回目のそれによってであったとされている。このとき、ピュタゴラス派の頭だった者たちは皆殺しにされたという。ただ、若くて強壮であったアルキッポスとリュシスの二人だけが、辛うじて現場から逃れることができたという。[55]

ピュタゴラス自身は、この頃七五、六歳になっていたはずである。が、すでにメタポントに移住していたので難を避けることができた、という。しかし、当時、メタポントの市民たちはピュタゴラスに対して好意的でなかったらしい。彼に対する迫害は日増しに強くなっていき、ディカイアルコスの報告によると、土地の人々に受けいれられぬまま次第に孤立していったという。最後に彼は、詩神ムーサたちを祀る神殿へと追い詰められ、そこをアジール（Asylum）にして立て籠った。が、四〇日間というもの何も口にすることなく、ついに息を引き取ったという。前四九四年頃[56]のことである。このとき、パルメニデスは二一歳くらいになっていたであろう。

さて、ピュタゴラスがクロトンを去ったちょうどその頃、アメイニアスもまたクロトンを去り、エレアに滞在していたとすれば、そしてパルメニデスを教えることになったとすれば、ディオゲネス・ラエルティオスがアメイニアスについて述べた「貧乏ではあったが、立派で優れた人物であった」という言葉は、事の本質を言い当てるものであったことになるかもしれない。

医師としてのパルメニデス

アメイニアスとの出会いは、パルメニデスにとって、きわめて重要な出来事であったはずだ。その証拠にパルメニデスは、この人が亡くなったとき、その死を悼んで「ヘーローオン（ἡρῷον, 英雄碑）」を建立している。ヘーローオンの建立というパルメニデスの行為は、たんに自分のプライベートな教師としてのアメイニアスに対する特殊な感情のなせる業であったとは、とうてい思われない。「ヘーローオン」は、元来、公有地に建てられるべき公共施設である。例えばタレスのためのヘーローオンは、その死後に、市民たちの同意の下に、ミレトスのアゴラの近くに建立された。[57]

他方、その行為はまた、「ピュタゴラスの徒」としてのパルメニデスがなした業とも思われない。パルメニデスが純粋のピュタゴラスの徒であったとすれば、彼は、当然、秘密主義を堅持したはずである。したがってパルメニデスが、ピュタゴラスの徒として、自分の純然たる個人的利害関心のゆえに、アメイニアスのためにヘーローオンを建立したとは到底考えられない。パルメニデスは同胞市民の同意を得て、ディオゲネス・ラエルティオスがアメイニアスを評した言葉を使えば、エレア市のために尽くした「カロス・カガトス（善にして美）」であった人物のために、それを建立したはずだ。

ここで想い起こしておきたいことがある。それは、エレアの遺跡から出土したパルメニデスの頭像ならびにその台座のことである。一九六二年の秋、考古学者マリオ・ナポリは、エレアの港湾近くの遺跡居住祉IIの公共施設「クリプトポルティコ」（Criptoportico, 隠れ柱廊）と呼ばれる地下の一室跡から、「ピュレスの子パルメネイデース・ウーリアデース・フュシコス」（ΠΑ［Ρ］ΜΕΝΕΙΔΗΣ ΠΥΡΗΤΟΣ ΟΥΛΙΑΔΗΣ ΦΥΣΙΚΟΣ）という刻銘のある彫像台座を発見した。[58] そして、その台座が、同じところで別個に発見されていたひとつの頭像とぴったり合うのを確認した。その傍にはその携えもつ杖に巻き付いている大蛇によって医神アスクレピオスとただちに判別される一つの彫像が横たわっていた。またそこには、「ヒュギエイア」（健康）とすぐに分かる頭部のない女神の彫像もあった。[59]
そのパルメニデス像の台座ならびに刻銘は、一九五八年に考古学者ペレグリノ・クラウディオ・セスティエリ（Pellegrino Claudio Sestieri）が発見した三体の彫像台座の刻銘

図8　パルメニデスの頭像ならびに台座

「ウーリス・アリストノス・イアトロス・フォーラルコス［ウーリス・アリストンの子・医師・フォーラルコス］」、二八〇年」（ΟΥΛΙΣ ΑΡΙΣΤΩΝΟΣ ΙΑΤΡΟΣ ΦΩΛΑΡΧΟΣ ἔτει σπ'）
「ウーリス・エウクシヌー・ヒュエレーテース・イアトロス・フォーラルコス［ウーリス・エウクシノスの子・エレア市の人・医師・フォーラルコス］、三七九年」（ΟΥΛΙΣ ΕΥΞΙΝΟΥ ΥΕΛΗΤΗΣ ΙΑΤΡΟΣ ΦΩΛΑΡΧΟΣ ἔτει τοθ'）
「ウーリス・ヒエローニュムー・イアトロス・フォーラルコス［ウーリス・ヒエロニュモスの子・医師・フォーラルコス］、四四五年」（ΟΥΛΙΣ ΙΕΡΩΝΥΜΟΥ ΙΑΤΡΟΣ ΦΩΛΑΡΧΟΣ ἔτει υμς'）

と照らし合わせれば、それら三体の者たちが所属していた医療組織の始祖を指すものであることは明らかである、と判断された。

　それら三体の刻銘に共通する「……の子」ならびに「医師」（イアトロス）以外の「ウーリス」（ΟΥΛΙΣ）ならびに「フォーラルコス」（ΦΩΛΑΡΧΟΣ）が何を意味するかについては、いろいろなことが言われてきた。が、前者が、ミレトスを中心とするイオニア地方諸都市において広く崇拝され、やがてフォカイアをも含むギリシア各地に伝播《でんぱ》していった「癒しの神・アポロン」に関係するものであること、そして「フォーラルコス」（ΦΩΛΑΡΧΟΣ）という語の前半「フォール」（ΦΩΛ-）が「フォーレオス」（ΦΩΛΕΟΣ, 野獣の棲む穴、冬眠する巣穴、洞穴）を意味することについても、疑問の余地はないとされてきた。他方、この語の後半の「アルコス」（ΑΡΧΟΣ）が「長《おさ》・長官」を意味する言葉であることは明らかであるから、「フォーラルコス」が意味するのは「（獣が［冬眠のために］籠る）巣穴（ないし洞窟）の長」とでもいうことになるだろう。すると、これら三体の彫像は、エレア市の医療行事を統括していた者たちの記念像であったということになる、と判断されてきた。

「フォーレオス」については、ストラボンが『地理誌』第一四巻一・四四において言っていることが参考になる。ストラボンの生まれ故郷、カリア地方のマイアンドロス河畔アハラカ（Acharaca）の地には「カロニオン」と呼ばれる洞窟があって、そこは治療所として使われていたという。その洞窟に連れてこられた病人は、何日も食事を与えられないまま、「巣穴に籠る（動物の）ように」横たえられ、置き去りにされたという。しかし、ときには、病人に代わって経験豊かな聖職者が洞窟に入り、（病人の代わりに）そこに籠って眠ったという。そしてそのとき見た夢を通じて治癒法を病人に伝えた、という。また、その神聖な場所には病人と聖職者以外は誰も近づいてはならないことになっていて、その禁を犯した者は、（洞窟に落ち込んで）死んだ、という。

エレアでのこれら四体の彫像の発掘とストラボンの報告とを結びつけ、シャーマニズム的で神秘主義的なヴェールで覆い、『知恵の暗がりの場所で』（*In the Dark Places of Wisdom*）と『リアリティ』（*Reality*）という書物を著わした人物がいる。ピーター・キングズリー（Peter Kingsley）である。

彼はそれらの著書において次のように主張した。曰く、「西洋哲学の祖」としてのパルメニデスは、実際には、プラトンやアリストテレスなどがでっちあげた拵《こしら》え物にすぎない。パルメニデスは、「論理学の始祖」でもなければ、啓蒙主義的で合理主義的な形而上学や認識論の開拓者でもない。「序歌」において描写されているパルメニデスの旅は「冥界」へのそれであって、パルメニデスは黄泉《よみ》の国で死者たちの女王「ペルセフォネ」に出会い、彼女から「存在の真理」と「死すべき者の思惑」の双方について神的な知恵を学ぶのである、そして、その教えを伝えるべく生者の国へと帰っていくのである、と。すなわちキングズリーの言うところによると、パルメニデスは、その超人的・神的な「知恵」を授かるべく下界の暗がりへと降りてゆく魔術師・妖術師・預言者の類であり、呪言によって病者を癒やす「イアトロマンティス」（呪医）であった、ということになる。

しかしキングズリーのこの主張は、断片一の根拠のない不可解な読み[60]に加えて、ありふれたシャーマニズム的・オルフェウス教的・ピュタゴラス主義的解釈をないまぜにし、これにエレアでの考古学的発見とストラボンの報告をかき混ぜて出来上がった一種奇妙なアマルガム、牽強付会の作り話にすぎない。その説の拠り所は、エレア遺跡発掘三体像台座の刻銘「フォーラルコス」とストラボンの報告にあった「フォーレオス」との間に彼が想定した繋がりにある。エレアの三体の彫像に見られた刻銘「フォーラルコス」が、「エレアの母市フォカイアの南東ほど遠からぬ内陸部」に位置するアハラカからフォカイア人たちが導入して、パルメニデスがそれを引き継ぐことになった「巣穴」（フォーレオス）内での「お籠り治療」に由来するということ、それらの内的関連性が成立しなければ、キングズリーの説は砂上の楼閣となり、一挙に崩壊してしまう。

実際、キングズリー説は成立しない。アハラカとフォカイアは、互いに「ほど遠くない」どころか、数多くのポリスを挟んで一五〇キロほども離れている。フォカイアとアハラカならびにエレアを繋ぐ直接の地理的・文化的ルートは存在しない。おまけに、海に開けたエレアの母市フォカイアと、マイアンドロス奥地の洞窟地帯のアハラカとでは、全くと言ってよいほど自然環境が異なる。そしてフォカイア人たちがパルメニデスに伝えたとする「お籠り治療」なるものも、アハラカで行われたというそれとは基本的に異なる。ふつう、お籠り堂に直接入ることが許されたのは病者のみで、聖職者や預言者がこれに代わって入ることはできなかった。したがって、「知恵」を授かるために冥界へと下りてゆく聖職者・預言者としてのパルメニデスの役割は、エピダウロスやペルガモンなどの、アハラカ系統以外の「お籠り治療」（インキュベイション）の場合には、当てはまるものではない。[61] 例えばエピダウロスにおける「お籠り治療」にあっては、「眠りのなかで病人は自分のまわりの人びとから、また自分の医師からも関係を断ち、自分自身の内部に起こる出来事に直接身をゆだねる」ことが求められた。[62]

これに対し、ユリア・ウスティノヴァ（Yulia Ustinova）は、ポルフュリオス（『ピュタゴラス伝』九）・イアムブリコス（『ピュタゴラス伝』二七）等が証言する「哲学者たちのフォーレオスへの下降」をピュタゴラス派の伝承に直接に関連づけながら次のように主張した。「エレア派の哲学はピュタゴラスによる深甚な影響を受けた。そして『癒し』なるものは、ピュタゴラス派の教説と実践において本質的な役割を有するものであった。当然、両学派の間には医学以外の他の分野の活動においても交渉があったが、『フォーレオス』に関して提案されるべきは、直接これを、前五世紀のエレアに住んでいた『ウーリアデス』（アポロン・ウリオスの信徒たち）の一人、自己鍛錬によって一人のピュタゴラスの徒となった、当のパルメニデス自身に関連づけてみることである」[63]、と。

「フォーレオス」という語は、字義的には、「学校」「訓練所」をも意味しうる。が、ウスティノヴァはナットンの説に従ってこれを否定し、[64]「フォーレオス」という語が意味しているのはそのものずばり、エレアの公共施設跡の地下に埋もれていた「クリュプトポルティコス」（Cryptoporticus, 隠れ柱廊）

そのものである、と主張した。すなわち「フォーレオス」とは、「ウーリス・アポロン」という呼称をもつ癒しの神アポロンの信徒たちの集まり「ティアソイ」（θίασοι）ないし「エラノイ」（ἔρανοι）のメンバーたちが、一堂に会して哲学的な議論をしたり、饗宴をひらいたり、祝祭を行ったりしたところの地下の集会所そのものを指す、と主張する。それゆえに、ウスティノヴァによれば「フォーラルコス」とは、それらの人々を統括していた「ウーリス（癒しの神アポロンの信徒）たちの長」に相当する人物であって、それらの「フォーラルコス」たちが「フォーラルコス」として認められるか否かの基準は、歴代のウーリスたちの「始祖」としてのパルメニデスとの関係において定められていた、というわけである。[65]

しかし、四五〇年以上にわたってエレア市民たちの間に伝えられてきたという「フォーラルコスの始祖」としてのパルメニデスの盛名は、必ずしも直ちに、ストラボンやプルタルコスが伝える政治家や立法者としてのパルメニデスの盛名と繋がるわけではない。それら二つの盛名は、パルメニデス像台座発掘にかかわる事柄が「フォーラルコス」たちの台座刻銘との関連において最大公約数的に含意する一つのこと、すなわちパルメニデスが医療従事者、医師であったという事実によってのみ、亀裂や矛盾を生ずることなく、パルメニデスの生涯に組み込まれうることになるだろう。そのとき、エレア市におけるパルメニデスの日々の生計《たつき》は、医師としての彼の働きならびにその延長上に位置づけられるべき医療関係のなんらかの仕事によって成り立っていたことになるだろう。そして、そのとき、ストラボンやプルタルコスがパルメニデスに帰するところの、立法者や政治家としての彼の働きは、そのような生活基盤に立脚してこそ可能であったということになるだろう。

『ヒッポクラテスの誓い』に見られるように、[66]ギリシアにおける医業はもともと伝統的に一子相伝、ないし師匠から弟子へと直接に受け継がれてゆく専門職種であった。では、医師としてのパルメニデスの訓練は、誰から受け継がれたものだったのであろうか。クロトンの人でピュタゴラスの徒、すなわちアメイニアス以外の、誰が考えられうるであろうか。[67]

ヘロドトスが伝えるクロトンの伝説的名医デモケデスのように、[68]医師たちのなかには故郷《くに》を離れ、各地を転々としながら患者の治療にあたる者も多かった。アメイニアスがたぶんそうであったように、「異邦の医師」「遍歴の医師」でありながら「町に住む者《ホ・エン・アスティ》」となって、没後には記念碑《ヘロオン》を建立される者もいたのである。[69]

クロトンは、ピュタゴラスが移住してきた頃（前五三〇年頃）には、すでに世に知られた医療先進国であった。デモケデスの事績のことは別にしても、クロトンは、ヘロドトスによって「ギリシア随一」と呼ばれる医師たちを輩出した土地であった。[70]クロトンが医療技術を大切にする国であったことは、『アクースマタ』（聴聞事項）によっても明らかである。そのうちの「何が最も賢いか」という問いに答える形式のアクースマタのなかには、「われわれ（人間）のところにあるもののなかで最も賢いものは何か。医術」（八三）、とある。

イアムブリコスによれば、ピュタゴラスないしピュタゴラス派の人々は医学を重んじ、特に食事療法を重要視した。彼らは「飲食物の正しい摂取の仕方」が大事だとして、「空気（ガス）を多く含み、体内をかき乱す原因となる食品を不可とし、その反対のもので、身体の状態を落ち着かせ、引き締めるような食品を可とし、摂取するように勧めた」（二〇六）という。そして彼らは、「まず第一に労働と食物と休息の適度（シュムメトリア）を示す指標（セーメイア σημεῖα）を知ろうと努力した」。そして「食材の調理について研究し、その規則を定めようと努めた」（一六三）という。

ここで特に注目に値するのは、ピュタゴラス派の人々が、「労働と食物と休息の適度（シュムメトリア）」を示すパラダイムとしての「指標」（セーメイア）を、「正義」（ディカイオシュネー）としたという事実である。その間の事情をイアムブリコスは次のように語っている。「正義の原理は公平（コイノン）と平等（イソン）である。正義とは万事につけて、人がほとんど一つの体とひとつの心をもつかのように思いを同じくすること（ヘノス・ソーマトス・カイ・ミアース・プシュケース・ホモパテイン）である。つまり同一の事物について、これは自分のものであると同時に他人のものでもある、と言うことである」（一六七）と。

そしてさらに次のように言った。「これらに加えて別の最美の正義（アルロ・エイドス・ディカイオシュネース・カルリストン）、すなわち立法的正義（ト・ノモテティコン）をも彼は確立した。これはなすべきことを命じ、なすべからざることを禁止する正義であり、法廷的な〈正義〉（ディカスティクー）よりも優れている。なぜなら、後者は医術に似ていて、すでに病んでいるひとを治療するのだが、前者はそもそも病気にならないように計らい、予防的に魂の健康（テース・エン・テーイ・プシュケーィ・ヒュギエイアス）に配慮するものであるからだ」（一七二）、と。

「正義」に事寄せて語られる「健康」についてのピュタゴラス派のこういう考え方が、クロトンの人でピュタゴラスと同時代者であるアルクマイオンのそれに酷似していることが注目される。アルクマイオン[71]は、解剖学的所見に基づき、「脳」を知覚や理性的判断の中枢器官とみたギリシア史上最初の医学者であった。アエティオスの報告[72]によるとアルクマイオンは、「健康」（ヒュギエイア）を定義して、「健康とは、湿・乾、冷・熱、辛い・甘いその他［の対立しあう］ものどもの間に成り立つ平衡［ないし均衡、イソノミア ἰσονομία］の維持に資するものである」、と言った。この定義が実質的にピュタゴラス派の健康概念にきわめて近いものであることが注目されねばならない。アルクマイオンは、ピュタゴラス派同様に、「労働と食物と休息の適度（シュンメトリア）を示す指標」を求め、その指標を「イソノミア」（平衡[73]）という言葉で表現した。そしてこれを理想的指標（セーメイオン）として、「病い」の元となる「対立物の一方のみによるモナルキア（独裁）」が起こらないように、「予防的に心身の健康」に配慮することが大切だと言った。そしてさらに、健康と病気との関わりについて、「病気になるのは何故かというと、熱や冷が過剰になるからであり、何によってそうなるかというと、栄養の過多ないし過少によってであり、どこにおいてかというと、血液、骨髄、脳においてである。それはまた、ある場合には外的な要因、ある種の水［質］、土［質］、風とか、ある種の欠乏［点］とか、その他これらのような原因によっても、病気が生じることがある。が、健康とは［要するに、こと・ものそれぞれの］諸性質が、適正な割合で混じりあった状態をいうのである」、と主張した。

　つまり、ピュタゴラス派ならびにアルクマイオンは、共通して、「健康」からの逸脱を「病」としたのである。そして、「病気」でないことをもって「健康」であるとするような考え方[74]を退けた。彼らに言わせれば、「健康」と「病気」は反対概念ではないのである。「病気でない」ことをもってただちに「健康である」と判断することはできないからだ[75]。むしろ彼らはすべての生体の根底に、「フュシス」（自然本性ないし自然治癒力）として、等目標的にめざす最終の定常状態があるとした。そして、それを「健康」と定義したのである。つまり彼らはその「等目標性」(equifinality)[76]の指標を「適度」(シュムメトリア)とか「平衡」(イソノミア)という概念で言い表し、その指標の許容範囲からの逸脱を「病気」と定義したわけである。

「健康」と「病気」に関する彼らの考えは、有機体論的でホリスティックな自然観に立脚するものであった。彼らの言う「適度」や「平衡」が「健康」の指標として成り立ちうるのは、たえず流動変化する環境や体内諸条件のプロセス[77]の根底に、全包括的自然(フュシス φύσις)が示す等目標的で定常的な秩序が存在するからである。注意すべきは、彼らの言う「適度」とか「平衡」が暗黙裡に二重の意味で使い分けられているという事実である。すなわち、一方ではすべての生体が必ず目指さなければならない理念的ないし理想的な意味での「適度」ないし「平衡」としての「健康」があり、他方では、流動変化する内的・外的な諸要因との関わりにおいて、医師たちが実際の治療に際して、そのつど、個別的・具体的に見極め診断しなければならなかったところの「適度」や「平衡」としての「健康」があったという事実である。

さて、一つの連続体としてのパルメニデスの生涯を描き切るためには、プルタルコスの報告にあった立法者としてのパルメニデスの姿を、医師としてのパルメニデスの描像のうえに重ね書きしなければならない。この件についてわたしは次のように考える。すなわちパルメニデスは医師であったがゆえにこそ立法者としての自分の責務を果たしえた、と。上に見てきたようにパルメニデスが引き継いだピュタゴラス派の医療についての考え方は、クニドス学派がそうであったように対症療法的ではなく、概して公衆衛生学的・予防医学的であった。コスに拠点を置いて少し後の時代に活躍したヒッポクラテス派の医師たちは、公衆衛生学的・予防医学的医療観を主眼としていた点において、ピュタゴラス派やアルクマイオンに従ったと言える。それゆえにパルメニデスのエレア市における医師としての働きは、医療行政さらには政治のありかたそのものに直結するものであった可能性が高い。その事態は、プルタルコスが伝える「立法者」としてのパルメニデスの役割を充分に予想させる。

第二章
序歌

ソロンとパルメニデス

ディオゲネス・ラエルティオス、ストラボン、プルタルコスの三者は、ともに、パルメニデスがエレアの立法者（ノモテテース）であったと証言している。[1] だから、パルメニデスが、エレア市民たちの「要請」に応えて立法者となったということ、そのことに間違いはなかろう。

立法行為は、社会的要請があってはじめて開始される。何の要請もなしに、立法行為が開始されるということは、ギリシアではありえたためしがない。それゆえパルメニデスの立法行為は、エレア市民たちの合意に基づく要請に応じて開始された、と考えざるをえない。したがって、当時のエレアに、「立法者」としてのパルメニデスを俟《ま》ってはじめて解決されうると期待された、公共の問題が発生していたこと、そのことに間違いはなかろう。

前七世紀末頃から前五世紀前半頃までのギリシア社会において、なんらかの仕方で立法行為に携わったと思われる人物は、けっこう多い。マグナ・グラエキアの有名な立法者たちザレウコスやカロンダスは言うに及ばず、[2] 所謂《いわゆる》ギリシアの「七賢人」[3] たちも、広い意味での「立法行為」に携わった。イオニア地方の動乱に際して、ミレトスのタレスが「パンイオーニオン」をめぐる建議に際し重要な提言を行なったことは、よく知られている。

だが、「知恵と現実的な政治的手腕」を見込まれて民衆のために七賢人たちがなした仕事の実際は、彼らの「賢人ぶり」が評判となり、面白おかしく脚色・宣伝されていくなかで、次第に不分明・曖昧模糊たるものになっていき、忘却されていった。[4] そのなかで、アテナイ人ソロン（前六三九－前五五九年頃）が、アルコンに選ばれて実施した「立法者・調停者」としての仕事は、彼が残した詩作品断片[5]、アリストテレス名で伝わる『アテナイ人の国制』中におけるソロンへの言及、プルタルコスの『ソロン伝』などを通じて、ある程度まで、確実に知ることができる。

ここでは、調停者・立法者としてのソロンの仕事の意義を、数多い詩作品のなかでもとりわけ著名な断片四、一三、三六の文脈に即して探ることにする。が、その作業は、もっぱら、二人の詩人・立法者ソロンとパルメニデス両者を繋ぐ一つの共通項「アーテー」（迷妄、錯乱、狂乱、破滅等）の意義を焦点化する作業を通じて行なわれる。

（一）ソロンは歌う、

風により、海は騒擾《ざわ》めく。だがこれを、何人《なにびと》かありて
掻き乱さずば、これにまさりて、平穏《たいらか》なるは、あらざるものを[6]

と。穏やかに横たわる、このうえなく静かな海を、あろうことか、掻き乱す（キネーイ）者どもがいる。その貪欲・傲慢・不正・乱暴狼藉の仕業のゆえに、《風》が立ち《海》は波立つ、と言うのだ。平穏でたいらかな「海」、それはひとの世の「善き秩序」（エウノミア）を、そして波立ち奔騰する「海」は、動乱（キネーシス）の世の「無法状態」（デュスノミア）を象徴する。そのアテナイの「動乱」の時代に、ソロンは、互いに抗争する「富者」（少数者）と「貧者」（多数者）の双方によって要請

された、泥沼状態に陥っていた両派の「スタシス」（抗争・内乱）を終わらせるべく、選ばれてアルコンに就任し、いわゆる「ソロンの改革」を断行した。

『アテナイ人の国制』の著者は、[7] その間の事情を、「[当時]多数の人々が少数者《オリゴイ》に隷属していたので、民衆《デーモス》は貴族に反抗して立ち上がった。党争《スタシス》は激しく、彼らは長い間、互いに対峙していたが、結局双方はソロンを調停者かつアルコンに選ぶことで合意し、彼に国政を委ねた」[前五九四／三年][8]、と要約している。

「ソロンの改革」は、「負債の帳消し《セイサクティア》」（重荷おろし）、「債務奴隷の禁止」（借財のある市民を奴隷として売買することの禁止）、「財産に応じた権利・義務の制定」、「民衆裁判制度の制定」等の他数々の立法を内実とするものであったが、ソロンはこれらの改革を、「エウノミア」の理念に基づいて断行した。以下に断片四の重要詩句を抜き書きして、その間の経緯を跡づけよう。

ソロンは、改革断行前のアテナイ社会の状況を描写することから始める（一―三〇行）。彼はまず飽くことのない財の追求のゆえに偉大なポリス（アテナイ）を滅ぼそうとしている「アストイ」（町方の人、有力者、富者）たちの愚行に言及し、「デーモスの指導者（町方の人、有力者、富者）たちの心は邪《よこし》まで、自分たちの過度な欲望を抑制する術を知らない」。したがって彼らが「塗炭の苦しみを味わうことになるのは必定である」（五―一〇行）、と言う。そして、「ディケー」（正義）、「カコイ」（悪党）、「隷属」、「デュスノミア」（無法状態）、「エウノミア」（善い秩序）等のキーワードを駆使し、少数の有力者（貴族、富者）と多数のデーモス（中小農民、デーミウールゴイ、貧者）の間に起こった激しい抗争（スタシス）を描写し、次いでその抗争を終結させるべく「エウノミア」に言及する。

ソロンは、まず、遵法の礎《いしずえ》となる「ディケー」が、有力者たちによって踏みにじられ破壊される現状を告発する。「聖なる財」であろうが「公共の財」であろうが、彼らは見境なく盗み、強奪する。ソロンは言う、「彼らはディケー（正義）の聖なる礎を顧みない」。が、「ディケー女神」は、「現在のこと、過去のことを静かに見極め、やがて帰ってくる、そして必ず復讐する」（一二－一六行）[9]、と。有力者たちの限りない不正・暴虐の行為は、「ポリス全体に癒しがたい傷を与える」。そのために「ポリスは悪しき隷属状態に陥る」。そして「内乱と眠れる戦争を呼び醒ます」。こうして「不正を働く連中が寄ってたかって愛おしい町を食いつぶしてゆく」なか、「若人たちは命の花を散らし」、「民衆のうち或る者たちは惨めな縛に繋がれ、或る者たちは異国へと売られていく」（一七－二五行）。しかも「公共の苦しみ」は止《とど》めようもなく「各家庭にまで」押し寄せ、「高い塀を飛び越え家の中まで入ってくる」。「庭の戸はそれを食い止めることができない」。「家の奥に逃げ込み」「寝室に身を隠したとしても」無駄である。「たちどころに見つけ出」されてしまう（二七－二九行）、と。

（二）断片四は次のように「エウノミア」讃歌（三〇－四〇行）となって、完結する。

義に逸る心《テューモス》[10]は命ずわたくしに、教えてやるのだアテナイ人たちに、
《デュスノミア》は最大の災いを都市にもたらすが、
《エウノミア》は端正にして健全なるすべてを生む、と。
　して、稀ならずこのものが、不正をなす輩《やから》を縛し足枷をはめるも。

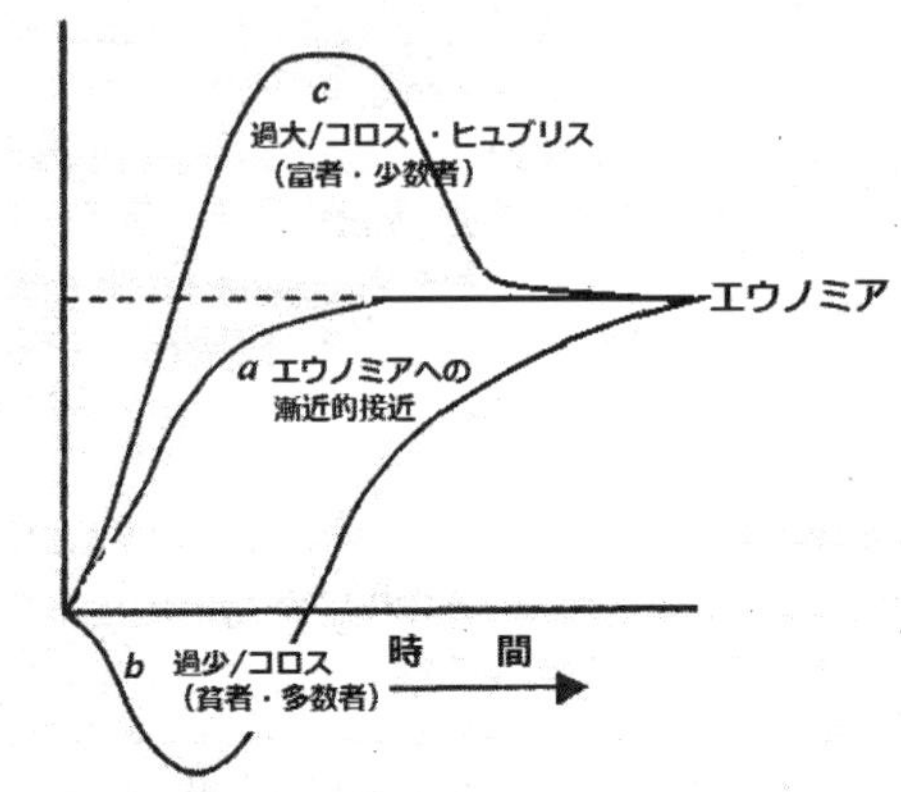

図9

そは、荒ぶる仕業を根絶《ねだや》しにし、飽満《コロス》を抑《おさ》え、
傲慢《ヒュブリス》を弱らせて、
迷妄《アーテー》より生じたる虚飾の花をば、立ち枯れさせ
る。
そは、曲がれる判決《さばき》を直《す》ぐなるものとし、驕《おご》りたか
ぶれるひとの行為《おこない》を
咎《とが》め戒《いまし》めて、睨《にら》みあいの所業をやめさせ、
晴らすのだ、諍《いさかい》ゆえに生じきたる苦《にが》き怨恨《うらみつらみ》を。
かくして、これ《エウノミア》あるがゆえにこそ、
人間万事一切のことは、健全《すなお》にして分別《ふんべつ》に適《かな》うも
のとなりゆく、と。

ここに登場する「エウノミア」は、言うまでもなく「理念」としてのそれであって、富者・貧者間の抗争をやめさせるべくソロンが制定した「負債の帳消し（セイサクテイア）」や「債務奴隷の禁止」等個々の政策ないし立法行為を指すわけではない。むしろこれは個々の政策や立法が、それを指向するとき初めて適正かつ実効あるものたりうるところの「エウノミアの理念」そのものを指す。この理念あるがゆえにこそ、富者も貧者も、過大・過少なそれぞれの取り分（モイラ）を調整・矯正され、結果としてポリス全体を、漸近的に、「健全かつ分別

に適った」社会秩序たらしめることができるのである。[11]

アレクサンドリアのクレメンスが伝えるソロン断片一六に

　分別の見えざる基《もとい》は、難《かた》きことこのうえもなし、思惟すべくは。
　この尺度こそ実《げ》にただひとつ、万物の究極《つい》のありかぞ[12]

というものがある。物事を判断するとき拠り所とすべき究極の基準は、判断対象となる諸事物・事態とは次元を異にする「見えざるもの・思惟しがたきもの」だというのである。「エウノミアの理念」は、さしずめ、このような「見えざるもの・思惟しがたきもの」としての「尺度」にすぎない。が、その「尺度」なくしては、断片三六において言及される個々の政策の実効性は測りえない。

断片三六は、「わたしがデーモスを集めて［諮り］、それらを達成すべく立てた目的のうち（トーン・メン・フウヘネカ）、実現せずにやめてしまったことがあっただろうか」という言葉（一－二行）で始まる。「目的」（フウヘネカ）という言葉は、当然、政策立案の「理念」を念頭においてのものである。そして、「実現せずにやめてしまったこと」とは、着手されないままになってしまった個々の「具体的政策」を謂《い》う。ソロンは、「エウノミア」の理念としての側面とその現実的適用面である個々の政策や法律策定を明確に区別している。「エウノミア讃歌」（三〇－四〇行）は、伊藤正が詳述したように[13]、断片三六との緊密な対応関係において読まれるときはじめて、たんに「理念的」にではなく一層具体的かつ臨場的に把握されるに至る。[14]

（三）断片四においてソロンは、飽くなき財の追求のゆえに偉大なポリスを滅ぼそうとしているアストイ（町方の人、有力者、富者）の愚行に言及し、「自分たちの過度な欲望を抑制する術を知らない」彼らは、「塗炭の苦しみを味わうことになるのは必定である」（五―一〇行）、と述べた。だが、注目すべき一つの事実がある。それは、先が見通せなくなって「大なる破滅《メガレー・アーテー》」に囚われるのはアストイのみではないということだ。富者・貧者の別を問わず、ひとはすべて、自分にとってよかれと思うことを願望し飽くことなく追い求める。だが、その追求の果てがどうなるかを完全に見通せる人はいない。ひとは何かを求め、何かを得る。その「得る」ということが、さらに別の何かを得たいという願望にひとを駆り立てる。そして、ついに「破滅《アーテー》」に至らしめる。果てしない「利得《ケルデア》」の追求（コロス）がひとを狂奔・狂争させ、最後に「物狂《ものぐる》いの末の破滅」（アーテー）に追いやるのである（断片一三・七〇―七五行）。

アンハルトの著書『伶人ソロン』（*Solon the Singer*）[15]を書評するなかで、伊藤正は、彼女の立てた「ポリスを破滅に導く内的な原因は何か」という問いをめぐり、「ソロンが『エウノミアがkorosを終わらせる（v.34）』と主張するとき、彼は個人の過度の消費や獲得に関する共同体的な規制の必要性を説いているのではあるまいか」[16]と問い直し、「ここで述べられている獲得に関する共同体的規制とは、ホロイの撤去に加えて、Arist. *Pol.* 1266b14ff. で述べられている土地所有の最高限を定めた法律であったと看做すこともできよう。また、ソロンが土地の再分配の要求を断固として拒否した背景には、貧民のコロスを抑止するという意味があったことを忘れてはならない」と結論した。[17]

卓見である。だが、政策や立法がなしうるのは、そこまでである。政策の実行や法律の制定によっては、人心を完全に制御することはできない。ヘラクレイトスが言うように、「魂」は果てしなく深いからである。[18]「規制」や「抑止」によっては人の心に巣食う「コロス」(貪欲)を根絶やしにすることはできない。それゆえにまた「アーテー」を絶滅させることもできない。ソロンが実行した「負債の帳消し」や「債務奴隷の禁止」等の「エウノミアの理念」に基づく「公的規制」は、貧者たちの不平を或る程度まで鎮静させ、民衆に対する富者の度を過ごした不正行為をも或る程度まで防ぎ立て、減衰させることができたであろう。が、結局のところ、彼らの「コロス」を絶滅させることはできなかった。プルタルコスは言っている、「ソロンはどちらの側にも気に入られなかった。金持ちには契約を破棄して不平を与えたし、貧乏人には望んでいる土地の再分配をしなかったうえに、リュクルゴスのように生活において人々をまったく均衡(ホマロイ)かつ平等(イソイ)なものにしなかったからである」[19]、と。実際、『アテナイ人の国制』第一二章によると、「土地の再分配」をソロンに期待していたデーモス派の人々は、それが実行されないことを知るや否や、ソロンを「あたかも敵を見るごとく、みな横目で睨む」ようになったのである。そして富者たちの方はというと、ソロンが断行した「負債の切り捨て」によって貧乏になったため、ソロンの法を無視し、紛争に明け暮れるようになっていったのである(同書第一三章)。

こうなることをソロンは事前に知っていたとも言える。改革断行中にソロンは富者と貧者の真ん中に「境界石」(ホロス)のように立ちはだかる。そして、双方を「エウノミア」に向けて一致団結させるべく、あたかも自分が「多くの犬に取り囲まれた狼」(断片三六・二七行)にでもなったかのように、敢えて自分を彼らの一斉攻撃の標的とさせる。ソロンはみずからを、彼ら「多くの犬たち」によって追い立てられる「狼」、すなわち「犠牲の山羊」(スケープゴート=ファルマコス)に擬することによって、アテナイ社会の「デュスノミア」(無法状態)を「エウノミア」(善き法秩序の支配下にある社会)へと回転させる蝶番《ちょうつがい》たらしめんとしたのである。

だが、その試みは失敗する。「コロス」や「アーテー」に正面から立ち向かうことは誰にもできない。トロイア戦争におけるギリシア連合軍の総帥アガメムノン王、いや神々の王ゼウスでさえが、「アーテー」(女神)には屈したのである。「コロス」そして「アーテー」に対処する最適にして最も賢明な方法は、勝ち目のない戦はやめて、『ペリ・フュセオース』の序歌において「わたし」が述べているように、一目散にそれから離れ、ひたすらに「逃走」することである。

どこへか。言うまでもなく、不可侵の「アシュロン」(ギリシア語 Asylon, ラテン語 Asylum, 避難所)、パルメニデスの言う「真珠《またま》なす真理《ことわり》の揺るがざる心」に向かって、である。

パルメニデスの序歌

わたしがエレアへ旅したのは四〇年ちかく前のこと。時候《とき》は六月初旬。日盛りのなか遺跡をひとしきり経めぐった後、フリットロ渓谷に沿ってアクロポリスに上ろうと、ポルタ・アルカイカ門からポルタ・ローザ(薔薇門)を目指して歩いていった。突如、眼前に、パルメニデスの「《夜》と《昼》の門」(「序歌」第一一行)を思わせる巨大なアーチ門が現れた。だが、その門は、わたしを通してくれなかった。フリットロ渓谷の斜面から流れ下ってきて堆積した泥土が門を塞いでおり、行く手を阻んだのである。

　このアーチ門が築かれた前三世紀末頃には、この門を通ってアクロポリスに至る道が通じていた。だがその道は、頻繁に起こる地滑りと水害のために利用できなくなり、門の手前で左折する別の道がこれに代わった。やむなくわたしも、「障害物」を避け、左折する道を探すことにした。

　ケシの一種、ポピーであろうか、赤、白、青、黄、可憐で小さな花々が、その道のあたり一面、そしてアクロポリスの南西斜面を覆いつくして、咲き乱れていた。その花々の下の、道とも言えない細い道を、わたしは、花を踏みつけないように気をつけながら、アクロポリスをめざし、喘《あえ》ぎながら、よじ登っていった。

図10　ポルタ・ローザ（薔薇門）

　パルメニデスの実像に迫ろうとする道にも、まさにそのような「障害物」が横たわっている。H・ディールス－W・クランツ編纂による *Die Fragmente der Vorsokratiker*（ソクラテス以前哲学者断片集：第三版から第六版）の「パルメニデス」の項（28）、その真正断片部（B）に「断片一」として収録されている「序歌」の三行目 „δαίμονες, ἣ κατὰ πάντ' ἄστη φέρει εἰδότα φῶτα."（ダイモネス、ヘー・カタ・パンタ・アステー・フェレイ・エイドタ・フォータ）の下線部《ἄστη》（アステー）がそれである。

「障害物」と言った。何故なら、この「アステー」[20]という語こそが、従来のパルメニデス研究の進捗を大きく妨げてきた当のものだからである。DK（Ⅲ版－Ⅵ版）にテクストとして保存されつづけてきた「アステー」は、実際にはどのパルメニデス写本にも見当たらない。そして、「アステー」があったと主張されてきた写本上のその場所に載っているのは、わたしたちがソロン断片四ならびに一三において目撃してきた「アーテー」であって、「アステー」ではない。

繰り返す。古典学者が最も尊重しなければならないはずの写本に厳然としてあるのは「アーテー」であって、「アステー」ではない。にもかかわらず、おおかたの有力な古典学者たちは、これまで、パルメニデスの真正のテクストとして写本にはない「アステー」を採用し、写本にある「アーテー」の方は忌避し、一貫して無視しつづけてきたのである。

これは、異常な事態であると言わなければならない。ギリシア文献史上において「アーテー」という語が荷負ってきた役割と意義を尊重する者ならば、写本上に歴然と残る「アーテー」という語を安易に削除したり無視したりすることはできないはずだからである。ソロンが「アーテー」という語を使用した回数はわずか四回にすぎなかったが、それらはいずれも無視されてもよいようなものでは決してなかった。そしてそのことは、ホメロスからエウリピデスに至るギリシア詩人たちが、この「アーテー」という語をかなり多用していることからしても強調されなければならないことである。この語は、ホメロスによって二六回、ヘシオドスによって六回、すでに見たようにソロンによって四回、アルカイオスによって一回、イビュコスによって一回、テオグニスによって七回、ピンダロスによって五回、アイスキュロスによって実に四八回、ソフォクレスによって四〇回、エウリピデスによって三一回、使用されている。その総数は一六九回にのぼる。パルメニデス写本上の「アーテー」を無視する古典学者たちのやり方は、到底、納得しうるようなものではない。

だが、すべての古典学者たちが一様に「アステー」を支持してきたというわけでは決してない。一方では写本上の「アーテー」を真正のテクストとして受け入れることを拒否するが、他方では「アステー」は「ミススペル」であるからという理由でその修正を要求する、そういう複雑な立場を選ぶ人物もいたのである。西洋古典学の泰斗、一代の碩学《せきがく》ヴァルター・ブルケルトが、その一人である。[21]

ブルケルトには「パルメニデスの序歌とピュタゴラスの冥界行」（'Das Proömium des Parmenides und die Katabasis des Pythagoras,' *Phronesis* 14: 1–30, 1969）という著名な論文がある。その論文が近年英訳され復刊されたとき（二〇一三年）[22]、ブルケルトはその論文にわざわざ新しい「まえがき」を付け、これまで何度も繰り返してきた苦情を次のようにあらためて吐露することになった。

古典文献学というよく培われた分野では、まことの進展はめったにみられない。そこで行われる仕事といえば、いっそう確信のもてる何らかのことが得られるならばと望みつつ、その成果を思い描いては、すでに知られている手持ちの資料をアレンジし直すくらいのことだ。パルメニデスの序歌（三行目）の、ひとつの誤字（one mis-spelled word）ですらが、一〇〇年以上にわたる専門家たちの努力にもかかわらず、その最終的な改訂を見ていないのだから。（八五－八六ページ）

と。ここでブルケルトが言及している「ひとつの誤字」とは、すでに述べたことを敢えて繰り返すと、ソクラテス以前の哲学者研究には必要不可欠な標準的参考書として、今日でも、誰もが座右に置いているはずのH・ディールス－W・クランツ編纂による *Die Fragmente der Vorsokratiker*[23]（ソクラテス以前哲学者断片集）の「パルメニデス」の項（28）、その真正断片部（B）に「断片1」として収録されている「序歌」三行目

"δαίμονες, ἥ κατὰ πάντ' <u>ἄστη</u> φέρει εἰδότα φῶτα."

（ダイモネス、ヘー・カタ・パンタ・アステー・フェレイ・エイドタ・フォータ）

の下線部（傍線部）"<u>ἄστη</u>"（アステー）を指す。

ブルケルトは、この「アステー」が「誤字」（misspelling）だと言う。だが、そのことを最初に公然と述べたのはブルケルトではない。「アステー」がパルメニデスのどの原典写本にも見出されないことを最初に告発したのは、A・H・コクソンである。[24] しかしブルケルトは、コクソンの論文によってはじめてそのことを知ったわけではない。彼はその三年前、つまり彼のドイツ語版 'Das Proömium' 論文公表の四年前に、すでに、コクソンからの手紙（一九六五年一一月二日付）を通じてそのことを知っていた。つまり彼は、ヘルマン・ムッチュマン（Hermann Mutschmann）によるセクストス校定本を通じて流布されていたところの、その「アステー」（という誤字）が、実際には、それを裏付ける根

拠となるべきはずの写本に存在しないことを知っていたのである。つまり、当の手紙のなかでコクソンはそのことを、ブルケルトに、次のように伝えていたのである。「『アステー』（なる語）がこの写本［N写本を指す］にも、また、わたしが知るかぎりでは他のどの写本にも存在しないことは、まったくもって確かなことです。そして写本N（Laurentianus 85.19, f. 124v.）にある『πάντ' ἄτη』は、その内実からして、写本Lにある“παντάτῃ”（二番目のアクセントならびに省略記号なし）やその他の写本（E写本やその他の写本にみられる πάντα τῇ）と同じものなのです」、と。

こうしてブルケルトは、コクソンから得た知見に基づき、ドイツ語版 'Das Proömium' 論文のみならず、二〇〇三年に出たディールスの *Parmenides, Lehrgedicht*（第二版）に寄せた「序言」（Vorwort）でも、また英語版論文においても、くどいほどまでに「アステー」なる語が間違いであることを訴えつづけたのであった。たぶん、それは、彼が、英語版に先立つこと一〇年、すなわち一九六二年に出版されたドイツ語版 *Weisheit und Wissenschaft. Studien zu Pythagoras, Philolaos und Platon*（『知恵と科学、ピュタゴラス、フィロラオスならびにプラトン』Nürnberg, Hans Carl Verlag, 1962）において展開したパルメニデス論の成否にかかわることだったからであろう。

ともあれ、みずからの「パルメニデス」本に英語版序文を寄せた最晩年のブルケルトにとっては、ディールスの *Die Fragmente der Vorsokratiker*（ソクラテス以前哲学者断片集）「パルメニデス断片B一・三」に、間違いであることがまったくもって明らかなはずの「アステー」（ἄστη）なる語が、未だに修正されることなくテクストとしてそのまま掲載されつづけていることは、一人の古典学者として、よほど腹に据えかねることであったのではないかと思われる。そういうわけで彼は、「これまで提起されてきた多くの改訂は、どれひとつとして、全般的に受け入れてよいと確信しうるものではない」、と突っぱね、断言することができたのである。

もともと、問題の「アステー」という語は、ディールスが、トイプナー版セクストス・エムペイリコス全集の校定作業に携わっていたムッチュマンと私的に情報のやり取りをしていたときに、誤ってディールスの*Fragmente*に紛れ込み、それが第三版に採用され、爾後すべての版へとそのまま自動的に受け継がれてゆくことになったというのが、どうやら事の真相であるようだ。

そういうわけで、例えば「アステー」という「誤った語」を含むパルメニデス断片一の最初の原文三行

ἵπποι ταί με φέρουσιν, ὅσον τ᾽ ἐπὶ θυμὸς ἱκάνοι,
πέμπον, ἐπεί μ᾽ ἐς ὁδὸν βῆσαν πολύφημον ἄγουσαι
δαίμονες, ἣ κατὰ πάντ᾽ ἄστη φέρει εἰδότα φῶτα·

は、ディールス版のドイツ語訳（第六版）では

Die Rosse, die mich dahintragen, zogen mich fürder, soweit nur die Lust mich ankam, als mich auf den Weg, den vielberühmten, die Dämonen (die Göttinnen) führend gebracht, der über alle Wohnstätten hin trägt den wissenden Mann.

と訳されることになった。問題の「アステー」は、ディールス版では下線をほどこした「Wohnstätten」（居住地［複数対格形］）と訳されている。そして、このディールス版における「アステー」のこの読みならびに訳例を参考にし、それを踏襲しながら、爾後、無批判に、同じような訳が世間に出回り、流布されてゆくこととなった。その類例は枚挙にいとまがない。

が、この件に関しフランスの古典学者ピエール・オーベンクは、それなりの見識を示した。彼はディールスが“Wohnstätten”と訳した部分を空白とする以下にみられるようなフランス語訳を提示し、これに注を付けて、写本E（πάντα τῃ）、写本L（πάντὰτῃ）、写本N（πάντ᾽ ἄτῃ）、写本 ς （πάντα τῃ A）の各読みに言及したうえで、ムッチュマンの錯誤ならびにコクソンの見解に説き及んだ。[25] しかし彼は、各種写本のうちのどれかを自分のテクストとして採用することはしなかった。

Les cavales qui m'emportent me, conduisaient aussi loin que puisse
Parvenir mon désir, lorsqu'elles vinrent et m'amenèrent sur la voie,
Riche en paroles, de la divinité, voie qui mène . . . l'homme qui sait.

しかしながらその他の大勢は、残念なことに、未だに変わっていない。最近出版され、ディールス本に代わってソクラテス以前の哲学者たちの研究のための基本文献になるのではないかと噂されたりしているラクスとモストによる新著『初期ギリシア哲学』第五巻「西方ギリシアの思想家たち」第二部所収「エレア派」の「パルメニデス」の項Ｄ４において、ディールス当該三行は、次のように訳されている。[26]

The mares that carry me as far as ardor might go
Were bringing me onward, after led me and set me down on the divinity's many worded
Road, which carries through all the towns (?) the man who knows.

下線部が「アステー」に対応する部分である。後ろに疑問符号（?）が付せられている。しかし、何の説明もなしに、である。これでは、何が（?）であるのかさえ分からない。

さて、次に日本語のケースを挙げる。引用するのは岩波書店が出版した『ソクラテス以前哲学者断片集』第II分冊第28章「パルメニデス」（B）断片1最初の三行である。[27]

この身を運ぶ駿馬らはわが心の想いのとどくきわみのはてまで
私を送った——ダイモーンの名も高き道へと私を導き行かしめてのち。
この道はなべての町々[2]を過ぎて物識る人を連れ行く道。

ご覧のように、「アステー」に対応する傍線の訳語「町々」には上付数字が付せられている。その注を見ると、「『町々』についてはホメロス『オデュッセイア』Ｉ3（およびXV82）、ヘロドトス『歴史』Ⅰ5参照。むろんパルメニデスの進む道は『人間の踏み歩く道の届かぬところ』（27行目）にある。κατά（を過ぎて）はホメロス『イリアス』XIX93と同じ用法」、と説明されている。『オデュッセイア』Ⅰ3（およびXV82）、ヘロドトス『歴史』Ⅰ5への言及は、「アステー」を「町々」と読むことの妥当性を主張するためのものであり、「κατά（を過ぎて）はホメロス『イリアス』XIX93と同じ用法」という言葉は、「なべての町々を過ぎて」という訳は「ホメロス『イリアス』XIX93」に出ている前置詞「κατά」と同じ仕方で読んだ、ということであろう。しかし、そのようなことを教えられても、一般読者としては、面食らうだけではあるまいか。なにしろ読者は、その「κατά」を含むパルメニデスの序歌の当該のギリシア文（断片B一・三）も、またホメロスの『イリアス』第一九巻九三行における「κατά」を含むギリシア文も、あらかじめ事前に教えられてはいないのだから。そして、たとえそれらを参照してみたところで、元のパルメニデス断片一・三行のギリシア文もテクストとして掲載されていないのだから、比較も解釈も成り立ちようがない。これでは訳者は、読者の無知を前提して、分かってもらえるはずもない説教を頭ごなしに垂れている、と言われても仕方がないことになるだろう。[28] しかも、悪いことに、この日本語訳の場合にも、ラクスとモストによる英訳の場合がそうであったように、「アステー」がどの写本にも見出されることのない誤字（misspelling）であることについてのコクソンの問題提起について、ただ一言の釈明もしていない。

『ソクラテス以前哲学者断片集』第Ⅱ分冊は一九九七年、ラクスとモストによる *Early Greek Philosophy, Vol. V, Western Greek Thinkers, Part 2* は二〇一六年に出版されている。コクソンが「パルメニデスのテクスト：断片一・三」論文を公表したのが一九六八年である。その間、ざっと、二九年から四八年の歳月が過ぎ去っている。その間の歳月はいったい何であったというのか。

一九六五年に『パルメニデス』(*Parmenides*) を出したレオナルド・タラン (Leonardo Tarán) は、ディールス版に起こったそういう不幸な出来事を知らないまま、DKを信用して、安易にも「パンタ・アステー (πάντ' ἄστη) なるフレーズは、セクストスの最上の写本のMS(写本)の読みを伝えるものであるから、これはかならず守らなければならない」と主張することができた。ところがその五年後、アレクサンダー・P・D・ムーレラトス (Alexander P. D. Mourelatos) が画期的な研究書『パルメニデスのルート』(*The Route of Parmenides*) を出版したときには (一九七〇年)、序歌当該三行 (Fr. B1.1–3) を、彼は、「馬たちは……わたしをエスコートした (πέμπον)、知者をあらゆる町々へと運ぶ (カタ・パンタ・アステー・フェレイ) 女神のルートへと乗せた後に」と訳し、次のように語を繋いだ。「このテクストは、……破損している、と考えられている。それでも、たとえ『パンタ・アステー』が、いまや、修正の結果以上のものではないとみなされねばならぬとしても、それ「パンタ・アステー」は、これまでに提起されてきた唯一つの有意味な改訂案、イエーガー (Jaeger) の『アシネー (ἀσινῆ)』よりも、まだしもテクストにいっそう近い (山川による強調)。そういうわけで、わたしは、伝統的な読み[ディールスが採用した「パンタ・アステー」]を守るのである」、と。

これはしかし、まことに苦しい言い逃れ以外の何物でもないだろう。というのも、ムーレラトスの主張する「カタ・パンタ・アステー」という読みを保証してくれる元の「テクスト」なるものは、そもそもどこにも存在しないのだから。断片二においてパルメニデスは言う、「無いものは無い」、と。

コクソンの論文が発表された四一年後に、J・パーマー (John Palmer) は著書『パルメニデスとソクラテス以前の哲学』（*Parmenides and Presocratic Philosophy*, Oxford University Press, 2009）を世に問う。この時点で、「アステー」の世評は相当に下落していた。そこで、パルメニデス断片Ｂ一・三を組上《そじょう》に載せざるをえなくなったとき、パーマーはまず自己防衛を図った。最初に彼はハロルド・ターラント[29]を叩いた。ターラントは、パーマーの著書が出る三三年前に、いちはやく「パルメニデス断片Ｂ一・三：テクスト、コンテクストおよび解釈」（一九七六年）[30]なる論文を発表し、断片一・三行の読みとして、写本Ｎのという文字に基づき、①"κατὰ πάντ' ἄτῃ"、②"κατὰ πάντ' Ἄτῃ"、③"κατὰ πάντ'ἄτῃ"、④"κατὰ πάντ' Ἄτῃ"の四通りの読みのうちどれか一つを採用するのが望ましい、と主張した。パーマーはその提案に嚙みついた。そして、次のように主張した。「ターラントは、『エイドタ・フォータ（εἰδότα φῶτα）』（知ある男）が、どのようにして『あざむき』（アーテー ἄτη）の導きに従って暗黒の途を行かざるをえなくなったかを説明しようとして、実にもってまわった推理をやらざるをえなくなった」。が、そのせいで、「その後はどの研究者たちも、当然ながら、この手の提案を無視するようになっていった」、と。だが、自分自身の問題として「アステー」そのものに立ち向かわざるをえなくなったとき、結局のところ彼は、きわめて弱々しい、優柔不断とも言える告白をせざるをえなくなった。彼は言わざるをえなかった、「『カタ・パンタ・アステー』と［写本Ｎに］書かれてあったのなら、パルメニデスにとっては、それがよかったのだろうが……われわれには実際のところ、彼がそう［つまり「カタ・パンタ・アステー」と］書いたと確信することはできないのである。だからして、わたしは、ここに、テクスト破損の印として短剣符（†）を、（概して優れた写本であると認めてよいＮのこの箇所の読みとして）標記する」、と。

こうして、たんに「カタ・パンタ・アステー」のみならず、N、E、L以下の写本テクストの破損を前提したうえで古典学者たちによって提案されてきた他のあらゆる類の修正案のすべてが、ブルケルトがいみじくも言ったように、結局のところ、「一般的賛同をえるにはほど遠い」ものであらざるをえないことが明らかになってきたのである。

無意味なテクスト「アーテー」(ATH)

DKにおけるパルメニデス断片B一・三行「アステー」に代わる「正しい」テクストがこれまで見つけられないできたことは、古典学者ブルケルトの立場からすれば、まことに残念なことであったと言うべきなのかもしれない。だが、「アステー」というテクストに代わる「正しい」改訂語なるものが、写本に歴然と残っている「アーテー」以外に存在するというのは、はたして本当なのであろうか。

この問いに対してブルケルトが、したがってまたコクソンが下した判断は、今から思えば、まことに屈折したものであったと言わねばならない。コクソン自身がはっきり口に出して言っているように、写本に載っている「アーテー」という語は、彼によれば、破損していて「無意味」(meaningless)だったのである。したがってそれは、彼にとっては、当然のことながら、「アステー」に替わるべき「正しい」「改訂語」の候補としては、そもそもの最初から、認められえないものだったのである。

ここに、再確認されるべき一つの重要な問いが浮上してくる。「一つの誤字」(one mis-spelled word)なるものに言及することによって、ブルケルトは、いったい何を言おうとしたのであろうか、と。明らかに、彼は、そのことによって、『アステー』はミススペリングである。したがってそれは、写本にみられる『アーテー』以外の、他のなんらかの正しい語でもって改訂されなければならない」と主張したのである。すると彼は、コクソン同様に、そもそもの当初から、写本にある「アーテー」そのものを改訂候補の埒外に置いていたということになるのではないか。

だとすれば、問題であったのは、実際には「アステー」ではなく、断片一・三行の読みを疎外する写本上の「アーテー」であったということになる。なぜならば、「無意味」（meaningless）であると、コクソンならびにブルケルトその他多くの古典学者たちが判断したところの「アーテー」という写本上の文字ゆえにこそ、「アステー」その他の改訂語が次から次へと大量生産されてきたのだからである。

したがって、ブルケルトは、「アステー」の改訂を要求することによって、実際には、コクソン同様に、写本そのものを修正し、「アーテー」という文字を写本上からも追放したかったはずである。それゆえに、彼が英語版論文の「まえがき」において要求した改訂とは、次の命題によって表現されるべきものであったということになるだろう。

（*a*）「アーテー」というテクストは無意味である。ゆえに、正しい仕方で改訂されねばならない。

しかし、無意味なものを改訂する「正しいやり方」といったものが、はたして、あるのだろうか。

ありえない。したがって、英訳版「まえがき」においてブルケルトは、不可能なことを実行せよと要求していたことになる。何故なら、命題（a）の前半は、

「アーテー」という、いかなる有意味なテクストも、存在しない。

と言い直すことができるからである。

ここで思い出すべきは、パルメニデス断片B二・七－八行である。その箇所において女神はクーロスに教える、「何故ならおまえは、あらぬものを認知することもできなければ――というのもそれは不可能であるから――また言の葉に上すこともできないからだ[31]」、と。実際、いったい誰が、「それ」と指し示すことも、言及することもできない「あらぬもの」を、有意味でもあり、正しくもある何物かに、改訂しうるというのであろうか。

命題（a）を主張する人々は、尋ねようのない「正しいテクスト」を尋ね、「目当てなき眼」（断片B七・四行）をいたずらに働かせているということになる。事実、これまでに提出された（a）派の人々の改訂案のすべては、例外なく、あらぬはずの「アーテー」（ἄτη）の文字面のあたりを徘徊しつつ、幻の代替案を拵えあげる態のものとなっている。代表例だけを以下に挙げておく（**表1**）。

引用欄左側には写本Nテクストに対応する（a）派の人々による改訂案が示されている。下線を引いた部分は、それらの人々が写本のテクストを強く意識しつつ跡づけた痕跡を示す。右側の欄には、左側に記した改定案を提示した人々の名前が記入されている。さて、コクソンの問題

提起以降、「カタ・パンタ・アステー」の読みに加担する人々の数は減少してきている。しかし、だからといって、写本に即した「カタ・パンタ・アーテー」の読みが正しいことが証明されたというわ

κατὰ πάντ' ἄστη	Tarán, Mourelatos, Schofield, Renehan, Lesher, de Jáuregui, Adluri, Laks-Most, et. alit.
κατὰ πάντ' ἄντην	Heyne, Coxon, Renehan
κατὰ πάντ' ἀσινῆ	Meineke, Jaeger, Becker, Mondolfo, Gallop
καὶ πάντ' αὐτὴ	Hermann
κατὰ πάντ' αὐτὴ	Untersteiner, Mullach, DK 1st edn.
κατὰ πᾶν αὐτὴ	Lowe
κατὰ πᾰν πάντῃ	Böckh
κατὰ πάντ' αἰδῆ	Füllebom
κατὰ πάντα σαφῆ	Brandis
κατὰ πάντα μάθη	Stein
κατὰ πᾶν ἀπάτης	Bergk
κατὰ άντ' ἐτεῇ	Usener
κατὰ πάντα ἀδαῆ	Karsten, Nestle, Riaux
κατὰ πάντα φέρει πάντ'	Patin
κατὰ πάντα τατὴ	Wilamowitz, Barnett, DK 2nd edn., Eisler
πᾶν ταὐτῃ	Cordero, Couloubaritsis, Conche
πάνθ' ἅ τ' ἔῃ	Cerri
κατὰ πάντα ποτῆι	Lebedev

表1

けではない。言いうるのはただ、レッシャー（Lesher）の言うとおり、[32]これまでに提案されてきた改定案のうちの「どれひとつとして、成功した験《ためし》はない」というくらいのことであろう。

なるほどいまもヴィシュワ・アドルリ（Vishwa Adluri）のように、捲土重来を図って、頑迷に、「カタ・パンタ・アステー」の復権を唱える者もいる。[33]彼は、プラトンの『ファイドロス』篇二三〇D五がパルメニデス断片「カタ・パンタ・アステー」に淵源する、と強弁する。が、プラトンがパルメニデス原典の「カタ・パンタ・アステー」なる文字を確かに読み、そのうえで『ファイドロス』篇二三〇D五を執筆したと確証させるものは何もない。しかし、お決まりのホメロス『オデュッセイア』第一巻三行における有名な「多くの民の町を見て」（πολλῶν δ' ἀνθρώπων ἴδεν ἄστεα）という言葉に訴え、「アステー」の読みを頑なに主張する者も依然として後を絶たない。[34]だが、「アステー」（ἄστη）が実際に写本にない以上、それが頼みの綱としているものは、空無以外の何物でもなかろう。[35]

「アーテー」忌避

写本N（L、Eその他）に残る「アーテー」という語は無意味（meaningless）だとして行われてきた（*a*）派のすべての人々による改訂作業は、結局、「無意味」であったということになる。しかも、その「無意味」な読みが、未だに世間で通用している。奇怪なことである。だが、いっそう奇怪なのは、（*a*）派の人々が、決定的証拠もないのに、口をそろえて、写本における「アーテー」は破損しており、無意味であると断じて、いっこうに憚《はばか》らない事態である。

いったい、その頭ごなしの「アーテー」忌避は、何に由来するのか。一口で答えよう。それは彼らが「アーテー」を、パルメニデス詩『ペリ・フュセオース』解釈に混乱をもたらし、彼らの抱いているパルメニデス像を決定的に破壊しかねない「異物」とみなしているからである。「アーテー」は、彼らにとっては、プラトンが『テアイテトス』篇一八三Eにおいて「畏怖すべく、敬うべき人[36]」と評した高貴なパルメニデス像を決定的に損なってしまいかねない「場違いな」もの、「異物」だったのである。

「異物」、「場違いなもの」とは何であるか。『自然哲学』講義において「薬物」に言及するなか、G・W・F・ヘーゲルは次のように述べた。「薬物がその下に考察されなければならない根本的視点とは、それが『不消化なもの』だということである。そのかぎりにおいて薬物は、否定的刺激、毒物である」、と。では、毒物が有機体に治癒的に働くのは何故なのか。ヘーゲルは言う、それは「刺激的であり、同時に不消化であるものが、病気というかたちで自分自身に逆らった有機体に、有機体にとっては外的な異物として与えられるのだが、このものに対して有機体は自己を取り戻し、自己感情とみずからの主体性へと再び到達する過程を辿らざるをえなくなるからだ[37]」、と。

ヘーゲルが「異物」(Fremdes)について述べたことは、メアリ・ダグラスが「場違いなものとしての汚物」(the dirt as matter out of place)について言ったことにぴったり適合する[38]。そして両人の指摘はさらに、そっくりそのまま、ギリシアの「ファルマコス」(φαρμακός)儀礼(所謂「贖罪の山羊」)のメカニズムと重なり合うこととなる[39]。

「薬」についてのヘーゲルの言葉に即して、「アーテー」との関わりにおける「ファルマコス」儀礼について説明しておこう。「薬」は、ふつう、外部から投与される。しかし、病んだ有機体が自らの内部に、「異物」であり「不消化物」であり有機体自身にとっては「場違い」であるもの、「異物」としての「毒」を作り出し、そのことによって「特殊な活動性に固定化」されてしまい、自分自身の内部で分裂を起こし、いわば内戦状態（スタシス στάσις＝キーネーシス κίνησις＝動乱）を誘発し、生命自身の統一性を失いかけている自分自身を癒そうとすることは、はたして、ありえないことであろうか。いや、そのとき、自己自身を癒そうとして機能するメカニズムこそが、「ファルマコス」儀礼によって実現されるべきものだったのである。

「ファルマコス」（φαρμακός＝薬男）[40]という、なんとも奇妙な名前でもって呼ばれ、「活ける屑《くず》」（ペリプセマ περίψημα）として、自分の一身に都市の一切の災厄を荷負わされ、市民たちの住む「内」の世界から「外」の異界へと追放される人間にまつわる儀礼は、文献において確認されうるかぎり、ギリシアではパルメニデスの時代以前、少なくとも前六世紀初頭にはすでに存在し、前四世紀のアリストテレスの時代以降にも、なおかつその存在を確認しうるものであった。

わが国の「追儺《ついな》」や「鬼遣《おにや》らい」、さらには「人形《ひとがた》流し」といったものを想起させるこの儀礼の起原は、おそらく、旱魃《かんばつ》・飢饉・疫病の流行といった、共同体を脅かす如何ともしがたい危機的状況に陥ったとき、「社会共同体」（多）の秩序を救うために「《異物》と見立てた個」（一）を犠牲としたことに機縁するものであっただろう。したがってそれは、このうえなく起原の古いものであったにちがいない。否、人間以外にも、たとえば豹《ひょう》のような獰猛《どうもう》で危険な動物、走るのが速いだけではなく、木登りすらできる猛獣によってその退路を絶たれたとき、猿やリスなどのような小動物がそうせざるを得なかったであろうように[41]、動物行動のうちにさえこうした「多」のために「一」を犠牲にする行動が存在する以上、世界各国においてさまざまに証言されているこのような制度の根源は、人類の最初のコミュニティを突き抜けるほど古いものであったに違いない。[42]

　注目すべきは、ギリシア人たちが「ファルマコス」追放儀礼を「浄化」（カタルシス［κάθαρσις］ないしカタルモス［καθαρμός］）と呼んだという事実である。（*a*）派の人々の「アーテー忌避」の根底にあったのは、皮肉なことに、この「異物排除」としての「浄化」の観念であっただろう。メアリ・ダグラスは「異物排除」のメカニズムを「一般に尊重されてきた分類を混乱させる観念とか、それと矛盾しそうな一切の対象または観念を非とする反応[43]」と呼んだ。「浄」と「穢《え》」は、表裏一体のヤヌス的で双面的な観念なのである。[44]

迷走する「アーテー」解釈

　さて、先に定式化された命題（*a*）は、

（*b*）「アーテー」というテクストは無意味ではない。ゆえに改訂の要はない。

という命題と矛盾関係にある。

　いま仮に命題（*b*）が真だとしてみよう。すると、二つの命題（*a*）と（*b*）は、互いに排他的否定関係にあるのだから、（*a*）も（*b*）もともに真、ということはありえない。そして、仮定によって（*b*）が真である。すると（*a*）は真ではありえないことになる。したがって、命題（*a*）の完全

否定が結論されることになるだろう。[45]

しかし、わたしの知るかぎり、（*b*）命題の正しさと健全性を首尾一貫して立証しえた者は誰ひとりいない。[46] そして、これまたわたしの知るかぎりでは、写本の文字ブロックκατὰ πάντ' ἄτη（カタ・パンタ・アーテー）を、「アーテー忌避」に陥ることなく字義どおりに読もうとした人々は、わずか五人だけである。年代順に挙げれば、ハロルド・ターラント（Harold Tarrant, 1976）、井上忠（1996）、ジョン・ニュウエル（John Newell, 2002, Rev. edit. 2017）、クリストファ・J・カアフェス（Christopher John Kurfess, 2012）、スチュアート・B・マルチン（Stuart B. Martin, 2016）である。[47] 世界の古典学界全体に蔓延《まんえん》するパンデミック「アーテー忌避」を物ともせず、写本テクスト「アーテー」をそのまま読もうとしたこれら希少な学者たちのなかに日本人の名前があるのは、名誉だとしなければならないだろう。

しかしながら、これら五人の人々は、写本ブロック「カタ・パンタ・アーテー」をそのまま読もうとした点において新機軸を打ち出しえたものの、そのブロックを、それが埋め込まれているコンテクストのなかで、有意味かつ整合的に読解する点では、失敗せざるをえなかった。

第一番目のターラント[48]は、パーマーによる辛辣《しんらつ》な酷評にもかかわらず、論文冒頭において真っ当なことを言っている。彼は言う、学者たちのなかには軽々しく「改訂」を口にする者がいる。が、およそ「テクストなるものは、写本を注意深く読み、その意味する事柄を十分に考え尽くすまでは、改訂作業の対象とされるべきではない。このことは、ほとんど普遍的原則と言ってよいことだ」、と。そのうえで彼は、一九六八年に公表されたコクソン論文に言及する。[49] そして、コクソン論文は学界にひとしきり波紋を引き起こしえたものの、必ずしも期待されたような「アーテー」の積極的な見直しに繋がるものではなかった、と言う。彼が挙げるその理由の一つは、W・K・C・ガスリー（Guthrie）が、「アステー」を擁護して、いかにもさもありなんと思わせる「over all cities」（あらゆる町々の上を越えて）という訳を与えたため、コクソン論文の暴露効果が大幅に殺《そ》がれることになったこと、[50]二つ目は、コクソン自身が「アーテー」を「無意味」なテクストだと断じたために、その無意味なもの「アーテー」をわざわざ取り上げようとする気運が、いまひとつ盛り上がらなかったことにある、と言う。

だがターラントは、それらの事実は必ずしも「アーテー」の封殺に力を貸すものではない、と主張した。断片一・三行は、ディールス等の読みによると「ダイモネス」（δαίμονες）で始まっている。しかし写本は、実際には、「ダイモネス（複数）」ではなく「ダイモノス（単数）」（δαίμονος）となっている。そこで、ディールス等のその読みを写本どおり元の「ダイモノス」（δαίμονος）に戻せば、断片一・三行は「ダイモノス・ヘー・カタ・パンタ・アーテー（もしくはアーテー、もしくはアーテーイ）・フェレイ・エイドタ・フォータ」（δαίμονος, ἣ κατὰ πάντ᾽ ἄτῃ (Ἄτη, ἄτη, Ἄτῃ) φέρει εἰδότα φῶτα·）と読める。すると、筋の通った読みが復元されうる、[51]とターラントは主張した。そして次のように付言した。「アーテー」（ἄτη）を小文字の単数対格形（ἄτῃ）ととるか、大文字のそれ（Ἄτη, 錯乱の女神）と解するか、それとも小文字単数与格形のそれ（ἄτῃ）ととるか、あるいは大文字の与格形（Ἄτῃ）と解するかは、事柄の本質にはかかわりない「トリッキーな選択」であって、実際には、いずれを採ろうが「大差ない」、と。

こうしてターラントは、断片一・三行冒頭の語を、シュタイン（Stein）、ヴィラモヴィッツ（Wilamowitz）、そしてDKのように、複数形の「ダイモネス」（δαίμονες）と解さず、単数属格形の「ダイモノス」（δαίμονος）と採ることによって、これを「アーテー」と同一視するにいたった。つまり彼は、問題の「ダイモーンの道」を、「知ある男」（エイドタ・フォータ εἰδότα φῶτα）を錯乱・混乱させ、「迷妄」の道へと導きゆく「神的なもの」（divinity）の道、と解したのである。ターラントによればその道は、狂気・錯乱・迷妄・盲目、暗黒の道であって、「序歌」冒頭に登場する「わたし」を「光の方へと」導いてゆく「雌馬たち」や「太陽の娘たち」が行く道ではなく、「知ある男」（エイドース・フォース）を錯乱させ「ドクサ」の世界へと誘いこむ「迷妄・暗黒」の道である、というふうに解釈した。

ここに予想もしなかった、或る意味ではきわめて奇怪な、「序歌」解釈が出現するに至った。ターラントの躓《つまず》きの石は三つある。第一は、「女神の道」を「アーテー」に直結させたこと。第二に、「アーテー」を安直に「知ある男」に結びつけたこと。第三に、「カタ・パンタ・アーテー」というブロック内の「パンタ」（πάντα）の意義を、「現象界」にこと寄せてしまい、他の解釈の入る余地をなくしてしまったこと、である。[52] ターラント論文の最大の難点は、「アーテー」に拉致《らち》された「知の男」（エイドース・フォース）が行く道と正義の女神ディケーが守る門を越えた彼方にある「真理」の国に旅するパルメニデスの道との差異が何故生じることになったのか、説明不可能となったことにある。

二番目は井上忠である。[53] 彼は参考文献にターラントの論文を挙げている。井上は、断片一・三行冒頭の語を、ターラント同様に、「ダイモノス」（δαίμονος）と解し、さらにターラントが「大差ない」

とした「アーテー」の四つの選択肢のうち、小文字与格形の「アーテーィ」(ἄτῃ)を採る。そして、断片一・三行を「ダイモノス・ヘー・カタ・パンタ・アーテーィ・フェレイ・エイドタ・フォータ」(δαίμονος, ἣ κατὰ πάντ' ἄτῃ φέρει εἰδότα φῶτα)と読む。[54] そのうえで自著の独自性に言及し、「写本をそっくりそのまま読める方式、つまり(″アーテー″の)Η(“ἄτῃ”の“ῃ”)を下書きのι(イオタ)つきでἄτῃ(アーテーィ)と与格に読もうとの提案」にある、と主張した(二八一ページ)。さらに、パルメニデス断片一・三行のテクストを“δαίμονος, ἣ κατὰ πάντ' ἄτῃ φέρει εἰδότα φῶτα.”と読み、これを、「こころの闇に　現し世の　なべてを消して　ひたぶるに　目覚めし者を　駕《の》せてゆく　その女導神《ダイモン》の　道へこそ」と訳した。井上の言うところによると、「こころの闇に　現し世の　なべてを消して　ひたぶるに」という一節は、「ヘー・カタ・パンタ・アーテー」(ἣ κατὰ πάντ' ἄτῃ)の訳である。そして「ここの原文παντατῃが従来のパルメニデス理解では解釈不可能であった。そこで(「アーテー」)ἄτῃを(「アステー」)ἄστῃ［町々］と読み替えて、(「ヘー・カタ・パンタ・アステー」)(ἣ κατὰ πάντ'ἄστῃ . . . /3b　なべての町々《まち》を／うち越えて／と読むのが一般であった。しかしこの読みはCoxonの原典批判によって粉砕された。(中略)しかしἄτῃをἄτῃとすれば、そのまま写本通りに読める、というのが本書の提案である。それは事実地平を消し去る〈こころ〉言語の途を、最終目的たる根拠への道として浮き上がらせるであろう」(二一ページ)と述べて、自負する。

井上の訳文は、たぶん、パルメニデスの六脚韻律格に倣う意図があって作られたものであろう。詩的である。そして、詩的であることは排斥されるべきことではない。むしろ推奨されるべきである。詩が、井上によるパルメニデス詩の訳文は、難解にすぎる。わたしには、何故、「こころの闇に　現し

世の　なべてを消して　ひたぶるに　目覚めし者を　駕《の》せてゆく　その女導神の　道へこそ」という訳文が、パルメニデス詩断片一・三行の忠実な訳でありうるのか、分かりかねる。そこで、この書物の巻末に収録されているかなり長い英文レジュメを参照してみた。[55] そちらでは、断片一・三行にあたる英訳は次のようになっている：'the self of Parmenides was trapped by the distraction sent by the god ἄτη, who makes us blind to the everyday world of mortal men.' これは、パルメニデス断片一・三行の訳文として未だしも分かる。だが、この英訳は無惨な結論をもたらす。この訳では、パルメニデスは「盲目・錯乱・暗黒の女神アーテーの囚人」となってしまうからだ。が、英文レジュメによって著者自身の意図を忖度《そんたく》するのは危険かもしれない。英文レジュメは、著書本文で言われていることと微妙に異なっている。井上の意思を忖度したものとは言い難い。本文において "κατὰ πάντ' ἄτη" は「こころの闇に現し世のなべてを消して」と訳されている。この訳に注して井上は「ἄτη は神が人間の眼をくらませて、物を見えなくさせるいみでの『真昼の暗黒』(cf. プラトン『法律』897d9) である」と言う。そして、「ここでは、叙事詩の言語は、探究言語へ変換されて、〈こころ〉の闇、アーテーも、現し世のすべてを暗夜と化し、無化して、死すべきものどもの事実地平への執着の一切を振り棄てさせ、女神の呼び掛けに目覚めた者を、ひたすらに真昼の真理に向かわせる〈こころ〉の道そのものの根本機能となっている」(八五ページ)、と主張する。

井上はしかし、そのアーテーの働きが、何故、「ひたすらに真昼の真理に向かわせる」「根本機能」となりうるのか、説明していない。そもそも、「こころの闇に現し世のなべてを消して」とは何のことか。「全世界はわたしの心の闇に包まれ姿を消す」というのか。それとも、パルメニデスには、デカルトの方法的懐疑に擬せられる「方法的アーテー」の思想があったというのか。だが、これらは、パルメニデスの原文中どこを探しても見当たらぬ考想である。いったい“κατὰ πάντ᾽ ἄτῃ”を「こころの闇に現し世のなべてを消して」と訳しうる文法的根拠は何か。「こころの闇によって（ἄτῃ）、現し世のなべて（πάντ᾽）を」は、文法的には、未だしも分かる。しかし「消して」はどこから来たのか。井上は「こころ言語系」とか「超こころ言語系」といった――少なくともわたしにとっては怪しげな――特殊専門用語を駆使する。わたしは、そういう領域のことについては、いたって疎《うと》い。したがって、この種の論の成否は判断しかねる。が、序歌に関するかぎり、井上の解釈には、牽強付会の原文乖離《かいり》が著しい。

　第三の論者は、「パルメニデスのアイロニー」（博士論文[56]）の著者ジョン・ニュウエル（John Newell）である。断片一・三行の彼による読みは井上と同じである。が、彼は、わたしに送付してくれた博士論文改訂版草稿[57]において断片一・三行の問題をさらに追求し、ターラントに対するパーマーの批判を取り上げ次のように言う。「ここにおいて、少なくとも、われわれは事の核心に触れることになる。問題は、実際には、古文書学とか文法学に関わることではなく、意味論に関わることなのである。つまり問題であったのは、『アーテー』（ἄτη）のどれかひとつのヴァージョン［アーテー ἄτη, アーテー Ἄτη, アーテーィ ἄτῃ, アーテーィ Ἄτῃ］のもつ意味が、この行［断片一・三行］最後にでてくる『エイドタ・フォータ』（εἰδότα φῶτα［知ある男］）というフレーズの意味と、いったいどのように調和・調停・合致させられうるのか、ということなのである。こう考えてみると、問題なのは『アーテー』（ἄτη）あるいは『アーテーィ』（ἄτῃ）についてのわれわれの理解ではなくて、むしろ『エイドタ』(εἰδότα)をわれわれがどう理解するかということなのである」、と。

こうして彼は、議論の矛先を「アーテー」そのものから「エイドタ・フォータ」(εἰδότα φῶτα)へと鞍替えし、結局、「パルメニデスのアイロニー」なる森の中でさ迷い、途を失うことになる。そして言う、「結局、パルメニデスの詩は、いつでも、一定の教理・教説にではなくて、疑問へとひとを導いてゆく。あるときには、突然、議論の向かう方向を変え、あるときには微妙で分かりにくい雑多なヒントを与えることによって、解答に代えて『いかにしてそのことは可能であるのか』という問いを、われわれに対して投げかけ続ける」、と。これはしかし、古典学者として、受け入れがたい結論である。ニュウエルの言葉を用いて、わたしたちは問わなければならない、「これらのこと、ならびにまた、これらより数多い様々なヴァリエーションのすべてが、つねに戯れになされている[58]」のだとすれば、「いかにしてそれは真でありうるのか」、と。

第四の論者はクリストファ・J・カアフェス(Christopher John Kurfess)である。彼は言う、「語の分割点ならびにアクセント上の差異を無視すれば、セクストスのテクストその他の写本類はどれも、『パンタテー』(πανταττη)となっている点で合致する。この写本上のテクストは、概して破損しているとみなされ、これを改訂しようとする試みが沢山なされてきたが、その写本テクストに即した読みはジョン・ニュウエルによって正面から論じられ、擁護されている。そこでわたしは、ここでは、その読みを採用する[59]」、と。だが、いま見たように、わたしはニュウエルの議論を失敗だとみなす。それゆえ、カアフェスの議論を詳しく論ずる必要はない。

ニュウエルとカアフェスの両名は、ともに、パルメニデスのアイロニカルな表現や、また意図的に両義的な（と彼らが考える）語・句表現の使用の意義を、強調しすぎる。パルメニデスが自分の詩を公衆の面前（エレアの市民たち）で読み上げたという事実を思い返していただきたい。あまりに曖昧で意味不明であったり両義的であったりする詩句表現は、聴者には充分に聞き取れなかったのではあるまいか。パルメニデスの時代の口承文化的伝統を顧みるとき、わたしには、L・A・ウィルキンソンが言っていることのほうが正しいように思われる。[60] 詩は、当時、黙読されたのではなく、歌うように朗読され演じられたのである。それともパルメニデスは、聴くだけでは充分に判別できない意味不明の曖昧模糊たる事柄を延々と歌いつづける自分の声を、文句を言うこともなく黙って聞いてくれる、まことに天晴れな聴衆を、はたして当時のエレア市において、期待することができたのであろうか。

第五番目はスチュアート・B・マルチンである。[61] 断片一・三行の彼の読みは「カタ・パンタ・アーテー」（κατὰ πάντ' Ἄτη）となっている。「アーテー」が大文字のそれ（Ἄτη）である他はターラントのそれとそっくりである。彼の解釈によると、パルメニデス序歌には、まるで「ドッペルゲンガー」（Doppelgänger）のような二人の男、「エイドース・フォース」（εἰδὼς φώς）としての「利口な男」（the clever man）と、「ヘーニオコス」（ἡνίοχος）としての「御者」（the charioteer）とが、登場する。前者は「不吉なダイモーン」すなわち「迷妄の女神」（Ἄτη）によって拉致され下界の方へ（κατὰ πάντα）と連行される。後者は、前者とは逆の方向、「光の方へ」（εἰς φάος）向かうことになる。これは、ターラントの解釈をいっそう極端に推し進めた、受け入れがたい序歌解釈である。

錯乱の女神アーテー、その頭上を越えて

以上、（*a*）派と（*b*）派双方の見解を見てきた。その結果、これまでに言及してきた両派に属する人々のどの見解も、支持し難いことが判明した。

では、採るべき途はもはや残されていないのか。否、（*b*）派の読みは以上で尽くされたわけではない。これからわたしが展開する断片一・三行の最も新しい読みが、なおも残されている。その読みによれば命題（*a*）と（*b*）は、互いに真に排他的否定関係にあるものと捉えられることになり、したがって命題（*a*）を完全に否定するものとなるだろう。

最上の写本Nにおける断片一・一－三行の原本テクストは以下に示すとおりである。[62]

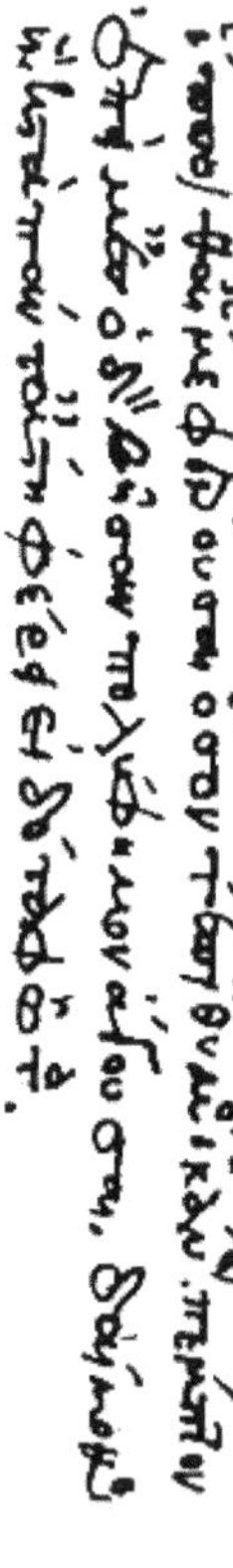

その二行末から三行終わりまでを「ダイモノス・ヘー・カタ・パンタ・アーテーィ・フェレイ・エイドタ・フォータ」（δαίμονος ἣ κατὰ πάντ' Ἄτῃ φέρει εἰδότα φῶτα）と読み取ることによって、わたしは一行から三行までの全体を、『万葉集』長歌の伝統に倣って次のように訳す。

吾《あ》をはこぶ、雌馬《こま》ら逸《はや》りて、むらぎもの、たぎるおもひの、届きえむ、そのかぎりまで

送りにけりな。ことさわに、鳴りては響く、かの道へ、吾《あ》をば駆りたて、のぼせし後に。
アーテーの、虜《とりこ》となりし、ひとみなの、頭上を越えて、覚者をば、運びてぞ遣る、女神の道へ。

この訳では、ターラントやマルチンの場合に出てきたような「二人の」人物は登場しない。出てくるのは「わたし」（με）ただひとりである。その「わたし」は、三行目最後にでてくる「覚者」（エイドース・フォース）と同一人物である。この「覚者」は、後に断片八において女神から「クーロス」としての「わたし」に許される贈り名が、ムーレラトスがいみじくも言ったように、あらかじめ先に示されているもの、と考えられてよい。パルメニデスの父祖フォカイア人たちが「アジール」を求めてエレアに向かったように、「わたし」はいま逸りたつ雌馬たちによって導かれ、「たぎる心」（テューモス）に急《せ》き立てられるまま[63]、押し寄せるペルシアの大軍にも比せられうる「アーテー」の追及を逃れ、すでにアーテーの虜囚となってしまった人々すべての頭上を眼下にしながら（カタ・パンタ・アーテーィ）、ひたすら女神の道をたどり、「光の方へ」と急いでいる。

以上、断片一・三行の読みとその大雑把な解釈を示した。これから、その解釈の成立根拠について述べていく。が、まず最初に、安易な「改訂」を戒めたターラントの「普遍原則」を尊重し、ギリシア語「アーテー」（ἄτη）の用法を吟味し直しておこう。

R・E・ドイル（Doyle）の研究に基づいて、わたしはすでに、ホメロスからエウリピデスに至るギリシア詩人たちが「アーテー」（ἄτη）という語を使用した回数が総計一六九にのぼることを報告しておいた[64]。繰り返すと、ホメロス二六、ヘシオドス六、ソロン四、アルカイオス一、イビュコス一、テオグニス七、ピンダロス五、アイスキュロス四八、ソフォクレス四〇、エウリピデス三一である。「アーテー」(ἄτη)を使用した形跡がない者として、ドイルはアルクマイオン、アナクレオン、アナクシマンドロス、アナクシメネス、バッキュリデス、カリノス、ヘラクレイトス、ヒッポナクス、ホメロス賛歌、ミムネルモス、パルメニデス、サッポオ、シモニデス、ステシコロス、プロタゴラス、テュルタイオス、クセノファネスを挙げる。パルメニデスについてのドイルの誤った判断は、彼が当の調査に際して Diels, *Fragmente der Vorsokratiker*, 6th edition に拠ったことに起因する。

ターラントによる「アーテー」のヴァリエーションについての示唆と失敗に鑑みるとき、残された途はただ一つ、彼が見落とした唯一のケース、「原因」を示す下書きのイオタ付き与格形「アーテーィ」(ἄτῃ)に活路を求める途のみである。これは、井上忠が採った途でもある。彼が陥った「暗黒の道」の隘路《あいろ》を避け、匍匐《ほふく》前進《ぜんしん》していかなければなるまい。

ホメロスからエウリピデスに至る詩人たちが、「アーテー」の与格形を用いた事例は全部で二〇。そのうち、パルメニデスとの関わりを推定されうるのは、彼と同時代者のアイスキュロス、せいぜいソフォクレスまでであろう。が、一応エウリピデスまで範囲を広げて調べてみると、「原因」を示すと判断されうる与格の使用例は以下の四つだけとなる。

ホメロス(1)『イリアス』第八巻二三六:

「父神ゼウスよ、あなたはこれまでも、いずれかの権力ならびなき王侯を、今のわたしのごとく迷妄によってたぶらかし、偉大な名誉を奪うことをなさいましたのか。」

'Ζεῦ πάτερ, ἦ ῥά τιν' ἤδη ὑπερμενέων βασιλήων τῇδ' ἄτῃ ἄασας καί μιν μέγα κῦδος ἀπηύρας;'

ホメロス（2）『イリアス』第一〇巻三九一：

「ヘクトルが欺きの言葉でもってひとの心を迷わせるようなことを散々言って、わたしの頭を狂わせてしまったのです。」

'πολλῇσίν μ' ἄτῃσι παρὲκ νόον ἤγαγεν Ἕκτωρ,'

ホメロス（3）『イリアス』第一九巻一三六：

「わしは、そのお方によって最初にたぶらかされたアーテー女神のことを、忘れることができなかった。」

'οὐ δυνάμην λελαθέσθ' Ἄτης, ᾗ πρῶτον ἀάσθην.'

ソフォクレス『アイアス』一二三：

「いかんともしがたく、まがまがしい狂気により軛《くびき》にはめられて」

'ὁθούνεκ' ἄτῃ συγκατέζευκται κακῇ.'

ホメロス（1）は、アガメムノンがゼウスに呼びかける言葉である。ホメロス（2）は、ドロンが自分を捕らえたオデュッセウスに向かって身の安全を訴える場面での言葉である。ホメロス（3）は過ちの償いを申し出る場面でのアガメムノンの言葉であるが、「アーテー」（Ἄτη）が関係代名詞 "ᾗ"（与格）によって受けられ、実質的に「アーテーによって最初にたぶらかされた」（Ἄτῃ πρῶτον ἀάσθην）という表現と同じ内容となっている。ソフォクレス『アイアス』のケースは、アイアスの精神状態について尋ねるアテナ女神に対してオデュッセウスが答える言葉である。以上四つの事例は、パルメニデス断片一・三行における「アーテー」を「原因」を示す与格と解してよい根拠となるであろう。[65]

では、「カタ」（κατά）、「パンタ」（πάντα）、「アーテー」（ἄτη あるいは Ἄτη）の三つの語彙は、どのようにして、また、いかなる文脈内で結びつくことになるのか。タランは、パルメニデスを読むには「ホメロス辞典」が必要だと言ったムーレラトスを痛烈に批判した。が、事実、パルメニデス断片には多くのホメロス的語彙が見られる。一番の近道は、ホメロスを探究の目印（セーマ σῆμα）にすることであろう。なかでも最有力な「セーマ」は、ホメロス『イリアス』第一九巻八六－九四行にある。問題の三つの語彙がそろって出現するのは、ホメロスからエウリピデスまでの「アーテー」出現箇所すべてのなかで、実にこの箇所しかない。ということは、パルメニデスが序歌執筆に際して、もしも実際にホメロスを参考にしたとすれば、それはまさにこの箇所であったにちがいない、ということにもなる。『イリアス』第一九巻八六－九四行は、アガメムノン王がアキレウスに和解を申し出る重要場面での発言であって、『イリアス』全篇のなかでも最もよく知られた場面のひとつである。

アカイア軍の総勢が集結したとき、アキレウスは、ギリシア軍の総帥アガメムノンに対して「アトレウスの子よ」と呼びかけ、自分が怒りをおさめ和解するつもりであることを伝える。すると、アガメムノンも自分の席に留まったまま立ち上がり、ダナオイの兵士たちに向かって話しかける。「わしはこれからペレウスの子（アキレウス）に、自分の存念を明かすつもりだ。が、そなたら他のアカイア人たちは、心して話を聴き、それぞれがわしのいわんとするところをよく聴き分けてくれ。この件はこれまでも、たびたび、アカイア勢の面々が持ち出して、わしを責めたものであった」が、と話を継いで、自分が「アーテー」に欺かれた次第を次のように物語る（第一九巻八六―九四行）。

なお、この箇所でのアガメムノンの話は、「アーテー」の語源譚ともなっていることに注目されたい。まず、どうしても必要だから原文を引き、次いで訳文を掲げる。下線部は「カタ」（κατά）、「パンタ」（πάντα）、「アーテー」（ἄτη あるいは Ἄτη）の所在を示す。

ἐγὼ δ' οὐκ αἴτιός εἰμι,
ἀλλὰ Ζεὺς καὶ Μοῖρα καὶ ἠεροφοῖτις Ἐρινύς,
οἵ τέ μοι εἰν ἀγορῇ φρεσὶν ἔβαλον ἄγριον ἄτην,
ἤματι τῷ ὅτ' Ἀχιλλῆος γέρας αὐτὸς ἀπηύρων.
ἀλλὰ τί κεν ῥέξαιμι; θεὸς διὰ πάντα τελευτᾷ.
πρέσβα Διὸς θυγάτηρ Ἄτη, ἣ πάντας ἀᾶται,
οὐλομένη· τῇ μέν θ' ἁπαλοὶ πόδες· οὐ γὰρ ἐπ' οὔδει
πίλναται, ἀλλ' ἄρα ἥ γε κατ' ἀνδρῶν κράατα βαίνει
βλάπτουσ' ἀνθρώπους·

だが、わしがその張本人ではないぞ、

いや、ゼウスとモイラと暗闇のなかをゆくエリニュスだ。
その方々が集会の場でわしの胸に無残なアーテー（ἄτη）をぶち込んだのだ。
アキレウスの褒美をわしが奪い取ったあの日にな。
だがわしに何ができただろう、神は万事を仕おおせるもの。
アーテー女神（Ἄτη）はゼウスの総領娘、万人を欺く
おぞましい方。その足は柔らかく、地に近づくことは
決してなく、ひとびとの頭上を歩みゆきつつ
人間どもをたぶらかすのだ。

これに次いでアガメムノンは、別のところでこう言う：「ゼウスはアーテーの頭を摑み」星辰鏤《ちりば》める天上界から投げ飛ばしたが、彼女は「たちまち人間どものエルガ（耕地）に落着した」[66]、と。ここでの「エルガ」（ἔργα）という言葉は「耕地（田畑）」を意味するが、その耕地（田畑）はまた「仕事場でもある。つまり、オリュンポスの世界から追放された「アーテー」（Ἄτη）は、爾後、人間界を仕事場とし、「人々すべての頭上を」（κατὰ πάντ᾽ ἀνδρῶν κράατα）歩みつつ「万人を欺く」（πάντας ἀᾶται）ことを自分の専業とするに至った、というのである。

ここに至って、パルメニデスの『ペリ・フュセオース』序歌冒頭の詩句三行がいかにして成ったかがすべて明らかとなる。パルメニデスの「序歌」冒頭三行は、『イリアス』第一九巻八六－九四行のパルメニデスによる「本歌取り」によってはじめて成ったのである。その本歌取りの主意は、ソロン

の「ファルマコス」への念に倣って、追放される側の「ファルマコス」の役割に一八〇度の捻《ひね》りを加え、これを序歌冒頭の"ἵπποι ταί με"の「με」（わたし）へと転化させ、「アーテー」（錯乱・迷妄・狂気の女神 Ἄτη）の巣窟《そうくつ》と化した祖国を捨て、安住の地を求めて流離《さすら》う難民、放浪者（プラネース）・嘆願者（ヒケテース）へと読み替えることにあった、とわたしは主張する。そのベクトル変換と読み替えに際し、「ファルマコス」を「わたし」（με）へと転化させる際の「ソロン的蝶番」の役割を果たしたものこそ、ほかならぬ「カタ・パンタ」という句であった。

ホメロスの場合、その「カタ・パンタ」は、（A）「カタ・パンタ・アンドローン・クラアタ」（κατ' πάντ' ἀνδρῶν κράατα）となり、パルメニデスの場合、その「カタ・パンタ」は、（B）「カタ・パンタ・アーテーィ」（κατὰ πάντ' Ἄτη）となった。（A）の場合、その主語はあらゆる人々の頭上を歩みゆく「アーテー女神」であり、（B）の場合その主語は、「アーテー」からの「救済」ないし「浄化」を求めて、アーテー女神の虜囚《とりこ》となったあらゆる人々の頭上を眼下に見下ろしつつ「光の方へ」（断片一・一〇行）旅する「エイドース・フォース」（覚者）としての「わたし」である。（A）から（B）への一八〇度的ベクトル変換は、おそらくパルメニデスがソロン断片三六・二七行「多くの犬に囲まれた狼」の比喩を読んだことによってもたらされたものであろう。この「ソロン的蝶番」の働きを介してこそ、パルメニデスは、ホメロスの「カタ・パンタ・アンドローン・クラアタ」を本歌取りして「カタ・パンタ・アーテーィ」という詩句を創り出すことができたのである。

注目すべきは、パルメニデスの「カタ・パンタ・アーテーィ」という詩句表現が、同郷の人々、エレアを建てたフォカイア人の子孫たちには、親しみやすく、耳に入りやすいものであったという平凡な事実である。フォカイアは、ヘロドトスの伝える『ホメロス伝』によると、ホメロスが幼少年時代から長く住み、吟遊詩人として名を挙げた土地でもあった。彼はここで『小イリアス』を作り、『フォカイアの歌』も作った、と伝えられている。[67] 当然のこととして、フォカイア人たちの子孫であるエレアの市民たちは、先祖伝来の習慣として、ホメロスの詩に慣れ親しんで育ったのである。

　したがって、パルメニデスの「カタ・パンタ・アーテーィ」という詩句表現は、ホメロスの「カタ・パンタ・アンドローン・クラアタ」(κατὰ πάντ' ἀνδρῶν κράατα) ならびに「アーテー、ヘー・パンタス・アアータイ」(Ἄτη, ἣ πάντας ἀᾶται) というホメロスの詩句に慣れ親しんでいた人々にとっては、当然、しごく耳に入りやすいものであったはずだ。忘れてならないのは、パルメニデスが自分の詩を六脚韻律格の詩（ヘクサメータ）に仕上げ、当時におけるアルカイック・ギリシアの伝統に従って公衆の面前で朗誦した、という事実である。パルメニデスの詩は、ホメロスの叙事詩によって培われて育ち、その練達の耳でもって韻文の響きを聴き取る、ホメロスふうの詩歌に関してはまことに敏感な聴衆を予想して執筆されたということである。[68] 彼の聴衆は、パルメニデスが「……カタ……パンタ……」(--κατά--πάντ'--) と朗誦しているまさにそのとき、その「パンタ」を、ホメロスの「アンドローン・クラアタ」(ἀνδρῶν κράατα) と連動させて「カタ・パンタ［・アンドローン・クラアタ］」(κατὰ πάντ' [ἀνδρῶν κράατα]) と解し、そして、「アーテーィ」(Ἄτῃ)（つまり「アーテーが」(Ἄτη) ではなく「アーテーによって」）と発語しているまさにそのとき、いち早くそれをホメロス『イリアス』第一九巻八六―九四行に関連づけ、「πάντ' ἐνδεθέντα (or ἀαθέντα) Ἄτῃ」つまり、「アーテーによって囚われ・欺かれた（すべて）」と聴き取ったはずだ。それゆえ、彼らがパルメニデスの「カタ・パンタ・アーテーィ」（κατὰ πάντ' Ἄτη）という詩句を耳にするや否や、すぐさまそれを、「アーテー（Ἄτη）によって囚われ・欺かれたすべての人々の頭上を越えて」と聴き取りえたとしても、何の不思議もなかったであろう。したがってまた、エレアの市民たちにとって、パルメニデスの詩の主題が「浄化、カタルモス」であることは、パルメニデスの「カタ・パンタ・アーテーィ」という詩句を耳にしただけで、ただちにそれと了解されたにちがいないのである。

『ペリ・フュセオース』の主題

ホメロス『イリアス』第一九巻八六―九四行における「アーテー」をめぐるアガメムノン王の弁明の言葉を機縁として、わたしたちは、パルメニデス詩の主題がまぎれもなく「浄化、カタルモス」であることを知った。この結論が含意する重要事項を四つに分けてまとめておこう。

第一に、「カタ・パンタ・アーテーィ」は、まちがいなく、写本そのものの読みである。ゆえにそれは、一切、改訂無用である。したがって、（1）ブルケルトの要求は「場違い」（out of place）なものとして却下される。それゆえにまた、（2）「アーテー」（ἄτη）を無意味とし、これに代えて「アンテーン」（ἄ<ν>τη<ν>）なる改訂を提唱したコクソンの主張もまた、却下されねばならない。彼は、写本に見出されない「アステー」（ἄστη）は"misspell"で無意味だと主張する一方で、その「アーテー忌避」のゆえに、「カタ・パンタ・アーテーィ」等の読みの可能性を探ることを怠り、根拠となる写本を有さない別の読み「アンテーン」なる改訂を提唱するに至った。すなわち彼は二重の過ちを犯したわけだ。それゆえにまた、当然ながら、（3）テクスト「アーテー」の損壊・無意味を前提にしてコクソンと同じ轍《てつ》を踏んだ人々の主張もまた、すべて、却下されねばならない。

第二に、「アステー」は単にミススペルであるだけではなく、「場違い」でさえある。（1）断片一・二二―二八行の文脈に「モイラ・カケー」（悪しき運命）という言葉が出てくる。この句が示唆しているのは「死」の運命である。これは、アーテー女神が引き起こす災禍・争乱（スタシス）等の連鎖の末にこそ予想される事態である。そして、（2）同じ文脈において現れる「テミス」（法・掟 θέμις）と「ディケー」（正義 δίκη）もまた、「アステー」とはまったく無関係である。むしろこれらは、「アーテー女神」の支配する国を逃れて、艱難辛苦の末にディケーの門を通過し、ついに啓示の女神の住居に到達する当事者を慰労しねぎらう言葉として解されるときはじめて本来の場所に落ち着くことになる。つまり、そのときはじめて「法」と「正義」としての意義を保ちうる。ソロンにおける「デュスノミア」下における「ディケー」の蹂躙《じゅうりん》と「エウノミア」下におけるその復権の対比を想起されたい。

第三に、わたしは、ターラントをはじめとする五人の学者たちが、写本に見られる「カタ・パンタ・アーテー」という読みをせっかく採用しながら、誰ひとりとして自分たちの読みの健全性を証明しえなかったことを明らかにした。これに反し、わたしの読み「カタ・パンタ・アーテーィ」は、アーテー女神によって欺かれる「知の男」（ターラント）とか「真昼の暗黒」（井上）とかいった不可解かつ不自然な想像物、さらにはニュウエルやカアフェスの「アイロニー」や「両義性」に訴える議論をも無用のものとして払拭することに成功した。

「カタ・パンタ・アーテーィ」という表現は、「破損語」でも「無意味な読み」でもなかったのである。否、それはむしろ、パルメニデス詩『ペリ・フュセオース』全篇を支える「屋台骨」にも匹敵する意義をもつ詩句だったのである。そのことを証明しておこう。

パルメニデスの「序歌」の要約かと思われるかもしれない一文がある。

アーテーの原郷《くに》から逃亡する者の渇いた心は、真理（アレーテイア）の原郷をめざして疾駆する。[69]

(ἡ δὲ ἔφεσις τοῦ φεύγοντος τὸν τῆς Ἄτης λειμῶνα πρὸς τὸν τῆς Ἀληθείας ἐπείγεται λειμῶνα.)

序歌におけるパルメニデスの旅を想起させる「アーテー」の原郷（ハーデース［黄泉の国］＝レーテー［忘却の国］）と真理（アレーテイア）の原郷との対比が注意を惹く。が、実のところこれは、アレクサンドリアのヒエロクレスがエムペドクレス断片一二一に付した注釈の一句である。[70] ヒエロクレスがパルメニデスの序歌を念頭に置いて上に引用した注釈文を書いたかどうかは、定かではない。しかし彼が、パルメニデスの序歌の根底にあるのと同じ「アーテーの原郷からアレーテイアの原郷への逃亡」というモチーフを、エムペドクレス断片一二一のうちに看取したこと自体は確かである。

パルメニデスの序歌とエムペドクレス断片一二一に通底する「アーテー」ゆえのモチーフの同型性(Isomorphism) は、当然、エムペドクレスが断片一二一を執筆したときパルメニデスの「序歌」を念頭に置いていたのではないか、と推測させる。わたしによるその推測の妥当性を、エムペドクレス断片一二一そのものに即して、確認しておこう。

. . . ἀτερπέα χῶρον,
ἔνθα φόνος τε κότος τε καὶ ἄλλων ἔθνεα κηρῶν
αὐχμηραί τε νόσοι καὶ σήψιες ἔργα τε ῥευστά
Ἄτης ἀν λειμῶνα κατὰ σκότος ἠλάσκουσιν.

……よろこびなき地、
そこでは「ころし」や「いかり」その他の、「ほろび」もたらすものどもの族《やから》、
荒れ狂う「えやみ」や「くされ」、流行《はや》りひろがる「わざはひ」が
アーテーの原郷《くに》を、暗闇のなか、さまよひ蠢《うごめ》く。

シムプリキオスによると、エムペドクレスは、パルメニデスならびにピュタゴラスの徒たちの「ゼーローテース」（熱愛者、崇拝者）であり仲間であった。[71] 研究者たちが口をそろえてエムペドクレス断片にパルメニデスの影響を認めたのも当然だと言える。例えばパトリシア・カードはこう言った。「パルメニデスがエムペドクレスに影響を与えたことはまず疑いえない。現存［エムペドクレス］断片にパルメニデス由来の言語上・教義上の影響がみられることは、しばしば注目されてきたところである」、と。このことを例示すべくカードは、エムペドクレス断片B一七・一五一－五二行を引用しつつこう言った。「エムペドクレスはパルメニデス断片八・五一－五二行を逆転させる。その箇所で女神は、聴者（クーロスとしてのパルメニデス）に、思惑（ドクサ）に関し警告して言う、『これより後は学び知れ、死すべき者の思惑を、わが叙事詩《のべうた》の惑わしの［アパテーロン ἀπατηλὸν］、語の組み立てを聴

き分けつ』、と。ところで他方エムペドクレスは、断片B一七・二六行において、パウサニアスを元気づけようとこんなふうに言う。『だが、汝は、わが語る欺くことなき（ウーク・アパテーロン οὐκ ἀπατηλόν）旅の話を聴くがよい』、と[72]。しかもカードは、パルメニデスの「アーテー」とエムペドクレスのそれとの間に成り立つ同型的対応関係に気づかなかったのだ。ことは、パーマーの場合も同断である。エムペドクレス断片一七に言及しつつも、彼は、パルメニデス断片一・三行における「アーテー」を洞察することができなかった。カードも、パーマーも、彼らの内心に根づく頑固にして旧弊な「アーテー」忌避に妨げられ、ともに、パルメニデスの「アーテー」とエムペドクレスの「アーテー」間に成り立つ同型的対応関係を見抜くことができなかったのである[73]。

さて、エムペドクレスに返ろう。エムペドクレスは自分自身を、まるで「ファルマコス儀礼」の被追放者「ファルマコス」当人であるかのように、地上に堕ちた「ダイモンのひとり、神の膝元より追われて流浪する者[74]」と看做《みな》していた。彼は、人間界を一種の地獄、天に還るルートを断たれた洞窟（ἄντρον ὑπόστεγον fr.120）に喩えた。彼にとって人間界は、どんな犠牲を払ってでもそこから脱出すべき、おぞましい「アーテーの湿地」（Ἄτης λειμῶνα）以外の何物でもなかったのである。それゆえにこそ、ヒエロクレスがエムペドクレス断片一二一に注して言った言葉は、そっくりそのまま、パルメニデスの「序歌」一・一－三二行に当てはまるものだったと言える。

エムペドクレス断片一二一は、わたしのパルメニデス解釈の正しさと健全性を確証する。だが、このエムペドクレス断片一二一における「アーテース」（「アーテー」の属格 Ἄτης）とパルメニデス断片一・三行における「アーテーィ」（「アーテー」の与格 Ἄτῃ）との間に隠されていた連繫と親和性に気づいていた人が、はたして、幾人いたであろうか。誰もいなかったのではあるまいか。その事実は、写本の誤った「校訂」ゆえに、これまで、何人によっても気づかれることなく、暗闇のなかに隠されたままになっていたのである。

最後に、わたしによる「カタ・パンタ・アーテーィ」の新しい読みは、たんにパルメニデス詩の真の「主題」が「カタルモス」であることを明らかにしただけではなく、「真理の道」と「思惑の道」が、大方の研究者たちが考えているように互いに断絶したものとしてではなく、当初から一体をなすものとして構想されていたことをも明らかにするであろう。

次章において、わたしは、「序歌」のいっそう立ち入った考察を行なうことにする。それに先んじて、巻末の「パルメニデス断片テクストならびに翻訳」に収録されているすべての断片に、注意怠りなく、目を通しておいていただきたい。

第三章

真理の道

アシュロン

キングズリーやウスティノヴァが主張するところによれば、パルメニデスは、神の啓示を授かろうと、ピュタゴラスのまねをして、冥界ないしエレアの地下の「お籠り堂」へ下りていった、ということである。[1]が、それを証拠立てる確かなテクストはない。[2]テクストのうえではっきりしているのは、「真珠なす真理の揺るがざる心」[3]を求め、「わたし」が、「アーテー」(錯乱の女神)の虜囚となったすべての人々の頭上を越えて、上方、「光の方へ」「不可侵」(アシュロン)なるものを求めて旅した、と言われていることだけである。

「アシュロン」(ἄσυλον)は、今日おおいにマスコミを賑わせている、「難民」をかくまう施設・制度を意味する「アジール」ないし「アサイラム」(Asylum, 政治的・宗教的・人道的弾圧等の脅威からひとを匿《かくま》い庇護する場、避難所、施設、組織、機関)の語源となったことばである。

しかし、パルメニデス研究者がこれに言及することは、まったくない。彼らが言及するのは、ギリシア文献学史上の古代語としての「アシュロン」に関することのみである。そのなかでタランならびにコクソンは例外である。彼らは、パルメニデス断片八・四八行に現れる「アシュロン」という語は、ギリシア文献史上初出のものであるので、これについて語るほどのことは何もない、[4]と語る。

しかし、「逃亡者を匿う施設ないし制度」としての「アシュロン」の実質的起原は、きわめて古い。エジプト王アッシュロフェルネスや前二一世紀頃のアッシリア王ニヌスにまで遡る。その制度を伝える歴史的記録文書としては、『旧約聖書』のうちの『民数記』、『申命記』、『ヨシュア記』がある。前一四四〇年頃に執筆されたとされている『民数記』第三五章九－三四において主がモーセに告げる「フュガデウテーリア」（φυγαδευτήρια,「逃れの町」日本聖書協会版訳）がそれである。『申命記』第四章四一－四三では、その「逃れの町」の制度が、「過去の恨みによるのではなく、あやまって隣人を殺した者をそこにのがれさせ（καταφεύξεται）命を全うさせる」ためにモーセが創設したものとして言及されている。さらに、前五五〇年頃に執筆された『ヨシュア記』第二〇章一－九には、その「逃れの町」の制度が、主がモーセの従者ヌンの子ヨシュアに告げた言葉として、『民数記』と同じ「逃れの町」（フュガデウテーリア）という言葉を使って言及されている。『ヨシュア記』のケースは、パルメニデス詩『ペリ・フュセオース』の「グランドデザイン」とアイスキュロスの悲劇『ヒケティデス――嘆願する女たち』に言及する際の重要な参照マトリクスとなる。いささか長くなるが引用しておこう[5]。

> そこで主はヨシュアに言われた、「イスラエルの人々に言いなさい、『先にわたしがモーセによって言っておいた、のがれの町を選び定め、あやまって、知らずに人を殺した者を、そこへのがれさせなさい。これはあなたがたが、あだを討つ者をさけて、のがれる場所となるでしょう。その人は、これらの町の一つにのがれて行って、町の門の入口（επι την θυραν της πολεως）に立ち、その町の長老たち（πρεσβυτερων）に、そのわけを（τους λογους）述べなければならない。そうすれば、彼らはその人を町に受け入れて、場所を与え、共に住まわせるであろう。たとい、あだを討つ者が追ってきても、人を殺したその者を、その手に渡してはならない。彼はあやまって隣

人を殺したのであって、もとからそれを憎んでいたのではないからである。その人は、会衆の前に立って、さばき（クリシン κρισιν）を受けるまで、あるいはその時の大祭司が死ぬまで、その町に住まなければならない。そして後（τοτε［そうなったときはじめて］）、彼は自分の町（εις την πολιν αυτου）、自分の家に（προς τον οικον αυτου）帰って行って、［そこから彼が］逃げ出してきたその［当の］町に住むことができる』」……これらは、イスラエルのすべての人々、およびそのうちに寄留する他国人のために設けられた町々であって、すべて、あやまって人を殺した者を、そこにのがれさせ、会衆の前に立たないうちに、あだを討つ者の手にかかって死ぬことのないようにするためである。（日本聖書協会『旧約聖書』一九五五年改訳版、三二九ページ）

名称こそ「アシュリア」[6]になっているが、旧約聖書の「逃れの町」（フュガデウテーリア）と実質的に同じものが、アイスキュロスの『ヒケティデス――嘆願する女たち』に出てくる。ご承知のとおり悲劇作家アイスキュロス（前五二五－前四五六年頃？）は、パルメニデスの同時代者である。しかも彼は「アーテー」という語をことのほか好んで多用した。実に彼は「アーテー」を四八回も使用している。そのなかには、パルメニデスのそれをまざまざと彷彿させるものがある。特に『アガメムノン』三六一行に出てくる「アーテーの大網」がそうである。

「アシュロン」といい、「アシュリア」という。みかけの上の枝葉は違う。だが、根は同じ「シュラオー」（συλάω）、「暴力をもって敵対する相手から武具をはぎ取る」という意味の動詞に由来する。これに否定・欠如の冠詞“α-”を付して出来る名詞が、「アシュロン」であり「アシュリア」である。

「アシュロン」の意味についてはすでに述べておいた。「アシュリア」は医学用語として「immunity, 免疫」[7]と訳されることが多い。だが、この語はしばしば「庇護されるべき権利」(jus asyli) ないし「庇護を約束された安全な場所、施設、制度」を意味する語としても使われる。

アイスキュロスは『ヒケティデス――嘆願する女たち』のなかで、「アシュリア」という言葉を、『旧約聖書』の「逃れの町」（フュガデウテーリア）と実質的に同じ意味で使っている。その事実は、タランやコクソンによる「アシュロン語初出」云々の言い訳を正当化する言説を却下する立派な根拠となる。そしてその事実はまた逆に、断片八・四八行におけるパルメニデスの「アシュロン」の内実を現代的意味での「アジール」に比定することの正当性をも保証する。

そのことを確認するため、以下にパルメニデスの序歌一―三二行とアイスキュロス『ヒケティデス』全篇を比較してみよう。すなわち、

（一）アイスキュロス『ヒケティデス』におけるダナオスと娘たち一行の旅を、アーテーの脅威を逃れて無名の女神の館に達する「わたし」一行の旅と比較する。

（二）その結果、両者の間に一対一の対応関係が観察される。そして、

（三）「わたし」一行の旅が「アジール」としての「アシュロン」への旅であることが結論される。

さらに、その結論が、

（四）『ペリ・フュセオース』の主題「カタルモス」（浄化・救済）と整合するものであることが確認され、

（五）「わたし」一行の「光への」旅は、「アシュロン」探求のモデルとしての「エオン」「探求」（デ

ィゼーシス）の道にほかならないことが確認される。

パルメニデスとアイスキュロス

アイスキュロスの『ヒケティデス――嘆願する女たち』は、題名どおり「嘆願劇」である。岡道雄による解説[8]によって、「嘆願」が何を意味するかを知っておこう。

「嘆願」とは、ホメーロスの叙事詩に見られるように、古くから行なわれていた慣習で、他に取るべき手段をもたない者が、自分より大きな力をもつ人間または神（神像）の膝に取りすがって援助を乞うことを意味する。嘆願者は、ゼウス・ヒケシオス（嘆願者を守るゼウス）の庇護のもとにおかれ、彼の願いを拒んだり身柄に凌辱を加えたりすることは、ゼウス・ヒケシオスによる報復を招くと信じられていた。嘆願者は、彼自身まったく無力であるにもかかわらず、畏れ憚るべき存在、いわば神的な不可侵性をそなえる存在とみなされたのである。「嘆願」はさらに、当時の一種の社会的制度として、何らかの迫害を受けている者、あるいはそれを恐れる者が、神の聖域や祭壇に逃れて援助を求めることを指すようになる。このような嘆願者がゼウス・ヒケシオスの庇護を盾に取って要求を貫こうとするとき、聖域や祭壇がおかれている地域の有力者（支配者）は、しばしば嘆願者の扱いをめぐって宗教的政治的問題に直面することになる。『ヒケティデス』では、アルゴスの支配者ペラスゴスは、嘆願者であるダナオスの娘たちの要求を拒むならゼウス・ヒケシオスの怒りを招くことになり、その要求をかなえるならエジプト人との戦争に祖国を巻き込まざるをえないというディレンマにおちいる。

表2「パルメニデス－アイスキュロス対照表」に目を通して頂きたい。上欄は「わたし」（P）の旅を通過儀礼の三ステージ「分離期」（Ⅰ）・「過渡期」（Ⅱ）・「統合期」（Ⅲ）の区分に従って配列し、下欄はアイスキュロスのケースを同様に配列したものである。

パルメニデス	アイスキュロス
PI_1　アーテーの虜囚となり汚染された人々の頭上を越えて、「わたし」一行は、「浄化」（カタルモス）を求め、ディケーの守る門をめざして旅立っていく（fr.1,1-3）。	**AI_1**　アイギュプトスたちの追跡を逃れ、ナイル河の中州から船出したダナオス一行は、取りすがるべき救い主を求め、アルゴスの下船場近くの「祭壇」へと向かう（1ff.）。
PI_2　一行を乗せた車は「夜と昼の道」に沿って、闇の中を、「夜の館」方面から「光の方へ」向かって疾走している。馬車の二つの車輪は急旋回し、車軸は轂のなかで熱せられ、炎を出して、笛のような軋《きし》り音を発する（fr.1,6-8）。	**AI_2**　ダナオスは言う、「あれに見えるは砂《さ》塵《じん》、軍勢の到来を告げる無言の知らせ、しかし、走る車の車軸と轂のきしむ音が沈黙を破る。楯を構えて槍をふるう一群が、それに軍馬、反った車台をもつ戦車が見える」（180ff.）、と。
PI_3　一行はそれまで雷鳴轟く嵐の中を追われるように暗黒の闇（fr.1,9）を背後にして疾走してきたが、ディケーの守る門を面前にするや、日の乙女子たちは顔を覆うヴェールを跳ねのける（fr.1,10）。	**AI_3**　ダナオスは自分たちを捕らえようと迫ってきたアイギュプトスたちを見て言う、「先頭に進む船が、帆をたたんで、櫂で一斉に海水を叩きながら、陸へと押し寄せてくる」（ll.722ff.）、と。
PII_1　「わたし」一行はディケー女神の守る門に達す	**AII_1**　ダナオス一行は、救済を嘆願する者として、

る。上には楣《まぐさ》、下には石の閾《しきみ》を抱く、頑丈な門扉によって固く閉ざされた、アイテールの天まで届く門である（fr.1,11-13）。

PII$_2$　門を守る罰に厳しい正義の女神ディケーが姿を現す。彼女は二つの鍵（κληῗδας ἀμοιβούς,fr.1.14）をもっている。彼女は「わたし」一行が「テミス」と「ディケー」によって遣わされた者であるかどうか（fr.1,27-28）を審問し、彼らのために開門するかどうかを吟味する（fr.1,14-28）。

PII$_3$　日の乙女子たちはディケー女神に対して慎み深く柔らかい言葉を投げかけ、「固く閉ざされた門《かんぬき》を早く外して下さい」と、嘆願者らしく訴える（fr.1, 15-17）。

PII$_4$　女神は自分の手に「わたし」の右手を取って（χεῖρα δὲ χειρὶ δεξιτερὴν ἕλεν）温かく迎え入れ言う。「おお、不死の御者と牝馬を伴としてわれらが館に到達した若者（クーロス）よ、よくぞ来られた。汝をこの地に送り届けたのは悪しき運命ではない。この地は人間たちが踏みあるく小径を遠く隔たっており、汝をこの地に送り届けたのはテミスとディケーであるから」、と（fr. 1. 26-28）。

PIII$_1$　序歌二八－三二行において女神は将来の「覚

「城塞にまさる守り、決して破られぬ楯」に比せられる「祭壇」（190）に取りすがって救済を求めて座りこむ（188-191）。

AII$_2$　アルゴス王が登場して、ダナオス一行の嘆願の意図を糺す（234ff.）。娘たちは「嘆願者を守るテミス女神」（360）と「ディケー女神」（395）にかけて救済を懇願する。王は嘆願を許すべきか否か（380）を慎重に熟考し、最終決定を市民たちの合議に委ねることを約束する（516ff.）。

AII$_3$　ダナオスは父親らしく娘たちに諭す、「他所から来た者にふさわしく……答えるがよい。……横柄な口のきき方は、弱い立場の者にふさわしくない」、と（194ff.）。

AII$_4$　ダナオスは、ペラスゴス市民の決議を受けて娘たちに知らせる、「右手（χερσὶ δεξιωνύμοις）がまっすぐに空に向かって挙げられ、全員一致で次のことが決議された。われら移民たちは、人間不可侵性（ξύν τ᾽ἀσυλίᾳ βροτῶν）［を謳う法］に遵《したが》って、この地で自由な民として居住を許され、何人によっても、取り押さえられ侵されることはないことになった」、と（605-612）。

AIII$_1$　アルゴスの市民たちによって嘆願を受け入れ

者」（εἰδὼς φῶς, fr.1.3）であるクーロスに呼びかけ次のように言う、おまえは全てを、すなわちたんに「まんまるい真理の揺るがざる心」（ἀληθείης εὐκυκλέος ἀτρεμὲς ἦτορ）だけではなく「死すべき者どもの思惑」（βροτῶν δόξας）をも、同時に学ぶ義務がある（χρεὼ δέ σε πάντα πυθέσθαι,fr.1,28-32）と。	られ、この地に住むことを許されたダナオスと五〇人の娘たちは、いまや、「町びとにして・同時に・異邦人」（アスト・クセノーン ἀστοξένων 356）、「異邦人にして・同時に・町びと」（クセニコン・アスティコン ξενικὸν ἀστικόν 618）として、二重の義務を負う者となった。

表2　パルメニデス－アイスキュロス対照表

表においてPⅠ1－PⅢ1は、AⅠ1－AⅢ1に漏れなく一対一に対応する。対応の不十分性が指摘されうるかもしれない唯一のケースは、PⅡ1におけるディケーの守る「門」がAⅡ1側に欠けている点である。だが、パルメニデスとアイスキュロスがともに知っていたかもしれない『ヨシュア記』には、その門の存在が、「その人は、これらの町の一つにのがれて行って、町の門の入り口（エピ・テーン・テュラン）に立ち、その町の長老たちに、そのわけを述べなければならない」と言われている。AⅡ1における「城塞にまさる守り、決して破られぬ楯」は、パルメニデスの場合のディケー女神の守る頑丈な門に実質的に対応する。したがってまた、パルメニデスの場合の門の守り手としての「ディケー」とアイスキュロスの場合の「アルゴス王」は、たがいに、『ヨシュア記』のケースにおける救いを求めてやってきた人物を審問する立場の「町の長老たち」に対応するものとみなされうる。

右に試みた比較対照は、パルメニデス－アイスキュロス両者間におけるかなりに厳密な一対一対応関係の存在を証明するものとなった。その事実は、はっきりと、「光へと」向かう「わたし」一行の旅が「不可侵の聖域」としての「アシュロン」へ向かうそれであったことを告げている。そしてその事実はまた、『ペリ・フュセオース』の主題が「カタルモス」（浄化・救済）であったという事実と相俟って、「エオンの探求」（デイゼーシス）と呼ばれてきたものの実態が、その実「アシュロン」探求のモデルに他ならなかったことをも告げ知らせている。

この比較研究によって得られた成果はそれだけではない。それはまたパルメニデス詩全篇の解釈にかかわる最大の難所、断片一・二八－三二行において、何故女神は「わたし」に対して、「汝の来《な》ませるは、法《テミス》と正義《ディケー》なせる業なり。さればこそ探《と》ね求むべし万事《よろづこと》　真珠《またま》なす真理《まこと》の揺るがざる心も　死すべき者らの思惑《おもひ》どもをも。後者《このもの》にまことの確信《よるべ》なけれども。しかれども、これらをも汝《な》は学ぶべし、思惑《おもわく》さるるものどもの　まさしくありと言ふべかりしは、万有を貫きわたる《全》のゆえにぞ」（二八－三二行）と言ったのか、そのありうべき「充足理由」の存在を示唆するものでもある。

「まさしくありと言ふべかりしは」は、"χρῆν δοκίμως εἶναι" の訳である。「ある」（εἶναι）の主語を「思惑さるるものども」（τὰ δοκεῦντα）として直訳すると、「思惑されるものどもが、まさしく（δοκίμως）ある（εἶναι）のでなければならなかった（χρῆν）（そのわけは）」というくらいになるだろう。問題は、この文脈（二八－三二行）において、何故、「必要性・必然性・責任・義務」を意味する「クレーン」（χρῆν）が使われねばならなかったのか、ということにある。[9] 何故、クーロスは、「真理」のみならずまことの確信をもたらさないと言われている「思惑さるるものども」（τὰ δοκεῦντα）をも、ふたつながらに、学ばなければならなかったのであろうか。

この問題に対しアイスキュロスは、ひとつの、まぎれようのない指針を与えている。ダナオスが娘たちにもたらした報告（六〇五行以下）によれば、「ペラスゴイ人の王は、われわれのため説得に努め、嘆願者を守るゼウスの怒りを、この国が今後いっそう増大させることがあってはならぬ、と警告した。そして、他国の出でもありこの都の出でもある者への仕打ちから二重の穢れがこの国から起こるならば、それは抗《あらが》いがたい禍を育むものとなろう、と告げた。これを聞いてペラスゴス市民は、布告使の促しも待たずに、一斉に挙手によって、王の提案どおりに決議した」（六一五―六二二行）、と。つまり、そのことによってダナオス一行は、「アシュリア」の嘆願を叶えられた半面、「アスト・クセノーン」（三五六）ないし「クセニコン・アスティコン」（六一八）となり、「二重の血の穢れ」をひき起こさないための「二重の責務」をも荷負うことになったのである。

その「二重の責務」は、アイスキュロスの場合、ダナオス一行が「アシュリア」を嘆願した結果生じた必然の成り行きであった。それゆえにパルメニデス詩におけるクーロスにも、同じことが予想されるべきである。クーロスは、女神の国の「インサイダー」であると同時に「アウトサイダー」でもある。彼は、「真理」と「思惑」との相関関係において「自己」であると同時に「非自己」であらざるをえない。[10] パルメニデス詩『ペリ・フュセオース』は、「アシュロン」を焦点として展開される「真理」と「思惑」、「聖」と「俗」、「自己」と「非自己」間の「充足理由」をめぐる葛藤劇とみなされうる。

「通過儀礼」という観点からみた「わたし」の旅に関しては、なおも幾つか注目に値することがある。それはＰⅠの段階からＰⅡの段階へ、ＰⅡの段階からＰⅢの段階へと段階的に移行してゆく。だが、それら二つのステージ間の移行は、通常の時間経過におけるそれではない。

アーテーに追われ（分離期Ⅰ）「わたし」は突如「クーロス」に切り替わる（過渡期Ⅱ）。次に彼は突如「覚者」（エイドース・フォース、断片一・三行）に切り替わって（断片一・二八―三二行ならびに断片八・六一行）、死すべき者の世界へと帰っていく（統合期Ⅲ）。ステージⅠは突然ステージⅡに切り替わる。次に、ステージⅡは突然ステージⅢに切り替わる。が、ⅠとⅡの間には切り替わりを印づけるいかなる瞬間も時間経過もない。同様に、ⅡとⅢとの間にも、いかなる瞬間もそれを印づけるどのような時間経過もない。それら異なるステージ間には、切り替わりの瞬間を告げるいかなる「スイッチ効果」も認められない。死すべき人間の世界を支配する「惑わしの」線形時間系列と女神の世界の無時制的「今現在」との間には、それらを媒介し繋ぎ止めるいかなる第三の時間秩序も存在しないからである。

パルメニデスの言う無時制的「今現在」（ニューン νῦν、断片八・五行）は、人間世界の日常的時間秩序を超越する根源的今現在である。したがってまた、パルメニデスが構想し探求する不可侵のアシュロンもまた無時制的「今現在」に定位し、死すべき者の命名作用に基づいて創成される宇宙原理「二つの形態」（断片八・五三行）に定位するものではありえない。

パルメニデスの「序歌」の最も重要なステージは、ターナーが「過渡期」（境界性 liminality）と呼んだ第二ステージである。このステージに登場する儀礼上の主人公は、ターナーによれば、「もはや」（過去）も「未だ」（未来）もない身分を示す新名称を付与される。こうして、過渡期の境界内にある人間は、日常的時間規定を剝奪されて、生きている者でも死んでいる者でもない「不死者たち」（断片一・二四行）に擬せられる。「コミュニタス」（communitas）と呼ばれるこの境界内にあっては、すべての登場人物は互いに「等しい」、「無名者」同士の関係になる。クーロスを教導する女神――実際には「真理の女神アレーテイア」ないし「説得の女神ペイトー」であろう――は、対クーロス関係においては終始一貫して「無名」のままであり続ける。彼女は「わたし」に対して「おお、クーロスよ」と、儀礼上新入りの無名の若者を表す言葉をもって呼びかける。そして、「さあ、それでは、これからわたしは話をしよう。おまえのほうは、聞いた話をこころにとどめ、しっかり銘記するのだ、いかなる探求（ディゼーシオス）の道（複数形ホドイ）だけが、思惟するべくあるのかを」（断片二・一―二行）と、主語の無い「ある」をめぐる探求の道へと誘い入れる（断片二）。パルメニデスの言う探求の道とは、無主語・無名の「ある」をめぐって無名者同士間で展開される「無名の問答」なのである。

だが、その無名者同士の問答の実質は、「不可侵」（アシュロン）な「あるもの」、すなわち断片一・二九行における「真珠なす真理の揺るがざる心」をめぐるそれである。[11]

グランド・デザイン

断片一・二八―三二行において女神はクーロスに勧めて言う、「さればこそ探ね求むべし万事　真珠なす真理の揺るがざる心も　死すべき者らの思惑どもをも。後者にまことの確信なけれども。しかれども、これらをも汝は学ぶべし、思惑さるるものどもの　まさしくありと言ふべかりしは、万有を貫きわたる《全》のゆえにぞ、と」。

「万有を貫きわたる《全》」を知る者とは、「真珠なす真理の揺るがざる心」をも死すべき者どもの

「思惑」をも、ともに熟知したうえで、それら両者からなる「万有」(πάντα)の秩序の隅々までを支配し貫く「全なるもの」の機制に精通した者、すなわち「覚者」("εἰδότα φῶτα", 断片一・三行)にほかならない。断片一掉尾《ちょうび》二行のわたしによる読みによれば、いわゆる「真理の道」と「思惑の道」は、有機的関連性を欠いたまま互いに分断されているのでもなければ、排他的関係にあって共約不可能な関係にあるのでもない。両者は、充足理由としての「あるの縛り」を通じて互いに通約可能な関係にもたらされなければならないものとして、当初より、逆対応的に設定されている。

「真理の道」と「思惑の道」が相互に切り離されておらず、互いに有機的に繋がりあっていることについて、断片五において女神は、「いずこより始めむとても、吾にとりてそは一にして同じこと(クシュノン)。出で発ちしその同じ地に、いくふたたびも帰り来むゆえ[12]」と述べ、両者間の充足理由的で有機的な関連性を示唆している。

何故クーロスは、「真理」と「思惑」の両者を、二つながらに、学ばねばならないのであろうか。その理由については、それなりにすでに答えておいた。クーロスは女神が形造った縛りの結界(リミナリティー)の中にあって、必然的に「内」にして「外」なる人、「自己」にして「非自己」であるように運命づけられていたからだ。クーロスとしての「わたし」は元々「死すべき者」、「青人草」(ブロトス)である。『ヨシュア記』において「のがれの町」(フュガデウテーリア)の住人となった者が、会衆の前で「さばき」(クリシン κρίσιν)を受け、そのさばきを主催した大祭司が死ぬまでは(ヘオース ἕως)、その町に住まなければならなかったように、クーロスもまた、女神の指示があるまでは、その館から立ち去ることを許されなかったのである。その指示があってはじめて(トテ τότε)、彼は自分の町へと（εις την πολιν αυτου）帰って行くことが許され、そして実際に、帰らなければならなかったのである。それが、「双つ頭」（断片六・四―五行）ではなく「覚者」（断片一・三行）であった彼に課せられた「二重の責務」（クレオーン）だったのである。

断片八・五一―五二行において、突如、女神はクーロスに告げて言う。「これより後は学び知れ、死すべき者の思惑（ドクサス・ブロテイアス）を、わが叙《の》べ歌の惑わし（アパテーロン）の語の組み立てを聞き分けつつ」、と。「アパテーロン」という語が、ここで、「真理の道」から「思惑の道」へ向かう分岐点を示す「道標《セーマ》」として用いられていることに注目すべきである。アーテーの脅威から逃れ「アレーテイア」の原郷へと旅した「わたし」は、この道標を介して、アレーテイアの原郷を後にし、アーテーの支配する故郷へと帰っていく。

パルメニデス詩の主題は「カタルモス」である。だが、その「カタルモス」には断片五が示唆する「往相」と「還相」の二重の意味が含蓄されている。「真理」の郷において「わたし」は、女神から「エオン」をめぐる「信実の言葉」（ピストン・ロゴン、断片八・五〇行）を授けられる。そして、これを機にして、彼は、「エイドース・フォース」（覚者）の呼称をもつひとりの死すべき者として、再び、アーテーの支配する「思惑」の国へと帰っていくのである。

パルメニデスは祖国エレアのために「最善の諸法を制定した」（ディエコスメーセ・ノモイス・アリストイス）と、『コロテス駁論』三二・一一二六においてプルタルコスは報告している。「ディエコスメーセ」（διεκόσμησε）というアオリスト形動詞は、パルメニデスの立法が秩序整然たる一体系をなすものであったことを推測させる。が、その語はまた、「アレーテイア」の原郷を去って「ドクサ」

の郷里へ帰っていこうとするクーロスに女神が与えたところの、「吾は語らむ、汝がために、その世界秩序連環（ディアコスモン）の、まことしやかなる全容を、死すべき者らの誰ひとり、知見にかけて、汝を凌駕せむこと、なからしめむがため」、という言葉をも想起させる。その「全容」（パンタ πάντα）が断片一掉尾三二行目の詩句「万有を貫きわたる《全》のゆえにぞ」（διὰ παντὸς πάντα περῶντα）とわたしが訳した「万有」（πάντα）に対応するものであることに留意すべきである。

パルメニデスは、断片一当該箇所において、二つの「全体」を使い分けている。「ディア・パントス」（διὰ παντός）における「パントス」は、「真理」と「思惑」双方を包含する「全体システム」を指し、「パンタ」（πάντα）の方は「思惑」の対象としての「世界秩序の連環のまことしやかなる全容」（διάκοσμον ἐοικότα πάντα）を指す。

こうして、パルメニデス詩の主題構成の枠組みは、物理学の「三体問題」のそれに比定されうる。（1）「カタルモス」を主題とするパルメニデス思想全体（Ω）は、（2）サブシステムとしての浄化者・救済者（σ_1）と被浄化者・被救済者（σ_2）から成り、（3）それら両者間の相互作用が一定法則（f）〔浄化作用としての「あるの縛り」の法則〕下に起こることを条件とし、等式

$$\Omega = f(\sigma_1, \sigma_2)$$

によって表現されうる。

その条件を女神は、クーロスに、『ペリ・フュセオース』全体の構図を二段に分けて提示・説明する（断片一掉尾二八―三二行）。

〔1〕さればこそ探ね求むべし万事　真珠なす真理の揺るがざる心〔σ_1〕も　死すべき者らの思惑〔σ_2〕をも。後者にまことの確信なけれども。

〔2〕しかれども、これらをも汝は学ぶべし、思惑さるるものども〔σ_2〕の　まさしくありと言ふべかりしは、万有（σ_2）を貫きわたる《全》（Ω）のゆえにぞ、と（διὰ παντὸς πάντα περῶντα）。

〔1〕は全体システム「カタルモス」（浄め・救済）の下における「真理」と「思惑」相互間の布置・連環のすべてのケースをめぐる指針である。断片八における「あるもの」をめぐる論証過程において、パルメニデスは、古くは「正方形化」（テトラゴーニスモス）と呼ばれていた幾何学的方法を駆使し、一見して通約不可能な関係にある「真理」と「思惑」の間に「等比中項」を打ち立て、帰謬法的に「真理の道」を敷設する方式を提示する。

〔2〕は「カタルモス」の全体システム（Ω）の下に帰謬法的に仮設される「思惑」の体系的展開の予示である。すなわち詩句「万有を貫きわたる《全》のゆえに」（διὰ παντὸς πάντα περῶντα）は、断片九・一行「すべてのものが『光』と『夜』と名づけられ」（πάντα φάος καὶ νὺξ ὀνόμασται）と響き合い、「命名作用」（オノマゼイン）を通じて仮設されるところの、死すべき者たちのコスモロジーの展開を予示する。そして〔1〕〔2〕の両者は、相俟って、「カタルモス」の全体システムの下における「死すべき者」すなわち「人間」の、宇宙ならびに都市国家における立ち位置とその担うべき役割・課題を、総観的に知りかつ学ぶことの必要性を強調する。

「ある」の縛り

「わたし」一行をあたたかく迎え入れた無名の女神は、「わたし」の右手をとって、「おお、不死なる御者を伴侶《とも》として　汝《いまし》を運ぶ車駕に座し、はるけくも、われらが家戸《やど》に到り着ける　稚彦《クーロス》よ、汝《な》は幸あれよ」（断片一・二二－二六行）、と歓迎の言葉をかける。そして、「真珠なす真理の揺るがざる心も死すべき者らの思惑どもをも」二つながらに学ぶように、と勧奨する（二九－三二行）。

断片二において女神はクーロスに呼びかけて言う、「いざ吾《われ》は汝《なれ》に語らむ。わが話を聞き終えし後、汝《なんじ》はそれを心にかけて吟味せよ」と。一人称単数「ワレ」の立場から発せられる不死の女神の「ナンジ」と呼びかけるその言葉を、クーロスは、死すべき者「ワレ」の立場において聴取し、ロゴスにかけて吟味する。不死の女神と死すべき者の間で交わされる「ワレ」－「ナンジ」間のその対話は、三人称単数「ソレ」によって指示される「考えらるべき、唯一の」（断片二・二行）探求の道、「あるということ」（断片二・三行、ὅπως ἔστιν）をめぐるそれである。

女神とクーロス、第一人称単数の「ワレ」と第二人称単数の「ナンジ」は、「ある」ということの縛り（以下には「《ある》の縛り」と略称する）の下に、「あるもの」を第三人称「ソレ」として措定し、主語化する。そのことによって彼らは、「あるもの」を思惟し語りうる客観的な対象となし、元来は思惟しえず語りえなかった主語なき「ある」を、複数第一人称「ワレワレ」の共有する「クシュノン」として措定するのである。このようにして「ワレ」と「ナンジ」、女神とクーロスは、「あるもの」を一個の円環的で自己産出的な「縛り」（ペイラス）の体系、「ある」の縛りが貫徹する「クシュノン」の世界、「公共的ロゴス」の体系へと組み上げていく。

その事態を、断片五は、次のように表現する。「吾《あ》にとりて、そは一にして同じこと（ξυνὸν, クシュノン）、いずこより始めむとても。けだし吾、出で立ちし地に、幾ふたたびも帰りこむゆえ」、と。

この断片は、一読してヘラクレイトス断片一〇三「円周のうえでは始点（アルケー）と終点（ペラス）は一にして同じ（クシュノン）である」を思わせる。わたしはこれを《ある》の縛りと同定し、「グランド・デザイン」において定式化された“$\Omega = f(\sigma_1, \sigma_2)$”における″$f$″に相当するものと解する。

その「クシュノン」は、「あるもの」をめぐる女神とクーロスの対話における発語と聴取、説得と了解が、したがってまた「ノオス」（理性ないし知性 νόος, 断片六・一行）をもって判断されるべき事柄一切が、そこを基点として始まり、そこへと回帰してゆく本源的場所「エン・ホーイ」（ἐν ᾧ, 断片八・三五行）であり、断片三において「思惟することとあることは、同じである」と言われ、断片二において「考えらるべき唯一のもの」と言われるものに他ならない。断片二はその事態を次のように言い表わす。

いざ吾は汝に語らむ。その話聞き終えしうえは、心にかけて吟味せよ
探求さるべき道のうち、いずれのものこそ、考へらるべき唯一のものなるかを。
そのひとつはいふ、「そは有りて、その有らざるは不可能なり」、と。
こは、説得の道なるぞ、真《まこと》の理《ことわり》につき従うがゆえ。
いまひとつはいふ、「そは有らず、その有らざるは必然なり」、と。

汝に告げむ、こは、まったくもって尋ぬべからざる道、と。
何となれば、あらぬものを、汝が知りえようはずもなく――そはなしえざることとなるがゆえ、
また、言葉に上《のぼ》すこともできぬゆえに。

エレア的アルゴリズム

クーロスは女神のその言葉に聴き従う。そして「あるかあらぬか、いずれか一方」（「排中的選言」）と声に上す。そして、自分の声を聴きながら、「あるものがある」ということ（「自同律」）は必然、とクリネイン（ことわけ）する。[13] その一方で「あらぬもの」については、「知ることも言表することもできぬ」ゆえに、つまりは充たされるべき十分な理由（「充足理由」）が欠如しているがゆえに、「あるものはありて、そのあらざるは不可能なり」、と断定する。

注目すべきは、断片二の全体が帰謬論法による「論証」の態をなしていることである。パルメニデスは「否定的充足理由律」ならびに「無矛盾律」に訴えて、「帰謬論法」的に「あるものは有りて、その有らざるは不可能なり」と「あるもの」の実在性（あるもの性）を確証（ascertain）する。

一つの論証を「真理に適う」（断片二・四行）ものたらしめる「信頼すべき強き力」（ピスティオス・イスキュス）（断片八・一二行）がある、とパルメニデスは主張する。その「強き力」を、わたしは、広狭二義に解する。一方でわたしはそれを「《ある》の縛り」と同定し、他方でそれを「充足理由律」、「自同律」、「排中律」、「無矛盾律」等々のパルメニデス特有の論理法則と解する。そして両者を一括して、「エレア的アルゴリズム」と呼ぶ。

断片二における帰謬論法と無矛盾律

断片二の全体は――寡聞にして気づいている人がいるかどうかは知らないが――「帰謬法」（*reductio ad absurdum*）に拠る論証となっている。その根底にあるのは、これと表裏一体化した「否定的充足理由律」と「無矛盾律」である。[14] パルメニデス的論証は、概して、わたしが「エレア的アルゴリズム」と呼ぶ独特の文法に則って組織されている。「説得」の女神は、探求の第二の道「あらぬ」を、本来ならば充たされるべき理由が欠けているケースとして、即ち否定的観点からみた「充足理由律」が該当するケースとして、「こは、まったくもって尋ぬべからざる（アタルポン）道」と呼ぶ。そして、「あるものが、あると同時にあらぬことは、ありえない」（無矛盾律）として、「あらぬものがあらざることは必然なり」と帰謬論法的に断定する。

このように、断片二において「無矛盾律」が引き合いに出されていることは、歴然たる事実である。その無矛盾律を、断片八におけるパルメニデスは、論証の拠って立つ「信頼するに足る強き力」（ピスティオス・イスキュス）と呼ぶ。そしてそれを「あらぬものよりこれと並びて、他の何かの生じきたる」のを禁ずる法則、即ち「無矛盾律」として定立する（断片八・一二―一三行）。

パルメニデスによる「無矛盾律」のこの定式化が、「あるもの」の自己同一性表現を「あらぬ」を介して言い直したものに他ならないことに注目すべきである。ということは、パルメニデス的「無矛盾律」は、「あるもの」の自己同一性を介して、否定的「充足理由律」と表裏一体の関係にあるということをも意味する。「あらぬもの」における「充足理由の不在性」のゆえに、パルメニデスは、「あるものがみずからと連結するのを妨げるもの〔あらぬもの〕なし」（断片八・二三行）と、「あるもの」の連続性（断片八・六行「シュネケス」）を主張し、「不可分性」を論結するのである。

その論証は、「あるもの」が「あらぬもの」によって補完される必要のない「欠くるところなきもの」（断片八・三三行）であることを含意し、それゆえにまたそれは「全一」（断片八・六行）で「完結」（断片八・四、四二行）したものであり、さらにまた「自己同一的」（断片八・二九、三四行）であるがゆえに「不動」（断片八・三八、四一行）かつ「不可侵」（アシュロン）（断片八・四八行）であると結論される。こうして、断片八・二－四行が予示する「道標《セーマタ》」一切の妥当性が、わたしが「エレア的アルゴリズム」と命名するものに拠って証明されることとなる。

「エレア的アルゴリズム」の体系性

パルメニデス文法の基本となる「エレア的アルゴリズム」は、パルメニデス自身のオリジナルな思想に基づく。それが何に似ているかと聞かれれば、わたしは、ライプニッツ（Gottfried Wilhelm Leibniz, 一六四六－一七一六年）、そして特にブール（George Boole, 一八一五－一八六四年）の名前を挙げるだろう。[15]

定評のあるブルバキ『数学史』は、パルメニデスとゼノンに言及し、「彼らは議論を組立て、その弁証法の基盤として役立つような一般的原理を抜き出そうと試みている。実際、排中律を初めて確立したと見られるのはパルメニデスであるし、エレアのゼノンの《帰謬法》による証明（démonstration）は今もなお有名である」と述べている。[16]だが、ブルバキがパルメニデスについて知っているのは、所詮、この程度までである。彼らはパルメニデスとライプニッツやブールの「二進法」との関わりについては何も知らない。他方、ライプニッツについてはその偉大さ、論理・数学思想の独創性について相当のページを割いて語り、「0」と「1」による二進法表記の「創始者」として、それなりの敬意を払う。そして他方のブールについては、「現代の記号論理学の真の創始者と考えねばならない」と評価する。が、パルメニデスとブールの関わりについては何も知らない。

　しかしブルバキは、ブールの論理思想について重要なことを言っている。「ブールの着想の優れたところは、体系的に《外延（extension）》という見地に身をおき[17]、したがって直接に集合について計算するところにある。たとえば二つの集合x、yの共通部分をxyと書き、またx、yが共通の元をもたない場合には、両者の合併を$x + y$と書くなどという具合である。彼はまた、1と書く《普遍者（univers）》（すべての対象の集合）と、0と書く空集合とを導入し、xの補集合のことを$1 - x$と書いている。またライプニッツが前にやったのと同じように、ブールも集合の包含関係を$xy = x$という関係式に翻訳し（そこから古典的三段論法の諸規則の正しさを難なく示し）ているが、ブールの場合、合併と補集合とに対する記号がその体系に一つの柔軟性を与えている」[18]、と。

　引用文において、「1と書く《普遍者》」にパルメニデスの「あるもの」を置き代え、「0と書く空集合」にパルメニデスの「あらぬもの」を置き代え、さらに「xの補集合」（$1 - x$）を「あらぬもの」に置き代えるなら、わたしが「エレア的アルゴリズム」と呼ぶパルメニデスの論理思想の中核をなす「あるもの」の「自己同一性」ならびに「無矛盾律」が焦点化される。

　「ブール代数」は、いわゆる量の科学をめざしたものではない。ブールは「量」の概念から独立した論理代数固有の法則として、わたしがパルメニデスの「自同律」と呼んだもの、$x^2 = x$（これはパルメニデスの「あるものはあるものに密接する」という定式化に対応するものとして同定されうるものである）を挙げる。彼がこれを基本法則として立てるのは、日常言語に即してクラス概念を熟慮した末でのことである。「『よい、よい』と言うことは……『よい』と言うことと同じである。それゆえ『よい、よい』人間は『よい』人間に等しい」とブールは言う。[19] これは、シムプリキオスがゼノンに帰したパルメニデス伝来のアルゴリズム、すなわち「同じことは、一度言おうが何度言おうが、同じである」[20] というに等しい法則（冪等律《べきとうりつ》ないし指数法則）である。

ブールの真骨頂は、この冪等律ないし指数法則（＝パルメニデスの「自同律」）から無矛盾律を導出してみせた点にある。ブールは言う、「あらゆる存在者にとって、ある性質を持つと同時に持たないということは不可能だと主張する、矛盾律と呼ばれる形而上学者たちの公理は、その表現が$x^2 = x$であるような思考の基本法則の帰結である」[21] と。実際、$x^2 = x$（パルメニデスの言う「自同律」）からは$x - x^2 = 0$が、したがってまた$x(1 - x) = 0$が導出されえ、この最後の式は、$1 - x$をxの補集合と解すると、「無矛盾律」と同じ表現となる。[22] そしてブールが$x^2 = x$から$x(1 - x) = 0$を結論するにいたるやり方は、パルメニデスが「あるもの」と「あらぬもの」に同時に属するものはないことを示して、「無矛盾律」を「あるものが、あらぬものと並び立つことはありえない」と定式化したとき採用した方式と実質的に変わらない。ブールは、それとは知らずに、「自同律」と「無矛盾律」に軸足を置くパルメニデスの論理思想に追従した、ということになるかもしれない。

ブールは、パルメニデスの「あるもの」と「あらぬもの」に対応する「Universe」と「Nothing」を「0」と「1」の記号で表し、それらが従う思考の法則として、「交換法則」$xy = yx$、「分配法則」

$z(x+y)=zx+zy$、「指数法則」$x^2=x$ を挙げ、これらの不足を補うために全部で八個の思考法則を立てた。が、ブール代数特有の最も基本的な法則は、パルメニデスの「自同律」に相当する「冪等律（ないし指数法則）」であった。このことをパルメニデスに即して言えば、「《ある》の縛り」の根源的表現は「あるもの」の自己同一性、すなわち「不可侵」なもののモデルとしての《有》の自己同一性に極まる、ということになるであろう。

「《ある》の縛り」によって一括されるパルメニデスの論理諸法則をブール代数の諸法則と対照させ、それを論理的に体系化して現代化する仕事は、そういうことに巧みな人に委ねよう。今は、「エレア的アルゴリズム」のパルメニデス的捌《さば》き方（包丁使い、料理の仕方）を瞥見《べっけん》するだけにしておこう。

断片八最終論証を事例に取ろう。その論証は断片八・五〇－五一行における「さて、これをもちて、吾《あ》は終えむ、汝《な》がための、真理をめぐる　信ずべき言説と思想につき、語るを」という文言に先立って、四六－四九行における次の文言をもって終結する。

> あるものは、（1）それがそれ自身に到達する（ヒクネイスタイ）のを阻むところの、あらぬもの（ウーク・エオン）があらぬうえに、（2）あるもの（エオン）があるもの自身と較べられ（エオントス〔比較の属格〕）、ここそことで、より多かつより少となることもない。というのも（3）あるものはそれ自身と全面的に等しく、同じきものとして縛りの内にあるがゆえに、その全体が不可侵（アシュロン）なものとしてあるのである。（四四－四九行）

さて、この文言を、「エレア的アルゴリズム」という名の調理道具（包丁）をもって捌いてみよう。

（1）「あるものがそれ自身に到達する」とは、エレア的アルゴリズムの最も基本的な公理命題、「あるもの」の冪等的自己同一性命題“O”＝O”の恒真性を言う。したがって「それがそれ自身に到達するのを阻むところのあらぬものはあらぬ」とは、あるものの冪等的自己同一性を阻むものを「あらぬもの」と同定したうえで、その「あらぬもの」の非在性（あらぬということ）を主張するものである。いま「エレア的アルゴリズム」における命題ないし名辞の「恒真性」を「1」で、「恒偽性」を「0」（ゼロ）で表すとすれば、「あるもの」の「自己同一性」は1・1＝1として表現される。そして、「それ（あるもの）がそれ自身に到達するのを阻むところのあらぬものはあらぬ」という事態は1・0＝0〔＝無矛盾律〕と表現することができるであろう。

（2）他方で「あるもの」（O）自身が、「あるもの1」（O_1）と「あるもの2」（O_2）との比較関係（$O_1 \geqq O$ならびに$O \geqq O_2$）の仮定（帰謬法仮定）において、一方では$O_1 > O$であり、他方では$O > O_2$であることは、いずれも、無矛盾律のゆえに、不可能である。

（3）したがってあるものは、それ自身と全面的に等しく、「あるもの1」と「あるもの2」との三項比例的縛り関係$O_1 \geqq O = O \geqq O_2$における「外項の積は内項の積に等しい」という法則により、$O_2 = O_1 \cdot O_2$となり、$O_2 = O$で、かつ、無矛盾律によって$O_1 \cdot O_2 = O$であるがゆえに、二重の帰謬法仮定は解消され、「その全体（あるもの）は不可侵（アシュロン）である」と論結されることになる。

断片三の示唆するもの

女神は、断片八・三三―三六行において、「欠くるところなきもの」すなわち「不可分なもの」としての「あるもの」の自己同一性に言及し、クーロスに、「自己同一なるものこそは、思惟されえ、思惟内容の拠ってきたる所以のものなり。といふも、言表さるる物事が、そこにありてこそ言の葉となる『あるもの』を措きて、汝が『思惟』（τὸ νοεῖν）を見出さむことあるまじきゆえ」と断言する。T・M・ロビンソンが、自己同一的なものとして「あるもの」の実在性とその認識論的確証(ascertainment)との間の「連結関係」（ネクサス性）を主張したことが想起される。[23]

パルメニデス詩の主題を「カタルモス」と同定し、《有》としての「あるもの」の自己同一性をパルメニデス思想の根本に据えるわたしにとって、このことは、いたって当然の事態である。断片三における“τὸ γὰρ αὐτὸ νοεῖν ἐστίν τε καὶ εἶναι”というギリシア語表現は、それゆえに伝統的な読みにしたがって、二つの不定詞“νοεῖν”（思惟すること）と“εἶναι”（あること）を主語として、「思惟することとあることとは同一であるから」と読まれるべきであろう。ただし、その場合、「思惟すること」と「あること」二つを首枷のように縛る「同じもの」（τὸ αὐτό）は、「《ある》の縛り」としての自己同一性のそれであると解されなければならないであろう。何故ならば、「あるもの」の自己同一性を措いて、他に、思惟が拠って立つ基盤はありえないからである。

パルメニデスは、しばしば、「古代のデカルト」になぞらえられてきた。が、パルメニデスを、「コギト」の哲学者デカルトと同一視することは許されない。デカルトの「コギト」の本性は、世界地平の外に超出する思惟実体「レース・コギタンス」である。[24] が、パルメニデスの「ノエイン」（思惟作用）は、「全にして唯一種なるもの」（ウーロン・ムーノゲネス、断片八・四行）としての「あるもの」

（有）の自己同一性と一体化してある（断片八・三四―三八行）。パルメニデスの場合、「思惟」があってはじめて「あるもの」があるのでも、「思惟」と「あるもの」が互いにパラレルなものとして対向し合ってあるのでもない。「思惟」は、つねに、「《ある》の縛り」の自己同一性と一体化して、ともにある。

真理の道の「道標」

断片八を読むべき時がきた。が、その全詩行を引用するには嵩《かさ》が大きすぎる。巻末の拙訳をご利用いただきたい。

断片八は、残存断片のうち最長で、しかもパルメニデス思想の精髄を伝えるもの、と目されている。その断片は、「ある（有る）」（エスティン ἔστιν）という、ただひとつ残された「道」の話として始まる。なお、断片八冒頭における「ただひとつ、なお、道の話に　残れるは、『あり』というそれ」という言葉は、その直前に「他の道」の話があったことを示唆している。特に断片六と七がそれである。だが、これら二つの断片については、便宜上、次章で取り上げることにする。

道標と真理、否定の道

パルメニデスの言う「真理＝アレーテイア」とは、ものごとが如実に、ありのままに、「隠されていない」（ア・レーテイア）状態にあることを意味する。それゆえに「真理の道」とは、「あるもの」の「あるがまま」なる「ありさま」を探求する道である。したがってそれはまた、「あらぬもの」としての「非真理」との、隔絶・闘いの道でもある。

それゆえ「真理」を洞察するために踏み出すべき第一歩は、ディケーの守る門を眼前にした太陽の娘たちがそうしたように、顔を覆うヴェールを撥《は》ね除《の》け、直前のリアリティー（＝あるもの）に直向《ひたむ》くことである。『新約聖書』の最後に収録されている『ヨハネの黙示録』の原題が「アポカリュプス」（真相暴露・真如顕現）であったことを想起しよう。「アポカリュプス」とは様々な遮蔽物によって覆われ、隠され、歪曲《わいきょく》されて、その真相が見えなくなってしまっている物事の覆いを取り、その真相を白日の下に晒《さら》すことである。「衣服を脱がせること」（un-dressing）、「蓋《ふた》を取ること」（un-covering）、「発掘すること」（un-earthing）、「正体を暴露すること」（un-veiling）等々の表現が示すように、動詞「アレーテウエイン」（真理を言うこと）が意味するのは、一連の否定的言辞を介して物事の真相を明らかにし、ひたすらリアリティーに向かって「方法論的否定」の道（*via negativa*）を行くことである。

「ある」の原初的直観

パルメニデスを「方法論的否定の道」へと導いた原初的直観がある。断片八・五―六行「ありしも、あらむも、絶えてなし。何となれば（エペイ ἐπεί）、そは今このときに、すべて一挙に　一にして、連続せるものとしてあるなれば」という詩句が、それである。

多くの研究者たちは、「何となれば」（エペイ）で始まる接続節を、主節の「ありしも、あらむも、絶えてなし」に関連づけ、エペイ句そのものはその補足的説明であるかのように解釈する。そのなかで井上忠が下した解釈は特異である。彼はこの接続句にパルメニデスの「天門開披」の体験を見た。

「序歌」一一－二一行における「アイテールのみ空に届く門」の描写を、彼はその体験の証拠とする。「真昼の暗黒」と化してパルメニデスを襲った狂気「アーテー」が、彼を「天門開披」の体験に導いた、と主張する。そして、その「天門開披」体験が、「女神の呼び掛けに目覚めた者を、ひたすらに真昼の真理に向かわせる〈こころ〉の道そのものの根本機能」となると言う。[25] 井上の「アーテー」解釈は特異なものであった。だが、彼の「エペイ句」理解は「筋違い」ではない。断片八・五－六行「エペイ句」を他にして、「不生・不滅」論証が出立すべき独立した根拠はないからである。

だが、その「エペイ句」で言われていること自体は、井上やキングズリーなどの、神秘主義的・オカルト的な言説に拠らなければ説明できないわけではない。パルメニデスにとってそのことは、まど・みちおが「リンゴ」の詩で描ききった、「ある」ことをめぐる「直観」であったと解されうる。[26]

神経心理学者山鳥重《やまどりあつし》が、興味深い証言をしている。すべて人間の心の働きは、例外なく、つねに「完結して」いて「全一である」、と。「こころはいつもこころの中で一杯一杯に広がっています。われわれのこころは常に何かの心理現象（ジェームスの『思い』）で一杯に満たされ、それで満ち足りています。他人とくらべ、こころの中のどこかで何かが欠けているなどという経験をすることはないのです。……意識障害の場合も、その状態でこころは一杯であり、今この場所がどこであるか、しかとは分からない、場所を考えるわがこころの部分に穴が開いているようだ、などと考えることは決してありません。混乱したままで一杯です[27]」「すべての人間は、それぞれ完結した、全体的なこころを持っているのです。／それがこころです」「われわれの常識的な心の働きからみれば、半側空間無視の患者の視覚体験は対象の半分になってしまっており、半分『足らない』はずである。しかし、当の本人の心の働きとしては、視覚イメージは半分のままで『足りて』おり、決して欠けてはいないのである。心は半分のイメージを動員しつつ、それで完結している」、と。

心のもつ「完結性」、「(過程のなかでの)今‐ここ性」、「全なるものとしての一性」とは、あらゆる人間に共通する「心の構造」だと、山島は言う。[28] その発言は、実に、「エペイ句」それ自体が言っていること、すなわちパルメニデス断片八・五‐六行における「今このとき」における「あるもの」の「全一性」を裏書きするものである。[29]

エペイ句に関して、井上が言っていない肝心要のことを言っておこう。エペイ句は構文上、主節の(A)「ありしも、あらむも、絶えてなし」が成り立つ理由を述べるものとなっている。その一方でそれはまた、すぐ後に続く(B)「その如何なる誕生を汝は尋ねむとするのであるか」で始まる最初の「エオン不生・不滅」論証の拠って立つ論拠ともなっている。

図11　左半側無視の例（山島重『脳からみた心』NHKブックス、1985年、81頁より）

そして、このエペイ句以外に、(A)(B)両者間に介在するものは、一切ない。このことは何を意味するか。両者が成り立つ原根拠は、エペイ句表現が述べている原初的で直観的な事実以外にはない、ということである。

ペデー、ペイラス、デスモス、そして多姿神

「《ある》の縛り」は、最初は暗黙裡に、後では断片八・一四、二六、三一ならびに四九行の文脈内に、「ペデー」(πέδη)、「ペ

イラス」（πεῖρας）、「デスモス」（δέσμος）の名の下に、歴然たる姿を顕わす。[30] それとともに、「《ある》の縛り」が踏み外され、万物のノーマルな秩序が侵犯され覆されることがないように監視・支配する「多姿神」たちが、これらを手中にして登場する。（1）「わたし」一行を光の方へ先導するダイモーン（断片一・三行）、（2）「夜と昼の門」を守る「罰に鋭いディケー女神」（断片一・一四行）、（3）「わたし」を迎え教導する無名の女神（断片一・二二行）、（4）「テミスとディケー」（断片一・二八行）、（5）「説得の女神ペイトー」（断片二・四行）、（6）「生成と消滅を足枷に繋ぐディケー」（断片八・一四行）、（7）「力強きアナンケー女神」（断片八・三〇行）、（8）「運命の女神モイラ」（断片八・三七行）、（9）「枷をもって星々の運動を縛《いまし》めるアナンケー女神」（断片一〇・六行）、（10）「万物を操るダイモーン（女神）」（断片一二・三行）、（11）「エロス神（男神）を産む女神」（断片一三・一行）。

ヘラクレイトスの断片に「太陽が、その規矩《きまり》（メトラ）を踏み外すことはないであろう。さもなければ、ディケーの使徒エリニュエス（復讐の女神たち）が、その者をみつけだすだろう」（断片九四）というのがある。「太陽のメトラ」という言葉によってヘラクレイトスは、日々天空をへめぐりゆく太陽の「軌道」について語る。その決まり、定め、規則性、法則性は、ヘラクレイトスにとって、神々によってさえ「踏み越えられてはならない」絶対的な規矩《のり》、「ロゴス」（λόγος）を意味した。「踏み越えられてはならない」「決まり」「絶対的な規矩」「ロゴス」についてヘラクレイトスが述べていることは、パルメニデスの《ある》の縛り」についてそのまま当てはまる。太陽の軌道を見守り監視する正義の女神の使徒「エリニュエスたち」と同様に、パルメニデスの「多姿神」たちもまた、ペデー、ペイラス、デスモス等の「縛り」をもって「あるもの」を縛り上げ、拘束し、定められた法則を踏み外さないように見張っているわけである。その結果、「あるもの」は「あらぬもの」を寄せつけず、「一」・「全体」・「連続」・「一様」（断片八・五―六行、二二、二五行）でありつづける。そして、その聖域から「生成」と「消滅」を追放し（断片八・二一行）、その結界（＝ペイラス＝縛りの領域）を「不可分割」（断片八・二二行）・「不動」（二六行）・「無始・無終」（二七行）・「自己同一」（二九―四九行）で「完結」（三二―四九行）したものたらしめる。

ペイラス・ピュマトン

その「《ある》の縛り」は、断片八・四二行において、「ペイラス・ピュマトン」（πείρας πύματον）と呼ばれる。この「ペイラス・ピュマトン」を「最も外側の限界」と訳し、「あるもの」と「まんまるい毬（球）のかたまり」の両者にかけて読むと、ウエディン（Michael V. Wedin）が「パルメニデスの《変則球》（anomalous sphere）」と呼んだものが出来《しゅったい》する。[31] そしてこれが、世人ならびに研究者たちをすっかり惑わし、抜きさしならぬパラドクスへ陥れる。

その事態はすでにプラトンに始まり、アリストテレスやテオフラストスへと継承され、現代に至るまで、研究者たちの頭を混乱させつづけた。その経緯を事細かに辿ってみたところで詮ないこと。先が見通せるようになるわけでもない。労多くして実りは少ない。プラトンがどんなことを言ったか、そしてそのことがどんな結末をもたらすことになったかだけを、見極めておくこととしよう。

『ソフィステス』篇二四四Eにおいて、エレアからやってきた客人は、テアイテトス[32]に向かって問いかける。「ではもしそれ〔実在する一者〕がひとつの全体であるとすればどうなるか。ちょうどパルメニデスも、こう言っているようにね――／どの側からみても　まんまるい球の塊に似ていて／まんなかからあらゆる方向に均衡を保つ。ここあるいはかしこにおいて／より大きくまたより小さいということは　あってはならぬことだから／〈あるもの〉（有）がここで言われているようなものであるとすれば、それは中心と端《はし》をもっているわけであるし、そしてもしそうとすれば、まったく必然的に、もろもろの部分をもっていることになる。それとも、どうだろうか？」[33]、と。

『ソフィステス』篇におけるエレアからの客人のこの発言と同趣旨のことが、『パルメニデス』篇（一四五A－B）においても、「それが全体をなすとすれば、始めと中と終わりをもつことになるのではないか。……かたちをもつ一なるものは、直線形か円形か、両者の混合といったものを分有することになるだろう」というふうに言われている。したがって、両対話篇を執筆していた晩年近いプラトンが、パルメニデス断片八における「あるもの」を、「中心」と「端」をもち、もろもろの「部分」からなる「球体」とみなしていたことは、間違いなかろう。

だが、その事実の確認は逆説的な一つの事実、プラトンのアンチ・エレア主義を暴露することになる。『パルメニデス』篇におけるプラトンの当該の発言は、その所謂第二仮定「もしも一が存在するならば」（一四二B）から出発する一連の演繹推論の途中経過の一コマにすぎず、最終結論ではない。第二仮定における推論は、「あるものとしての一」が「一であって多、全体であって部分、有限であってまた無限の多」となることの演繹へと移っていくが（一四五A）、「一」が「限られたもの」である場合についての結論として引き合いに出される。

そこから得られる最終結論は、歴史的パルメニデスの全面否定である。プラトンは第二仮定を次のように結論づける。「一はあったし、あるし、あるだろう。また成り行くことがあったし、いま成りつつあるし、成り行きつつあることになるだろう。……また、一つのものとしてありうるであろうし、あったのであり、あるのであり、あるだろう。……だから、それの知識も、思いなしも、知覚もありうることになるだろう。……かくしてまた、一には名前もあり、言論もあり、名づけられたり、説明されたりもする。そしてこの種のことで、一以外のものについても、まさにそうである限りのすべてのことが、また一についても、あることになるのだ」（一五五D－E）、と。

確認すべきは、第二仮定からプラトンが導き出したこの結論が、パルメニデスによって確立されたかにみえる「あるもの」をめぐるすべての論証の成果（断片八・一－四一行）を、一切合切、ゴミ箱に捨て去るに等しいものだ、ということである。

すなわちその結論は、断片八における「過去・未来の否定」（五行）、「生成・消滅の否定」（七－二一行、一九－二一行）、「あらぬものの言表・思考可能性の否定」（七－九、一六－一八行）、「あらぬものよりの生成の否定」（一三行）、さらには「あるもの」が「不可分割」的で（二二－二五行）、「不動」であること（二六行、三八行）、「無始・無終」であること（二七行）、「あるもの」のみが「自己同一」的で（二九－三四行）、正しい思惟の対象たりうること（三四－三六行）、死すべき者どもの「命名行為」は欺瞞的なものであること（三九－四一行）等々についてパルメニデスが導き出したすべての結論を無意味化し、雲散霧消させてしまうのである。

プラトンの『パルメニデス』篇は、古代哲学文献史上最大の難物である。とりわけその所謂第二部における「一」をめぐる八つ（ないしは九つ）の仮定において、プラトンが実際に何を意図したものであるかは、依然としてよく分かっていない。が、この仮定において看取されうるプラトンの態度が、「アンチ・パルメニデス」的であることだけは確かである。

しかも、その「アンチ・パルメニデス」的結論が、あろうことか、パルメニデス断片八・四二行「ペイラス・ピュマトン」にかかわって、パルメニデスの本来的意図に即するものであるかのように、「あるもの」を「毬（球）」のかたちをした三次元物体と解することから引き出されている。この事態は、プラトンの発言によれば、パルメニデス自身が仕組んだものだということになる。つまり、「あるもの」についての論証を進めていった挙句の果てに、パルメニデスは、自分が仕組んだ罠に嵌《はま》って、見事に自分自身を反駁《はんばく》し自爆する羽目になった、という筋書きになっているのである。

このことの教訓は何であるか。「あるもの」を「中心」と「端」をもつ三次元の「球体」と見る方向でのすべてのパルメニデス解釈は、とどのつまり、抜き差しならぬパラドクスに陥って、パルメニデス思想を自己矛盾の暴露体系にしてしまう、ということである。

鈴木照雄は、「あるもの」そのものを「球形」のものと解した人々の系譜を、プラトン、アリストテレス、テオフラストス、エウデモス、ヒッポリュトス等に始まって、現代のイエーガー、オブライエン、バーンズ、ギャロップ、ツェラー、コーンフォード、ボルマン、カーク・レイヴン・スコフィールド、タグウエル、ジェイムソン、シュワブル、T・M・ロビンソン、カーン、ファース等々に至るまでフォローした。ただしその言及は、当然ながら、彼の主著『パルメニデス哲学研究』が出版された一九九九年までで終わっている。わたしは、鈴木のリストに、パルメニデス断片全体を「様相」の観点から見直した野心作『パルメニデスとソクラテス以前の哲学』の著者J・パーマー（John

Palmer）の名前を付け加えておこう。[34]

「あるもの」と「点」

「ペイラス・ピュマトン」をめぐる紛糾は、ユークリッド『原論』第一巻冒頭における「点」の定義をめぐるユークリッド以前の人々の苦闘を偲ばせる。[35] ユークリッド自身は『原論』第一巻「定義」第一項において「点」（セーメイオン）を、「点とは、それの部分が存在しないところのものである」と定義している。[36]

「点」と訳されたギリシア語「セーメイオン」は、「セーマ」と同根の語で、その原義は「しるし」である。その「しるし」がもしも物理的なものであるなら、当然それは五感が捉える「大きさ」や「ひろがり」をもち、その「ひろがり」が占める位置や場所をもっていそうなものである。が、ユークリッドの言う「点」には位置はあるが大きさはない。それは、直線の「端」や二直線が交わる位置・場所において、ひとが「端点」とか「交点」と呼ぶものとして、その存在が認められる。だが、「端点」や「交点」には「部分」がない。

パルメニデスの「あるもの」は、これに輪をかけて、「大きさ」や「ひろがり」をもたないばかりでなく、その位置や場所すらも「ここ」や「そこ」にあるものとして特定できない。[37] これについて言いうることは、ただ、「それは今このときに、すべて一挙に　一にして、連続せるもの（シュネケス συνεχές）として、ある」（断片八・五－六行）ということだけである。

「あるもの」は誰にも見えない。それは「不可分割」的であるから「部分」をもたず（断片八・二二行）、したがってかたちをもたないからだ。かたちのないものには、当然、「中心」も「端」もない。それゆえにまた「中心」と「端」の間にひろがり、場所運動や性質変化がそこにおいて起こる場所や位置もない。だとすれば、いったい誰が、かたちのない「あるもの」を「まんまるい毬（球）」のかたちに喩《たと》えたり、比較したりすることができようか。

「あるもの」の「球体」派解釈なるものは、自滅すべくして自滅したと言えるだろう。だとすれば、支持に値する解釈としてなおも残るのは、「毬（球）」を「あるもの」の「隠喩」（metaphor）と解する立場だけだ、ということになるのかもしれない。[38]

隠喩派、ムーレラトス説

「隠喩」派は、断片八・四三行の「毬（球）」と「あるもの」との関係を、字義どおり、「最も外側の限界」としての「ペイラス・ピュマトン」を介しての隠喩的類似関係のそれと見る。しかし「隠喩的類似関係」とは、いったい何なのか。

鈴木照雄は、ムーレラトスの著書『パルメニデスのルート』を高く評価した。そして、これに若干の批判を加えたうえで『ある』についての第4の説」なるものを提唱した。[39] が、わたしは、ムーレラトスの隠喩説そのものに疑念をもつ。したがって、それに依拠する鈴木説に与《くみ》することもない。ここではムーレラトス説そのものを問題にしてみよう。[40]

ムーレラトスの主張によると、パルメニデスは「まんまるい毬（球）のかたまり」の完璧なかたちを「モデル」にして、「《あるもの》の完璧性と完全でまんまるい毬のひろがり（expanse）」を比較し

たということになる。[41] 彼は言う、

《ひろがり》（expanse）と訳された原語は《オンコス》（ὄγκος）、字義どおりには（サイズを含意しない意味での）《容積》、あるいは《充実体 the full body》あるいは《膨れ、出っ張り》である。“ὄγκος” という語が、パルメニデスによって、三次元の広がりをもつものを意味するものとして使われていることについては、ほとんど疑いはない。また、“ὄγκος” が比較の元になっていることからして、問題となる球の特性が重量やバランスではなく、かたち（shape）であることも明らかである。……類推がおこなわれるのは、球の外側の曲面についてである。球を外側からみる視野が暗々裏に前提されていることについては、《あらゆる側から》（πάντοθεν, B8.43 および 49, μέσσοθεν, 8.44）、ならびにまた、全体としてのB8の比喩的表現からしても、確認されうることである。運命の女神によって《あるもの》のまわりに設定される “bounds” ならびに枷は、球を描き、まわりを取り囲むのと同じ “bond” なのである。

と。このように、かたちのうえでの「球」の完全性を縷々《るる》三ページにわたって叙述した後、ムーレラトスは「毬（球）」の比喩について次のように結論する。

これら球のもつ完全性の基準は、自己同一性の形式的特性（formal property of self-identity）以外の何物について語るものでもないので、完全性ないし完結性一般の基準（criteria of completeness or perfection in general）として採用されうる。あらゆる図形のうち、球のみが、つねに《それ自身と同一なるもの》（the same with itself）としてのひろがり（expanse）をもつ。近くから見ようが、遠くから見ようが、どういう角度から見ようが、球は一個の円の輪郭を示す。球の輪郭をかたちづくるもろもろの円は、われわれがそれらをどんなふうに見ようが、すべて等しい。それは、あらゆる角度からみて同じかたちを示す唯一の固体である。ある一つのものが球の有するレベルの合同性（congruity）と統一性（integration）に達したとき、そのあるものは、最高の意味において《テテレスメノン》（τετελεσμένον）、すなわち「完全」にして「完結」したものとしてある。……これこそ実に、ひとつの球との比較が《あるもの》の完全性の論拠となるゆえんである。[42]

と。「ひとつの球との比較が《あるもの》の完全性の論拠となるゆえんである」（This is how the comparison with a sphere becomes an argument for the completeness of what-is.）という言葉からも明らかなように、ムーレラトスはここで、「毬（球）のかたまり」がもつかたちのうえでの完璧性を論拠にして「あるもの」のかたちのうえでの完璧性をアナロジカルに推理している。その類推は、「球」のかたちの完全性にアピールするものである。すなわち「球」のかたちとして特定されない「完全性ないし完結性一般」（completeness or perfection in general）に照らしてのそれではない。

だが、「ある一つのものが球の有するレベルの合同性（congruity）と統一性（integration）に達したとき、そのあるものは、最高の意味において《テテレスメノン》（τετελεσμένον）、すなわち『完全』にして『完結』したものとしてある」というムーレラトスの言葉は、ただちに納得できるようなものではない。あるひとつのものAが何かに関して完全であるということと、別のあるものBが別の何かに関して完全であるということとは、それぞれに異なる別個のことである。第三者Cがそれらの間に介在して、なんらかの仕方で、両者を等しい関係にあるものとして同一文脈内に設定し直す手順を踏むのでなければ、それら二つの完全性は、互いに無関係なままに留まる。その場合、Aの完全性からBの完全性を類推することは許されない。

しかるにムーレラトスは、「毬（球）」の完全性・自己同一性を「モデル」にして「あるもの」の完全性・自己同一性を類推することができると言う。その発言の根底には、「パルメニデスは《あるもの》が《あらゆる側からして見事なまでに円い》ものであると、われわれに考えさせようとしている。そのことにはほとんど疑いの余地がない」[43]というムーレラトス自身の思い込みがある。彼はそういう思い込みに添う仕方で「最も外側のbound」と解された「ペイラス・ピュマトン」の「円いかたち」を、第一に「毬（球）のかたまり」のかたちに、次いでそれを「あるもの」のうちに類推している。その類推は「bound＝ペイラス＝円いもの」への彼の次のような見方に基づく。

その「あるものと毬（球）との」比較は、断片八全体への、適切にして美しいクライマックスとなる。われわれが最初に聞くのは正義の女神と、また彼女がもつ捕縛具（断片八・一四行）についてである。次に三一行においてこれらの捕縛具が《all around なもの》として描かれる。四三－四九行では、この《all around なもの》が《釣り合いのとれたreality》の比喩を通じて、いっそう造形的で具体的なものになる。[44]

こうして、ムーレラトスの「メタファー論」は、帰するところ、「球形亜種派」理論の一種となるようだ。この理論によれば、パルメニデスのエオン（あるもの）は、「最も外側の限界」によってぐるっととり囲まれ、円いかたちを具有しているはずであるが、しかし大きさを含意しない球形物体Xであるという、いささか歯切れのわるい、不可解なものとなった。

等比中項としての「ペイラス・ピュマトン」

わたしは断片八・四二－四四行を、ごくふつうに、「しかしながら、その縛りは最終（ないし究極）のものであるので（αὐτὰρ ἐπεὶ πεῖρας πύματον）、それ〔あるもの〕は完結したものとしてあり（τετελεσμένον ἐστὶ）、その中心からどの方向へも均しく釣り合いがとれていて（μεσσόθεν ἰσοπαλὲς πάντῃ）、どこから〔見て〕もまんまるい毬（球）の塊さながら〔似ている〕（πάντοθεν εὐκύκλου σφαίρης ἐναλίγκιον ὄγκῳ）」であると読む。すると、「最終の縛り」（ペイラス・ピュマトン）と「あるもの」ならびに「毬（球）」三者の間には、おのずから

A（あるもの）：B（ペイラス・ピュマトン）＝B（ペイラス・ピュマトン）：C（毬）

という三項比例式（幾何学的比例）が成立することになる。

ミッシェル・セール（Michel Serres）は「アナロギア」的思考方式を「ギリシアの偉大な発明」であ

ると称えた。[45]ギリシア人によるアナロギア的思考の歴史は古い。[46]それはユークリッド『原論』をもって嚆矢《こうし》とするわけではない。すでに『ニコマコス倫理学』第五巻において、アリストテレスは、四項比例（アナロギア）を「配分の正義」を論ずる際のマトリクスとして大々的に採用している。彼は言う、「配分の正しさ」を論ずるには「少なくとも四つのもの」すなわち「二人の人物と配分されることになる二つの物がなければならない」、と。正しい配分にあっては二人の人物間の「比」（ロゴス）と、配分される二つの物の間の「比」（ロゴス）が等しくならなければならない、というのである。「配分の正しさ」とは、「ロゴス（比）に基づく相等性（アナロギア）」を言う。その相等性は、少なくとも四つの項があるとき、それらの「項」（ホロス）の間に成り立つ比例（非連続的アナロギア）の等しさを意味する。この事態は、「連続的アナロギア」すなわち「線分Aの線分Bに対してあるのと同じ関係において線分Bが線分Cに対してある」とき、すなわち「一つの項が二つの項として用いられ二度述べられる」「連続的アナロギア」（＝幾何学的比例）の場合についても同じく成り立つ。わたしが上に「A：B＝B：C」として示したものは、アリストテレスが四項比例の特殊ケースとして言及した「連続的アナロギア」のそれにほかならない。

注目すべきは、この「連続的アナロギア」が、アリストテレス『政治学』一二五三Aにおいて「人間」を「ポリス的動物」と定義する重要なマトリクスとして援用されていることである。『政治学』の当該箇所においてアリストテレスは、「人間は、その本性においてポリス的動物である。……ポリスをつくることのできる者は、善悪等についての知識を共通に有していることによる。……これを共有することのできない者、あるいは自足しているので共同することをまったく必要としない者は、決してポリスの部分ではない。したがってその者は野獣であるか神である」、と言っている。これは、「神」をA、「人間」をB、「獣」をCとするとき、「A：B＝B：C」と定義すること、すなわち「人間」を「神」と「獣」の間の「等比中項」として規定することにほかならない。

「神」と「獣」の両極端を設定することにより、アリストテレスは、それらの比例中項を「人間」と定義した。そのことによって彼は「ポリス的動物」（ゾーオン・ポリティコン）であると同時に「ロゴス（理性・言語）的動物」でもある人間の多面的奥行を解明する糸口としたのである。

これと同様のやり方によって、パルメニデスは、両極端をなす「あるもの」と「毬（球）」、思惟されるものと思惑されるものの間に、それらを媒介する「完全性」を挿入することにより、「真理」と「思惑」を架橋する方法を見出したのである。

断片四における「あるもの」と「あらぬものども」間の等比中項

注目すべきは、「真理」と「思惑」を架橋するこのやり方が、断片四において予告されていることである。

しかと見よ、ヌースもて、現前してあらぬものどもをも、いま現にあるものどもにひとしく。[47]
何となれば、そ《ヌース》はあるものを、あるものとの連携より切り離すことなからむがゆえ、
たとえそれが、この世界のいたるところに、ゆきわたり、分散して[48]あろうが、
凝集して[49]あろうが。

いま引用した断片四の二行目は、わたしがパルメニデス的「自同律」と呼ぶものの表現に他ならない。それは、断片八・五–六行の「すべて一挙に　一にして、連続」ということ、さらには断片八・二五行の「全体として連続一様、あるものはあるものに密接せるがゆえに」と同じことを言っている。「あるものをあるものとの連携より切り離すことがない」とは、「あるものはあるものに密接する（ペラゼイ）」ということ以外のことではない。「エレア的アルゴリズム」によれば、「x が x に密接する」とは「x の冪乗」（x^n）ということにほかならない。そしてこれは、「自同律」により「$x^n = x$」[50]である。したがって、「あるものをあるものから切り離すことができない」のは、いたって当然のことである。だとすれば、断片四が言おうとしているのは、「あるものをあるものから切り離すことができない」という当たり前のことにではなく、他のことに求めなければならない。というのも、断片四の主旨が第二行で言い尽くされているのであれば、第一行ならびに第三、四行は無用となるからである。

当該断片四を解く鍵は、第一行「しかと見よ、ヌースもて、現前してあらぬものどもをも、いま現にあるどもにひとしく」という文の「ヌースもて」を、「ヌースを《あるものども》と《あらぬものども》を繋ぐ比例中項として」と読むことにある。即ち第一行を

　あるものども：ヌース＝ヌース：あらぬものども

と、「ヌース」を等比中項とする三項比例式の表現と読むのだ。その際、この比例式の両端をなす外項のうち「あらぬものども」については、当然、「この世界のいたるところにゆきわたり分散してあるもの」ならびに「凝集してあるもの」が割り当てられることになるだろう。そして、この「分散してあるもの」や「凝集してあるもの」を断片八・二三行の言葉に引き直すならば、さしずめ「あるものがあるものと連結してあることを妨げる」「より多なる何か」や「より少なる何か」がそれらに該当し、これらは断片八・四四－四五行の「より大なる何か」「より小なる何か」そして四八行の「より多」「より少」を予示するものであることになろう。

比喩、メタフォラ

「毬の比喩」に返ろう。アリストテレスによれば「比喩」（メタフォラ μεταφορά）とは、ある語を元の場所から別の場所へと「運び・移し」、別の意味をもつものとして「転用する」ことである。この転用機能によって、「メタファー」（メタフォラ）は、多種多様なものを一括する機能をもつにいたる。[51]パルメニデスは断片八・四二－四四行において、その「メタフォラ」を、思惟対象としての「あるもの」（x）を感覚対象としての「毬」（y）へと隠喩的に読みかえる（メタフェロー）のである。そのことによって彼は、思惟によってしか捉えられない「あるもの」を、可視的領域にある「毬（球）」との類比関係にもたらし、それらを三項比例的に「等しい」（ホモース ὁμῶς）もの同士として関係づける方途を拓くのである。

断片八最終論証の結論としての「アシュロン」

断片八最終論証には、他には見出しがたい際立った特徴がある。その論証は、一見したところ、「ペイラス」で始まって「ペイラス」で終わる、かにみえる。循環論法を疑わせる事態である。しかも、それら相前後する二つの「ペイラス」によってサンドイッチ状に挟まれた四二行から四九行にかけての詩行全体は、研究者たちの平均的読みに従えば、「《ある》は完結しているから……《あるもの》は完結している」と言っている、かにみえる。「循環論法」を口にしたゆえんである。だが、よく観察すると、後の方の「ペイラス」（四九行）は、「といふも、そは、全面的に自己自身に等しく、同じものとして縛りの内にあるがゆえに」（οἷ γὰρ πάντοθεν ἶσον ὁμῶς ἐν πείρασι κύρει）と、原因・理由・結果節を形成する小辞「ガル γάρ」を介して、一行前の「アシュロン」（ἄσυλον）（四八行）にかかっている。つまり、断片八・四二行における「最終の縛り＝完結性」で始まる論証は、「完結性」でもって締め括られているのではなく、「あるもの」が「不可侵」（四八行）であることを論結して終わっているのである。[52]

方法論的否定の道、道標、そして帰謬法

ここで「道標」（セーマタ）の本性について考えておこう。断片八は「あるもの」の本性を探求する「セーマタ」（しるし、道標）の提示で始まる。その「しるし」を、たいていの研究者たちは、「あるもの」の「客観的で本質的な属性」を示すものと考えている。[53]が、その考えは矛盾している。「セーマタ」は「しるし」である。何の「しるし」でもない「しるし」などといったものはない。主

語なしの「ある」は、あるということだけを言っている。その「ある」には、特定のいかなる属性もない。その属性をもたない「ある」がもっていると研究者たちの主張する属性なるものは、そもそも如何なる属性であるのか。ぜひとも教えていただきたい。この問いにあくまで「属性」という言葉を使って答えようとする人は、誰であれ、悪しき循環論法に陥るであろう。

その「しるし＝セーマタ」を、パルメニデスは、ユークリッド以前の数学者たちの「幾何学的な語り口」（*modus geometricus*）に倣って、設定したのではないだろうか。『原論』は古来の「幾何学的な語り口」に則って記述されている。その方式を中村幸四郎は次のように解説する。

> まず作図さるべき問題または証明さるべき命題が述べられる（プロタシス〔導入部〕）。ついでこのうちの条件にあたる部分が具体的な記号を付して——たとえば三角形ＡＢΓ云々というように——定式化され（エクテシス）、この記号づけにそった図形が実際に描かれ（カタスケウエー）、さらに帰結がこの具体的記号を伴って述べられる（ディオリスモス）。それから定義、公準、公理および以前に証明された命題のみを用いて厳密な証明が行なわれ（アポデイクシス）、それに結論が続き（シュムペラスマ）、最後は作図の場合は「これを作図すべきであった」（ホペル・エデイ・ポイエーサイ）、定理の場合は「これを証明すべきであった」（ホペル・エデイ・デーイクサイ）という言葉で終わっている。[54]

『原論』に収録されているすべての命題（定理）は、例外なくこの方式に従って、最初に「作図」ないしは「証明」すべき命題を「見出し」（プロタシス）として掲げ、次いでその命題を実際に「作図」ないし「証明」することに取り掛かっている。このように、パルメニデス断片に出てくる「セーマタ」という語を、作図や命題の「見出し」（しるし）を意味するものと解しうるなら、内容空疎で矛盾したことになる「属性＝結果論」を持ち出すまでもないこととなる。

パルメニデスの帰謬論法

パルメニデスの論証方法の際立った特徴は、その「帰謬論法」にある。忘れてはならないのは、ギリシア人たちがタレスこの方、「帰謬法」（*reductio ad absurdum*）の手練《てだ》れたちであったという事実である。帰謬法的思考法は、アゴラを中心とするギリシア人の政治生活スタイルに由来するものであっただろう。法廷や評議会における弁論・討論の経験が、彼らの言論を技術的に精錬させ発達させてきたのである。だが、彼らの帰謬論法を論証の術として発展させたのは、たしかに哲学者や数学者たちであった。そして、これを最も頻繁かつ有効に用いたのがピュタゴラス派の数学者たちであったことは確かである。『原論』第九巻における「偶数－奇数論」は、最古のピュタゴラス派の数学者たちの業績を収録したものとされている。その証明の多くが「図形数」や「小石」を用いての素朴な算術との密接な関連裡に「帰謬法」を使ってなされている。[55]

明らかに、パルメニデスは、「帰謬法」の創始者ではない。すでにタレスやピュタゴラス派の数学者たちが先駆者として存在していた。そしてまた彼の同時代者にはクセノファネスやヘラクレイトスがいて、天晴れというしかない見事な手際で、帰謬論法を駆使して論敵を揶揄し、その説を却下している。が、彼らの論法は、どちらかというと修辞的で、論理の精確さを主眼とするものではない。これに対しパルメニデスのそれは、論理的に極めて精錬されている。彼は一つの主張を肯定するために、その否定命題を仮定し、その仮定から明らかな「矛盾」を導出して「不合理」と断定し、よってもって元の命題を「肯定」的に主張する。パルメニデスはそういう際立ったやり方で、「あるもの」の本性を探求すべく、意識的に方法論的「否定の道」（via negativa）を歩んで行くのである。[56]

ここで、帰謬法（*reductio ad absurdum*）の骨格を改めておさらいしておこう。

（1）証明したい命題Ｐがあるとする。
（2）Ｐの正しさを証明するべくＰの否定命題非Ｐを仮定する。
（3）非Ｐからその矛盾命題である非非Ｐを導く。
（4）非非ＰがＰである、と結論する。

『原論』の数学者たちは、この屈折したやり方によって、「無限」に関係する重要な定理を証明した。第三巻命題一六、第一二巻命題一〇がその典型例である。「帰謬論法」による証明の類例は非常に多い。第一巻に限っても命題六、一四、一九、二五、二六、二七、二九、三九、四〇が、それぞれ帰謬法によって証明されている。しかし、帰謬法に立脚する証明は、誰でもがただちにこれを達成できるといったものではない。何故ならその証明法は、「Ｐ」という結論が成り立つことが分かっていながら、しかもそれを直接には証明できない――あるいは証明できないふりをした――人物が、無理矢理に結論「Ｐ」と矛盾する命題「非Ｐ」を仮定し、そこからこれに矛盾する「非非Ｐ」を捻り出して「非Ｐ」を引っくり返し、「見出し語」として掲げた元々の命題「Ｐ」を肯定するという、相当にひねくれた論法――村田全《たもつ》の言[57]――だからである。つまり帰謬論法による証明は、その結論がどうなるかが充分に分かっている人物でないと、実際には使いこなせない論法だったのである。

パルメニデスの探求の主題と帰謬論法の関係

では、何故パルメニデスは、そのようにも意地の悪い、ひねくれた論法を使わなければならなかったのであろうか。その理由はきわめて単純である。否定に否定を重ねた挙句に否定されたものを肯定し直すという曲がりくねったやり方をする以外には、「あるもの」の本性に迫る如何なる方途もなかったからだ。

改めて断片二を振り返ってみよう。断片二・三は言う、唯一の道「そは有りて、その有らざるはありえぬ」、と。「あるものはある」という命題（自同律）が真であることを確証するためには、実際のところ、この命題の成立を阻む「あらぬもの」をあえてメタロジカルに登場させ、帰謬論法的に「あらぬものはあらぬ」と、否定に否定を重ねる以外の如何なる方途もなかったのである。「ある」をめぐるパルメニデス的探求は本質的にメタロジカルである。そして、そのメタロジカル的な探求を支えるものこそ「無矛盾律」であった。帰謬論法が帰謬論法たりうるのは、パルメニデス的「無矛盾律」を遵守することによってである。パルメニデスは、「無矛盾律」を携えて「帰謬論法」に拠る「方法論的否定の道」（via nagativa）を進んで行ったのである。

断片八における帰謬論法

断片八・五－四九行における「あるもの」をめぐるすべての論証を「帰謬法仮定」を焦点化して再構成してみよう。以下、数字1は「プロタシス」命題を、2は「帰謬法仮定」を、「3」は「証明されるべきであった結論」を示すものとする（断わりのない限り、詩行はすべて断片八による）。

なお、以下に展開されるすべての論証に関わって、ディケー、アナンケー、モイラの各女神が果たす役割について一言しておきたい。一三－一五行では「さればこそ、生成をも消滅をも、足枷に繋いで、ディケー女神は弛《ゆる》めるを断じて許さず、捕縛し給へり」と言われ、二九－三一行では「あるもの」について「そは同一なるものとして、同一なるものの内に留まりつつ、自己自身に即してあり、かくてはそこに、確固として留まれるなり。何となれば力強き必然の女神アナンケーが、まわり執り囲み、防御する、縛りの枷のそのなかに、そをば守護し給へるがゆえ」と言われ、三七－三八行では、「といふも、運命の女神モイラがこれ（＝あるもの）を縛めて、全きもの・不動のものとなしたるがゆえ」と言われる。それらディケー、アナンケー、モイラ女神たち、ないしは、彼女らがもつ「足枷」や「縛りの枷」や「縛め」が果たす役割は、「あらざるものども」を「あるもの」へと繋ぎ止める「等比中項」（《ある》の縛り＝ペイラス）のそれである。

断片八におけるすべての論証は、「あらざるものども」を「あるもの」へと還元する「ペイラス」（《ある》の縛り）の働きを前提することによって成り立っている。例えば「あるもの」の「不生・不滅論証」を行なうにあたり、パルメニデスは、パラダイムとなる原初的「今」（ニューン、五行）を

「縛りの具」（等比中項）として前提し、最初に、「真にある今」と「生成・消滅」につねに相伴う二つの「あらざるものどもとしての今」を、「ある‐か‐あらぬか」という軛《くびき》の下に一体化させ、繋ぎ止める。そのうえで、帰謬法仮定として立てられた「あらざるものども」としての二つの「あらぬ今」を否定し、そのことによって「あるもの」の「不生・不滅」を肯定し論結するという手続きを踏む。

そういうわけで、わたしは、以下における断片八の論証の再構成に当たっては、言わずもがなのこととして、多姿神たちが登場する文脈にはことさらには言及しないこととする。

道標一：あるものは不生・不滅である

1．プロタシス「あるものにはありし（過去）もあらむ（未来）もない」（五行）。

1.1 あるものは、今、一挙に、その全体が、一で、連続したものとしてある（公理命題、五―六行）。

1.2 あるものが、今より後の未来に（プロステン）、あるいは、今より前の過去に（ヒュステロン）、あらぬもの（メーデノス）を始点として（アルクサメノン）生長する（フューン）ことはありえない（一〇行）。

1.3 あるものが未来に生まれるということ（ゲンナン）は、今現在あるものが消滅し、今現在あらぬ別の或るものが生成することを含意する。同様に、あるものが過去に生まれたということは、かつてあったはずの或るものが消滅し、当のそのものではあらなかった別の或るものが生成したということを意味する（六―七行）。この事態を「あるものの生成・消滅」と呼ぼう。

2. 帰謬法仮定　「あるものは生成し、消滅する」と仮定せよ（六―七行）。

2.1 あるものが、もしも過去の或る時点（今）に生じたとすれば、それは現にはあらぬ。またそれが未来の或る時点（今）に生ずるであろうとすれば、それもまた現にはあらぬ（二〇行）。「あるものの生成・消滅」があるという仮定は、「未だあらぬもの」および「既にあらぬもの」（七、一〇行）があることを前提とする。しかし「未だあらぬもの」は現にあらず、「既にあらぬもの」も現にあらぬ。

2.2 あらぬもの（無）は〔断片二・五行によれば〕あらず、言表することも思惟することもできない〔断片二・五―六行、断片八・八―九行〕。

2.3 さらに、あらぬものとしての「生成・消滅」には、それがあるべき充足理由がない（九行）。

2.4 帰謬法仮定によってあるとされる「生成・消滅」は、完全に（パンパン）ある―か―完全にあらぬか、いずれか一方でなければならぬ（クレオーン、一一行、排中律）。

2.5 しかるに、「論証の強き力」（ピスティオス・イスキュス、一二行、無矛盾律）は断じて許さない、「あらぬものから」（エク・メー・エオントス）、これと並んで（パラ・アウト）、他の何か「或るもの」（ティ）が生じ来たる（ギグネスタイ・ティ）という事態（一二―一三行）を。

3 かくして、「論証の強き力」（無矛盾律）は「あるもの」と「生成・消滅」（あらぬことども）が並び立って両立することを許容しない。それゆえに、「生成・消滅の今」があることは否定される。したがって、「あるものにはありしもあらむもない」というプロタシス命題が確証される。

〔補注：以上（五－一三行）で「あるもの」の「不生・不滅」論証は実質的に完了している。その後に続く「そがためにこそ（トウ・ヘネケン）生成をも消滅をも、正義の女神は」（一三－一四行）から始まって「かくして生成は吹き消され、消滅もまた音沙汰無しとはなりにけり」（二一行）で終わる詩行ブロックは、「不生・不滅」論証（五－一三行）を確認する「後付け」論証に相当する。その冒頭に「正義の女神」の「ペデー」（一四行、足枷＝縛り）が出てくる。これは「トゥ・ヘネケン」が示唆するとおり、五－一三行における「不生・不滅」論証の全体を縛り拘束する大前提である。そしてその縛りは、「あるもの」の「分割不能性」、「不動性」、「無始・無終性」、「完結性」論証すべてのパラダイムとなる。〕

道標二：あるものは全体にして唯一種である

〔補注：不生・不滅論証が終わるや否や「あるもの」の不可分性論証が開始される。が、当初に枚挙されていた道標のうち「ウーロン・ムーノゲネス」（全体にして唯一種）は二度と出てこない。道標の予告と論証の実際が食い違っている。この食い違いを解消すべく、以下においてわたしは道標を「あるものは不可分にして唯一なる全体である」として二二－二五行を「論証一、二、三」に分割して再現する。〕

論証一：

1．プロタシス　「あるものは分割不可能である」。

1.1　「あるもの」は全体にして唯一なるもの（四行）である。それは一様同質（ホモイオン、二二行）で、連続しており（シュネケスタイ、二三行）、あるもので充たされている（二四行）。ゆえにそれ

は　不可分（ウーデ・ディアイレトン）である（二二行）。

2.　帰謬法仮定　あるものは「分割可能」（ディアイレトン）である、と仮定せよ。

2.1　そのときには、仮定により、あるものが自分自身と連続・一体化して同質な状態を保ちうることを妨げる何物か、即ち「あるものより多なる何物か（マールロン）」ないし「あるものより少なる何物か（ケイロテロン）」があることになる。

2.2　「より多」ないし「より少」は、当然、何か同じ一つのもの（x）との比較における「より多」であり「より少」である。そのようなxとして当該文脈において想定されうるものは「あるもの」以外にはない。

2.3　いま、あるものをO、Oより多なるものをX、Oより少なるものをYとしよう。その場合には、仮定によりX＞OかつO＞Yである〔X＝O＝Yとなるケースは当の仮定そのものにより排除されている〕。すなわちOは、互いに相反するXとYとの関係において、同時に、「より多・かつ・より少」であることになる。しかるにこれは「無矛盾律」（＝論証の強き力、一二行）に違背する（二三行）。ゆえに不合理である。

2.4　ゆえに、あるもの自身が「より多・かつ・より少」となって、「逆向き」の二方向へと引き裂かれ分割されるといった事態は否定される。

2.5　それゆえに、OはO自身に密接する（ペラゼイ、二五行）〔「ペラゼイ」とは密接・固着して隙間がなく、分割される余地・空白がないこと、を謂う〕。

2.6　これはエレア的アルゴリズム「あるものの冪等性」（$O^n = O$）のしからしむる所以である。

2.7　それゆえO≠X、O≠Y、かつX≠YであるときX＞OならびにO＞Yが同時に両立することは不可能である。したがってOの自己分割といった事態もありえない。すなわちOがO自身を分割すると、O自身が結果することになる（O/O＝O）。

2.8　したがって、あるものが分割されうるという仮定は、あるものの「全体が一にして連続である」という自同律ならびに無矛盾律に抵触する。

3．結論　それゆえに、「あるものが分割可能である」という仮定は却下される。ゆえに、あるものは全体として分割不可能である（シュムペラスマ）。これが証明されるべきことであった。

〔補注：この段階に至ってパルメニデスが大小・多寡をあらわす「不等式」表現を用いていることが注目される。ピュタゴラス・プラトン派の「より大・より小」との関連性を窺わせる事態である。が、そのことについて論究することは今は許されない。いずれにしても「真理」の領域に不等式表現がフィットすることはない。ゆえに、二三―二四行の「より多」・「より少」が登場する前段階において、すでに、「《ある》の縛り」としての「不可分割性」が機能していると見なければなるまい。〕

論証二：

〔まえがき：パルメニデスは断片八において「唯一種」論証を行なっていない。「あるもの」が「唯一種」であることは論証するまでもなく自明であると考えたのかもしれない。さらに、「ムーノゲネス」（μουνογενές）についてはテクスト上の異伝がある。が、わたしは、クレメンス、偽プルタルコス、エウセビオス、テオドレトス、フィロポノス、シムプリキオスに従って「ムーノゲネス」（μουνογενές）の読みを採る。そのうえで

「ゲネス」(γενές)を「種」を意味すると解する。そしてこれを「あるもの」について語られ思惟されうる「唯一の種」すなわち断片二・第一の道における「あるということ」(ὅπως ἔστιν, 断片二・三行)に関連させて解釈する。」

1. プロタシス　「あるものは語られ思惟されうる唯一の種である」。

1.1　断片二において女神は、探求されるべき道は二つしかない、と言う(断片二・三、五行)。

2. 帰謬法仮定　語られ思惟しうる二つの種がある、と仮定せよ。

2.1　それらのうち、「あるもの」の方は「真理」に適い、それゆえに言表し思惟しうる(断片二・四行)。

2.2　そして「あらぬもの」はあらず、指し示すことも知ることもできない(断片二・五―八行)。

3. 結論　しかるに「あるもの」と「あらぬもの」が両立することは無矛盾律によりありえない。ゆえに、語られ思惟されうるものは唯一種、あるもののみである(シュムペラスマ)。これが証明されるべきことであった。

論証三：

1. プロタシス「あるものは唯一種で、自己同一的である」。

1.1　あるものはあるものに密接する(二五行)。

1.2　定義：「OはOと密接する」とは「OはOと連続する(O・O＝O^n)」の謂《いい》であり、「OはOと連続する」とは「OはOと自己同一である(O≡O)」の謂である。そして、「OはOと自己同一である（O＝O）」とは「OをOから分け隔てる術はない」ということ、すなわち「Oは分割不可能である」との謂である（O/O＝O）。すなわち、（O^n＝O）≡（O＝O）≡（O/O＝O）である。

2.　帰謬法仮定　あるものがあるものに密接することはない、と仮定せよ。

2.1　その場合には、あるものが自らと連続して自己同一となることを妨げるような「より多なる何物か」、「より少なる何物か」が存在することになるだろう（二三―二四行）。

2.2　あるものが自己自身と密接して自己同一となる（O・O＝O）ことを妨げる何物かをXとYとせよ。そのときには、O≠X、O≠Y、かつX≠Yであるので、この仮定を充足させるOとXとY三者の関係は、X＞O＞YあるいはY＞O＞Xと表現されうるであろう。

2.3　しかるに、XとYは、ともに、あるもののOがO自身と連続して自己同一となること（O^n＝O）を妨げる「あらぬもの」（οὐκ ἐόν, 断片八・四六行）である。したがって、X＞O＞YあるいはY＞O＞Xが意味するのは、あるもののOはOであらぬXとYの両者と比較して、「より少・かつ・より多」、あるいは、「より多・かつ・より少」であるということになろう。しかるに、これは不合理である。何故なら、あるものがあらぬものとの比較において、「より少・かつ・より多」であるということ、あるいは、「より多・かつ・より少」であるということは矛盾しており不可能だからである。この矛盾は、「あるものが自らと連続して自己同一となることを妨げるような、より多なる何物か、より少なる何物かが存在する」という仮定から生じてきた。

3.　結論　したがって、無矛盾律により、帰謬法仮定（「あるものがあるものに密接することはない」）

は否定されなければならない。それゆえに、あるものは唯一種で自己同一である（シュムペラスマ）。これが証明されるべきことであった。

道標三：不揺（＝不動）

〔補注：「不揺」（アトレメス）は「不動」（アキーネートン）に等しい。「アトレメース」（ἀτρεμής）という形容詞は、「震える」「恐れ戦《おのの》く」等を意味する動詞「トレモー τρέμω」に由来する語である。したがって「アトレメス」は、「恐れ戦く必要のない」、「身近かに迫る脅威や危険に晒されていない」、「脅威や危険から安全に守られている」等を意味する。したがってこれは実質的に「アシュロン」（不可侵の）に等しい。それゆえ「あるものがアトレメスである」という論証は、「あるものがアシュロンである」と言うに等しい論証である。〕

1．プロタシス「あるものは自己同一的、無欠、全一的で完結しており、不揺（不動）である」（二六―三八行）。

1.1 あるものは自己同一的、無欠、全一的で完結しており、不揺（不動）である。

2．帰謬法仮定　可能ならば、あるものが不動でなく無始・無終でもない、と仮定してみよ。

2.1 あるものが不動でないという仮定は、「生成・消滅」を放逐したものが「正真正銘の論証＝無矛盾律」（ピスティス・アレーテース、二八行）であるという事実に違背する。それゆえに不合理である（不生・不滅論証1、2を参照）。

2.2 あるものは、必然の女神アナンケーによる「巨大な索具の縛りの内」（メガローン・エン・ペイラシ・デスモーン、二六行）、すなわちその「まわりを取り囲み守る」「縛りの索具の内」（ペイラトス・エン・デスモーイシン、三一行）に、自己同一的で無始・無終なもの（アナルコン・アパウストン、二七行）として留まる。

2.3　アナンケーの縛りは、「あるもの：不動性の縛り＝不動性の縛り：生成消滅するもの」というかたちでの三項比例式における「等比中項」として表現されている。「不動性の縛り」が「生成消滅するものども」を「あるもの」に縛りつけ、不動たらしめる。生成と消滅はともに、或る始点から或る終点への、一つの「今」から他の「今」への「動き」を意味するが、それらはすでに「遥か彼方へと追いやられて」（二八行）しまっている。したがってあるものが動かなければならぬいかなる充足理由も存在しない。

2.4　それゆえにあるものは、自同律により、「〔自己自身と〕同一なるものとして、〔自己自身がある今この時に自己自身と〕同一なるものの内に留まりつつ、〔自己自身がある今この場所に〕自己自身のもとにあり、そこに、確固として留まる」（二九—三〇行、不生・不滅論証1、2を参照）。

2.5　さらに、「あるもの」が「全きもの・不動なもの」（ウーロン・アキーネートン、三八行）としてありながら、しかも「完結してあらぬ」ことは、〔「充足理由律」からしても〕「法に適わぬ」（ウーク・アテレウテートン・ト・エオン・テミス・エイナイ、三二行）。

2.6　あるものが「完結してあらぬもの」（アテレウテートン、三二行）であるということ、すなわち「全きもの・不動なもの」であらぬということは、「あるもの」が「同一なるものとして、同一なるものの内に留まりつつ、自己自身のもとにあり、そこに確固として留まる」ということ（二九

—三〇行）に違背する。

2.7　あるものが「無欠のものとしてある」（エスティ・ガル・ウーク・エピデウエス、三三行）ということは、それが「全きもの・不動なもの」（三八行）としての自己同一性を保っているということである。この一点を欠くならば、あるものは「すべてを欠くことになるであろう」（三三行）。

2.8　何故なら、この一点を欠くならば、「思考され言表される物事」が「そこにありてこそ言の葉となる」もの（＝あるもの）もまた、自己同一性を欠くことになるであろうから（三四―三六行）。しかるに「あるもの」における「自己同一性」の欠如は、取りも直さず「あるもの」をめぐる一切の言表と思惟のまったき欠如を意味する。この一点を欠くならば「すべてを欠くことになるであろう」と言われた所以もまたそこにある。

2.9　したがって、あるものが「全きもの・不動なもの」（三八行）でないならば、「死すべき者・青人草どもが真と信じ措定したかぎりのすべての名前」（三九行）が、何の制限もなしにそのまま妥当なものとして世に流布される（カタ・コスモン、断片四・三行）ことになろう。その結果、「生まれくること・滅びゆくこと、あり・かつ・あらぬといふことも、場所を変へては移りゆき、輝ける色とり替へることも」（四〇―四一行）、そのまま世に流布され妥当とされることであろう。

3.　結論　だが、生成・消滅、場所移動や性質変化等は、「あらぬ」時すなわちヴァーチャルな線形時間軸上における「ある」と「あらぬ」の同時的成立を俟ってはじめて成り立ちうる事態である。モイラ女神が「あるもの」を、あらぬものを寄せつけぬ「全きもの・不動なもの」たらしめたと言われている所以もまたそこにある（シュムペラスマ、三七―三八行）。それゆえにあるものは自己同一的で、欠けることのない全体として完結しており、それゆえにまた不動である。これが証明されるべきことであった。

道標四：完結

1．プロタシス「あるものは完結しているがゆえに不動にして不可侵である」。

1.1　「この縛りは最終のもの（ペイラス・ピュマトン）なるがゆえ、あるものは完結しており（テテレスメノン）、いたるところまんまるい毬（球）のかたまりに似ている」（四二－四三行）。

1.2　あるの縛りとしての「完結性」のゆえに（エペイ）、不動にして自己同一的な「あるもの」が、「まんまるい毬（球）のかたまり」との三項比例関係にもたらされる（四二－四三行）。すなわちあるもの：完結性としてのあるの縛り＝完結性としてのあるの縛り：毬（球）のかたまりという三項比例式が成立する。

1.3　「A：B＝B：C」なる比例式において内項の積と外項の積は等しい。ゆえに“B^2＝AC”が成り立つ。この〝B^2〟の原義は辺（プレウラ＝因数）〝A〟と辺（プレウラ＝因数）〝B〟の「正方形化」（テトラゴーニスモス）すなわち「比例中項を求めること」（メセース・ヘウレーシス、アリストテレス『形而上学』九九六b一八－二一）に他ならない。『原論』八・二〇は言う、「二つの数の間に一つの比例中項数があれば、これら二つの数は相似な面積数である」、と。

1.4　「あるもの」と「毬（球）」の間に等比中項を挿入することによって、相互に通約不可能なもの同士を「等しいものへ」（エイス・ホモン εἰς ὁμόν）と「正方形化」することにほかならない。そのことは、四六－四七行「それ（あるもの）がそれ自身に到達するのを阻むところのあらぬものはあらぬ」（οὔτε γὰρ οὐκ ἐόν ἔστι, τό κεν παύοι μιν ἱκνεῖσθαι εἰς ὁμόν）という言葉によっても明らかである。「それ（あるもの）がそれ自身に（等しいものへと）到達する」（ἱκνεῖσθαι εἰς ὁμόν）とは、二五行「あるものはあるものに密接する」（ἐὸν γὰρ ἐόντι πελάζει）ならびに二三行「自身と連結する」（μιν συνέχεσθαι）と同様に、「あるもの」の累乗（O^2）が「あるもの」（O）に等しくある（$O \cdot O = O^2 = O$）ことを謂う。したがって、「それ（あるもの）がそれ自身に到達するのを阻むところのあらぬものはあらぬ」という命題は、明らかに、等式「$O \cdot O = O^2 = O$」の成立を阻む「あるもの」と「あらぬもの」の同時的両立可能性の否定（無矛盾律）を謂うものである。ゆえにここで焦点化されているのは「毬」のかたちではなく、「あるもの」の「不動性」、特に不動性の根拠となる「自己同一性」だということになる。

1.5　言うまでもなく、不変・不動の毬（球）のかたちなるものはない。眼にみえる毬（球）のかたちはすべて大きさがあり分割可能で、生成消滅する。それらは「あるもの」が充たすべき「不可分割性」「全体性」「唯一性」「連続性」「不動性」「自己同一性」のいずれの要件をも充たさない。

1.6　しかるに、完結してあるものは、他の何物をも必要とすることなく、「欠くるところなきもの」として自分自身で充足しており（三三行）不動かつ自己同一的である（三四行）。それゆえにあるものは「不可侵」（アシュロン）である（＝「不可侵性」の定義）。

2.　二重の帰謬法仮定　そこで、仮にいま、「あるもの」が自己自身と等しくなく、一方では「あるものより大（多）」、他方では「あるものより小（少）」なる何物かとの関係においてある、と仮定せよ（四四－四五行、四八行）。

〔**補注**：この二重の帰謬法仮定が、パルメニデスより約二〇〇年後に同じ南イタリアのシュラクサイで活躍したアルキメデスが、「球の表面が球の大円の四倍」に等しくなることを証明しようとして、「円Aを球の大円の四倍である」とした場合に立てたところの「もし、等しくないならば、より大きいか、より小さいかである」（εἰ γὰρ μή, ἤτοι μείζων ἐστὶν ἢ ἐλάσσων）と述べた二重の帰謬法仮定と寸分違《たが》わないものであることに注目されたい。〕

2.1　その二重の帰謬法仮定が矛盾することなく成り立つならば、「あるもの」の不動性・自己同一性は否定され、あるものが、自己自身以外のものとの比較関係において、「より大（多）」ないし「より小（少）」であることとなろう。その場合には、あるものは、自身よりは大（多）である一つの全体によって包摂される一部分となり、他方では自身よりは小（少）である一部分を包摂する三次元的一全体であることになろう。

〔このとき、パルメニデスは、みずからの立てた二重の帰謬法仮定に基づき、当時の数学者たちがやったように、足元の地面に砂を撒き、「大・小」「多・少」いずれにも当てはまる図を描いたであろう。そして、「より大・より小」あるいは「より多・より少」の対立的比較関係から帰結する矛盾のゆえに、「あるものは完結し不動にして自己同一であるがゆえに不可侵である」ことが結論される所以を、次のように論証してみせたであろう。〕

2.2　いま、あるものOよりも大（多）であるXが存在し、Oをみずからの部分として包含するとせよ。その場合には、X＞Oという不等式が成立するであろう。

2.3　このときOは、Oそれ自身よりは大（多）であるところのXによって包含される部分となるであろう。ゆえにOは、当然、Xの一小（少）部分であることになるであろう。

2.4　同様にして、Oそれ自身よりは小（少）であるところのYが存在するとし、Oによって包含されるとせよ。その場合には、O＞Yという不等式が成り立つであろう。

2.5　このときOは、Oそれ自身よりは小（少）であるところのYよりは大（多）である。したがってOは、Yをその小（少）部分として包含する一つの全体であることになろう。

2.6　さて、X＞OとO＞Yという二つの不等式が同時に成り立つケース（二重の帰謬法仮定の同時成立）を想定せよ。その場合には、X＞O＞Yという不等式が成立するであろう。

2.7　このとき、Yをその一小（少）部分とする全体であるOそれ自身は、同時に、Xの一小（少）部分でもあることになるであろう。すなわち同一のOそれ自身が、同時に、「一全体にして一部分であり・かつ・一全体にして一部分であらぬ」ことになるであろう。この「あり・かつ・あらぬ」は「矛盾」そのものを意味する。したがって、無矛盾律により、二重の帰謬法仮定は不合理である。それゆえに、Oが完結しているならばX＞O＞Yという帰謬法仮定は成立不可能となる。

3．結論　したがって、あるものは完結し、不動であり、自己同一的であるがゆえに、不可侵である（シュムペラスマ）。これが証明されるべきことであった。

第四章

思惑の道

パルメニデスとアルキメデス、そしてゼノンの逆理

断片八・四四－四五行においてパルメニデスは「あるもの」をめぐる「二重の帰謬法仮定」を措《た》てるに至った。そのとき彼は、たぶん、「円はその直径によって二等分される」という、伝統的にタレスに帰せられる命題を念頭に置いたであろう。

その命題は、後代になって、ユークリッド『原論』第一巻定義一七「円の直径とは円の中心を通り、両方向で円周によって限られた任意の線分であり、それはまた円を二等分する」[1]という命題のうちに組み込まれ、世に流布されることとなった。

この命題はしかし、『ユークリッド『原論』第一巻注釈』の著者プロクロスによれば、タレスその人に帰せられるべきものであった。[2]プロクロスは言う、「もしあなたがこのことを数学的に論証したいのであれば、円の直径となる直線が引かれ、〔その直線に沿って折り重ね合わされる〕一方（の半円）部分が他方（の半円）部分にぴったり合致するケースを想像してみられるがよい。そこで、もし一方が他方と合致しないなら、〔中心から円周に向かって引かれた〕直線は〔半円の〕内側にか、外側にか、くることになるであろう。そのいずれの場合にも、より短い直線がより長い直線に等しいことになるであろう。何故なら、中心から円周に引かれた直線はすべて等しいからである。それゆえ、より長い線がより短い線に等しいことになるであろう。これは不可能なことである。そこで、一方（の半円）は他方（の半円）にぴったり合致する。それゆえに、それらは等しい。したがって、直径が円を二等分する」[3]、と。

以下の**図12**では、半円とみなされるADBとAFBが、それぞれ、二重の帰謬法仮定に対応して、同様に半円とみなされるAEBの内側にくるケースと外側にくる二つのケースがともに示されている。円の直径ABの中点をCとすると、Cは円の中心となる。その場合、中心から円周までの長さはすべて等しいことがすでに前もって知られているので、仮定からして直線CD、CE、CFはすべて等しくならなければならない。（1）いまADBがAEBの内側にあると仮定すれば、CDはCEより小さい。したがって、「CEはCDに等しく、かつ、CDより大きい」ことになる。これは矛盾している。したがって仮定は否定されなければならない。（2）他方で、AFBがAEBの外側にあると仮定すれば、「CFはCEに等しく、かつ、CEより大きい」ことになる。しかしこれもまた矛盾している。したがって、この仮定もまた否定されなければならない。それゆえに、上記（1）（2）いずれの場合の帰謬法仮定にあっても、「円は直径によって二等分される」と結論されなければならない。

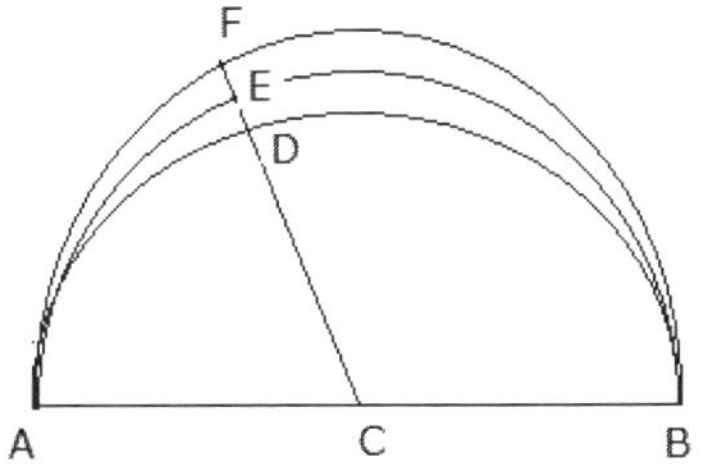

図12

さて、このように、断片八・四四－四八行におけるパルメニデスの「二重の帰謬法仮定」が、実際にタレスのやり方を継承するものであったとすると、その論証方法は、タレスとアルキメデス（前二八七？－前二一二年）を繋ぐ一つのミッシング・リンクであったのかもしれない。しかし、断片八における「二重の帰謬法」[4]におけるパルメニデスの意図ならびに結論は、アルキメデスのものとは全く異なるものであった。

パルメニデスが「二重の帰謬法仮定」によって証明しようとしたのは、「あるもの」の自己同一性、不動性、完結性が、「あらぬもの」との比較を絶した「不可侵」のものであることを確証することであった。これに対しアルキメデスは、〔現在からすれば微分積分学の先駆けともみなされうる〕「取り尽くし法」を援用して得た「球の表面積」の漸近的解（＝球の大円の四倍）の正しさを「二重の帰謬法」を用いて論理的に正当化しようとした。[5] 注目すべきは、同様の方法によってアルキメデスが、「円周」と「円に外接する正多角形」ならびに「円に内接する正多角形」三者間に

外接する正多角形の周の長さ＞円周＞内接する正多角形の周の長さ

という不等式が成り立つことを前提に、現在われわれが言う円周率πの値を小数点以下二桁まで精確に計算したことにある。[6]

パルメニデスとアルキメデスは、ともに、上の不等式の正しさを異議なく承認したであろう。しかしパルメニデスは、あくまでもロゴスに徹する哲学者として、外接・内接する正多角形の周の長さが円周の長さに完全に等しくなる時がくる〔ないしはむしろ、ある〕などとは決して考えなかったであろう。彼は、過去から未来へと延びひろがる線形時間の存在なるものを、したがってまた所謂「時間の流れ」の存在をも、帰謬論法的に否定したからである。これに対してアルキメデスは、世事に通じ円熟した数学的工学者として、外接・内接する正多角形の辺の数が増えれば増えるほど、それらの値

は正しい円周の長さに限りなく近づいてゆき、ついには、実際に、円周の長さに等しくなると考えてよいことになるはずだ、と信じたであろう。[7]

「ゼノンの逆理」が成立したのは、パルメニデスの帰謬論法的「ロゴス」がアルキメデスの工学的「計算」に切り替えられようとする、まさにこの道の途上においてのことであった。

パルメニデスの遺産としてのゼノンの逆理

プラトンがゼノンの書き物の由来について『パルメニデス』篇で語った物語は、フィクションであろう。だが、「ゼノンの逆理」が史的パルメニデスの帰謬論法を継承することなくしてありえなかったことだけは、確かである。

リーによれば、ゼノンの残存断片の主題は四種に分類される。（1）「多」、（2）「場所」、（3）「運動」、（4）「粟粒」である。[8]最後の「粟粒の逆理」は「多の逆理」に算入されてよいだろう。そして「場所の逆理」もまた、同様に、「多の逆理」のうちにカウントされうる。

ひとびとは、従来、「多の逆理」と「運動の逆理」を互いに独立したものと看做してきた。だがそれは、正しいとは思われない。「運動否定」は「多の否定」の系とみなされうるからだ。『パルメニデス篇注釈』においてプロクロスは言う、「ゼノンの論駁は、類似・非類似、一・多だけではなく、運動・静止にも基づくものであった。もしも一なくして多ありとすれば、同一物が同じ点において静止してもいるし動いてもいることになることを彼は証明してみせた」（七六九－七七〇）、と。[9]

「多の逆理」と「運動の逆理」は互いに独立ではない。「多の逆理」が主で、「運動の逆理」は従である。その有機的関連性を見失うと、「ゼノンの逆理と現代科学」で大森荘蔵が捉われたのと同じ錯覚に陥ることになる。大森はゼノンの「アキレス」について次のように述べた。

> この議論では奇妙な段取りがすぐに目に付くだろう。議論の目標である追いつきの不可能性に反してアキレスは一刻前の亀の位置に到達できることが議論の核心として立てられていることである。結論の否定が結論の証明に使われているのである。これを帰謬法の拡張であると見過ごすのは度を越えた寛容であって、この議論の底にある不安定な運動の概念が引き起こす亀裂であると言うべきである。[10]

と。「不安定な運動の概念」なるものによって大森が何を考えていたのかは、分からない。が、大森が「度を越えた寛容」と見たものは、明らかに大森自身の錯覚の産物である。何故なら、彼が「運動論駁」と見たものは、実際には、次のような帰謬論的「多の論駁」の一部だったからだ。即ちそれは

> 存在するものがもしも多であるならば、その多は、静止しているか動いているかいずれかである。しかるに、存在するものがもしも多であるならば、同じものが同時に静止してもいるし動いてもいることになる。しかし、同じものが同時に静止してもいるし動いてもいることはありえない。したがって多ではありえない。[11]

と表現されうる「多の論駁」の一部をなすものであったとみなすべきだからである。

大森が言うように、「結論の否定（=運動可能）が結論（=運動不可能）の証明に使われている」のではない。「結論の否定」と大森に思われたものは、ゼノンの論敵の主張の一部だったのである。つまり論敵の「多」の存在論[12]を退けるために、ゼノンは、論敵の「存在するものがもしも多であるならば、運動は可能である」という命題を、いったんは仮に認めておいて、その後件「運動は可能である」を帰謬論法的に否定することにより、前件で主張されている「多」の存在を否定した（後件否定式）のである。すなわちゼノンは、論敵の「多であるならば、運動は可能である」という主張に対して

多であるならば、運動は可能である
しかるに、運動は不可能である
ゆえに、多ではない

と、帰謬論法的に推論したのである。[13]

断片八におけるパルメニデスの帰謬法的思考

断片二、四、八で展開された史的パルメニデスの帰謬法的論証を、ゼノンは、師の教説を擁護するためにフル活用した。彼は「逆理」を公けにするに際し、独自に帰謬論法を編み出したのではない。彼はそれを、パルメニデスの「エレア的アルゴリズム」から引き継いだのである。

研究者たちはゼノンの帰謬論法に気を取られ、パルメニデスのそれに注目してこなかった。だが、帰謬法（*reductio ad absurdum*）なくして、如何にしてパルメニデスは「あるもの」の不可侵性を結論することができたであろうか。否定を否定して肯定の道を見出すという離れ業は、帰謬論法によってしか成し遂げられえないことだったのである。

断片六ならびに断片七における帰謬論法

断片八は、「ただひとつ、なお、道の話に　残れるは『あり』といふこと」という詩句（一－二行）で始まる。その詩行は断片七の最終行でもある。そして断片七は明らかに断片六に後続する。それゆえに断片六、七は断片八に直接に先行し、しかも、パルメニデスの帰謬論法との関わりにおいて読解されるべきものである。

断片六－三行末尾には欠如語がある。その欠如は、多くの研究者たちが言うように、〈εἴργω〉（妨げる、遠ざける）という動詞をもって補填されてしかるべきである。まずは断片六を取り上げよう。

断片六

言ひ・かつ・考へねばならぬ、「あるものあり」と。何となれば「ある」はあるも、
「あらぬ」はあらぬゆえ。こを、汝に吾は命ずるぞ、すべからく熟考すべし、と。
といふも、まずは、この〔あらぬ〕探求の道より、吾は汝を〈遠ざけむが〉ゆえ。
しかれども、これに続きて、〔吾は汝を遠ざけむ、〕何ひとつ知ることなき青人草ら

双つ頭ども、うろつき歩む、かの道からも。げに、そは、寄る辺なき非力の
この者どもが胸にありて、導ければなり、彷徨《さまよ》へる思惟を。その連れ行かるるや
聾《みみしひ》にして盲《めしひ》のごとく、呆然自失して、無分別なる、烏合《うごう》の衆。
思はれたるなり、この者どもには、あるとあらぬは同じくして
同じからず、なべてにつきて、逆向きの道これあり、と。

冒頭一－二行は断片二の主旨の、これ以上簡潔にしがたい要約とみなされうる。そして第三行は、断片二から導出されうる自明の帰結を述べるものである。問題は、四－五行にある。女神はここで、クーロス・パルメニデスに対して、いったい何を「斥けよ」と言っているのであろうか。

三浦要は、著書『パルメニデスにおける真理の探究』において、注目に値する発言をしている。「第二の虚偽の道の禁止と『真理の道』についての熟考とはどういう関係にあるのか」と三浦は問い直す。そして、断片七における「女神の勧告の構図」を再確認し、次のように言う。

断片6と同じように思考禁止が言い渡される断片7は、より積極的な勧告を伴っていた。断片7・5－6では、死すべき者たちの探究の道を思考することが禁じられた後で直ちに、「理《ロゴス》によってわたしから語られた、多くの異論を引き起こす吟味批判《エレンコス》を判定しなさい」と命じられている。「吟味批判を判定する」とは、女神による「思わく」の定式を検証することであり、つまりは「思わく」の欺瞞性・虚偽性を立証することである。そしてその吟味と立証の基準・根拠とな

るものが「ロゴス」すなわち断片2における探究の原理である。[14]

と。三浦の提言が妥当か否かを検討するために、断片七そのものを先に読んでおこう。

断片七

何となれば、そは決《け》して、手馴《てな》づけえざることなれば、「あらぬものどもあり」といふは。
されば汝《な》は、この探求の道より遠ざけよ、思惟を。
汝《な》が身に古く馴染《なじ》みたる習慣《ならわし》の、強《し》ふるにまかせ、この道を行き
見当識《あてど》なき眼や、聾《こだま》せる耳や
舌を徒《いたずら》に労することなく、ロゴスに拠りて判定《ことわけ》せよ、大なる打撃与ふるエレンコス
わが方《かた》より、語り出《いだ》されたるそれを。

断片七によれば、断片六・四―五行において女神がクーロス・パルメニデスに対して斥けるように命じた道、「双つ頭ども」がうろつき歩む道は、「あらぬものどもあり」とする「手馴づけえない」道と同定される。そして、この「手馴づけえない」道をいかにして斥けるかが問題とされる。そういう観点からすれば、『吟味批判を判定する』とは、女神による『思わく』の定式を検証することであり、つまりは『思わく』の欺瞞性・虚偽性を立証することである」という三浦の主張は、事理を得たもの、ということになろう。

だが実際には、求められているのは、たんに「思わく」の欺瞞性・虚偽性を立証することだけではない。それと同時に、「あるものがある」という命題を確証しなければならないのである。「決して手馴づけえない」「あらぬものどもあり」という命題の虚偽性・欺瞞性を論理的に明らかにして確実にこれを却下する、と同時に、返す刃《やいば》で「あるものあり」という命題をも確立しなければならないのである。その方途を、この文脈におけるパルメニデスは、「ロゴスによる判定」(κρῖναι δὲ λόγῳ)と呼ぶ。そして、その内実を、「大なる打撃をあたえるエレンコス」(πολύδηριν ἔλεγχον)と同定する。

その「エレンコス」が何を意味するものであるかは、すでに明らかなはずである。三浦はそれを「断片2における探究の原理」とみた。が、その主張は、「ロゴスによる判定」(κρῖναι δὲ λόγῳ)における“κρῖναι”という語句にとらわれ、間口が広すぎて精確さを欠くものとなった。

注目すべきは、断片七・三行の(1)“πολύπειρον ὁδὸν”と、五行の(2)“πολύδηριν ἔλεγχον”の対比である。女神はここでクーロスを、「何ひとつ知ることなき青人草ら　双つ頭ども(δίκρανοι)」(断片六・四―五行)が、「聾《みみしひ》にして盲《めしひ》のごとく、呆然自失して、無分別なる、烏合《うごう》の衆」のように歩みゆく「逆向きの道」(παλίντροπός . . . κέλευθος, 断片六・九行)から遠ざけるべく、それら二つの方途を、意図的に対比させている。その一つは(1)“πολύπειρον ὁδὸν”、他は(2)“πολύδηριν ἔλεγχον”である。それらの方途をテクストに即して字義どおりに対比させれば、(1)第一は、「汝が身に古く馴染みたる習慣の、強ふるにまかせ、この道を行き、見当識なき眼や、聾せる耳や　舌を徒に労する」ことになる方途、(2)そして第二は、女神が「自分の方から〔提案として〕申し出た」(ἐξ ἐμέθεν ῥηθέντα, 断片七・六行)「ロゴスに拠りて判定」する方途、すなわち双つ頭どもに「大打撃を加えるエレンコス」の二つになる。わたしは、この第二の方途を、帰謬論的「ロゴス」による論駁と同定する。ここで（1）"πολύπειρον ὁδόν"と（2）"πολύδηριν ἔλεγχον"の対比のあり方を焦点化して、断片六、七を合しての女神の発言を敷衍するなら、次のようになるであろう。

「おお、クーロスよ、おまえは、なまじっかなやり方ではなく、帰謬法に基づく『ロゴスによる判定』によって、『双つ頭ども』の『あらぬものどもあり』という命題を論駁せよ。」

（1）「というのも、『あらぬものどもあり』という命題は、容易に論駁できるような代物ではなく（断片七・一行）、いくらおまえが、狙いの定まらぬ目や耳や舌を総動員し、『ながらくなじんできたありきたりのやり方』（ἔθος πολύπειρον ὁδόν, 断片七・三行）に従って、なまじっかなことを言ってみたところで（断片七・四－五行）、『あるとあらぬは同じくして同じからず、なべてにつきて、逆向きの道これあり』（断片六・八－九行）と、たわけたこと（ἄκριτα）を言いつのる『双つ頭ども』（ディクラノイ）の、頑迷にして牢固たる信念を、打ち砕き翻意させるまでには至るまい。」

（2）「むしろおまえは、そのような中途半端なやり方は捨て去り、その連中の信念や言論に断固たる『大打撃』（πολύδηριν）を与え、彼らの『彷徨へる思惟』（断片六・六行）を根底から覆す『ロゴスによる判定』（ἔλεγχον）すなわち帰謬法的論駁によって、『逆向きの道』（断片六・九行）を往来し、『あらぬものどもあり』などと矛盾したことを放言する『双つ頭ども』の信念と言説を、そこに内在する矛盾のゆえに『不合理なり』と断定し、返す刃で『あるものあり』（断片六・一行）と肯定し主張するのだ。というのもそのときにこそ、『あるものあり』という命題は、『言いかつ考えねばならぬ』（断片六・一行）第一義的なこととして、確証されうることになるであろうから。」

「思惑」の基底構造

「ロゴスによる判定」は「帰謬論法的ロゴスによる判定」と即一であるということだ。女神は、その「帰謬論法的ロゴスによる判定」によって、一方では「双つ頭ども」の「あらざるものどもあり」という命題を却下し、それと同時に、「あるものあり」という命題を定立するのである。

しかし、これら二つの命題は、何故、そろって、「あり」で終わっているのか。「あるものあり」が「あり」で終わるのは、「《ある》の縛り」のゆえに必然である。また、その「あり」が「存在」を意味し、述定的「あり」でも真理表示的「あり」でもないことも、この文脈の統語論的構造からして、当然であろう。したがって問いの焦点となるべきは、「あらざるものどもが、何故存在しないのではなくて、存在することになるのか」ということである。充足理由を求めるこの問いは、「あらざるものどもあり」という命題が、否定さるべき帰謬法仮定であると解することによってはじめて、納得しうるものとなるであろう。

「あらざるものども」(μὴ ἐόντα, 断片七・一行)が、断片二・七行の「あらぬもの」(τό μὴ ἐόν)と同一視されえないことは明白である。一方の「あらざるものども」は複数であり、他方の「あらぬもの」は単数である。さて、「あらざるもの」が「無」を意味し、断片二・七行の「あらぬもの」と同定されうるとすれば、問題の複数形「あらざるものども」は、いったい何を意味することになるのか。複数の「無」が「有る」のか。複数形連尾辞「ども」は、二つ以上・そして・無限数の「存在物」に適用されうる。だが、「無いもの」には適用しえない。そして、エレア的アルゴリズムに言う

「冪乗法則」（＝指数法則）によれば、「無」の冪乗は「無」以外の何物でもない。

　では、「あらざるものどもあり」とは、いったい何を意味するのか。パルメニデスならばそれを、「正義（裁き）の女神ディケー」によって捕縛され、「足枷」（ペデー）に繋がれた「双頭」の囚人たちが、留置場のなかで最終判決（「ある」か「あらぬ」か）を待っている状態に喩えるだろう。断片八・一三―一五行において無名の女神は言う、「さればこそ、生成をも消滅をも、足枷（ペデー）に繋ぎて、正義の女神ディケーは、弛めるを断じて許さず、捕縛し給へり」、と。「ペデー」が「《ある》の縛り」（ペイラス）を意味することは、これまで、くどいほど述べてきた。その「《ある》の縛り」を比例中項として、「あらざるものども」は、「帰謬法仮定」として「あるもの」にしっかり繋留され、「帰謬法的ロゴス」による最終判決を待っているわけだ。

　断片四は、「あらざるものども」の拘留状態の「いま」をしるす記録とも読まれうる。その冒頭において女神は言う、「しかと見よ、ヌースもて、現前してあらぬものども（ἀπεόντα）をも、いま現にあるものども（παρεόντα）にひとしく（ὁμῶς）」、と。その主旨は明らかである。「あらぬものども」を「あるものども」に「等しく」みるとは、「あらざるものどもあり」、と言うに等しいからである。

あり・かつ・あらぬものども

「あらざるものどもあり」という命題を仕立て直して名詞化すれば、実なき「名」としての「あり・かつ・あらぬものども」が措定（ὀνομάζειν, 断片八・五三行）されることとなろう。

「あり・かつ・あらぬものども」という表現は、当然、『ソフィステス』篇におけるプラトンの所謂

「父親殺し」を想起させる。プラトンは同対話篇において、パルメニデスによる「ある」・「あらぬ」間のあまりにも厳格な峻別《しゅんべつ》と彼がみなしたものを却下すべく、「父親殺し」のそしりを受けることを覚悟して、「〈あらぬもの〉（非有）が何らかの点であること、他方逆に、〈あるもの〉（有）が何らかの仕方であらぬということ」[15]を立証しようと試みた。その事実は、プラトンのパルメニデス理解が生半可なものであったことを立証する。というのは、パルメニデスはすでに「あり・かつ・あらぬものども」を定式化し、そのことによって、「あるものども」を「あらぬものども」と、そして「あらぬものども」を「あるものども」と捉える視点を有していたからである。プラトンのように「類（＝イデア）としての《異》」をもちだすまでもなく、パルメニデスは「あらぬものども」を「あるもの」から区別し、その仮説的存在性を視野のうちにおさめていたのである。

死すべき者＝ブロトイ＝青人草

パルメニデスは「あり・かつ・あらぬものども」を「双つ頭ども」（ディクラノイ δίκρανοι）に準《なぞら》え、これを「死すべき者ども」（ブロトイ βροτοί）の呼称とした。わたしは、その「ブロトイ」を、『古事記』にならって「青人草《あをひとくさ》」と訳す。[16]

「ブロトイ」は「ブロトス」（βροτός）の複数主格形で、ホメロスでは「死すべき者」としての「人間」を意味する。が、同じ綴りでアクセントを異にする「ブロトス」（βρότος）は「血」、傷口からほとばしり出て、ねばねばした血糊、凝血となる「血」を意味する。

その「ブロトス」は「テューモス」（θυμός, 断片一・一行）、すなわち「いのち」「いき」「たましい」

と深い関わりをもつ。ホメロスの英雄たちは、戦場において「テューモス」をかけて戦う。そして、ある者は青銅の槍によって、ある者は剣や斧によって、「テューモス」を失う。傷口からほとばしり出る血液とともに、「テューモス」は肉体から抜け出し、飛散する。それと同時に死が訪れる。

それゆえ、「テューモス」が「いのち」や「たましい」と密接にかかわる何かであることは確かである。が、それは「不死」ではない。「テューモス」は、死と同時に破壊され解体される「たましい」や「いのち」に相当する。これに対し、不死で神的な魂があった。それをギリシア人たちは一般に「プシューケー」(ψυχή)と呼んだ。だから「テューモス」は、「プシューケー」との対比において、「気力・活力・生気の元」とでも言うべきものであった。

流血とともに身体は脱力化する。「気力・活力・生気の元」としての「テューモス」が喪われるからである。これが失われると、本来が神的で不死である「プシューケー」もまた肉体を離れ去り、あの世（ハーデース）へと旅立つ。これが、ホメロス的世界における死である。「死」と「流血」は、ホメロス的世界では互いに密接不離な関係にあった。だからこそホメロスは、元々は「モルトス」(μορτός=mortal)に由来するかと思われる「ブロトス」(βροτός)を、「ブロトス」(βρότος＝血に関係する、流血の)という語にかけて、両義的に理解したのである。すなわち「血をもって生きている者」即「死すべき者」と理解したのである。

ギリシア人は神々と人間を、「不死なる者」と「死すべき者」として峻別した。が、その区別はまた、種類の異なる二つの血の間の違いによる、とも考えられた。『イーリアス』第五巻三三九行以下に、女神アフロディテーがテューデウスの子ディオメーデースによって槍で傷つけられる場面が出てくる。そのときアフロディテーの柔肌からほとばしり出たのは「不死の血」すなわち「イクォール」であった。

ギリシア人のそのような考え方の根底に、一種の「無常観」「はかなさ」の意識が底在していたことを忘れてはなるまい。それゆえにこそギリシア人は、「人間」を「ブロトス」と呼んだのであろう。傷口から噴き出した鮮血は、しばらくすると変色し、凝固し、乾燥し、かさぶたになり、粉々になり、やがて、跡も留めず飛散する。一陣の風に舞い散る木の葉のように。それゆえにホメロスは歌う、「まことに、木々の葉にこそ、似たるかな、人のやからは」（『イーリアス』第六巻一四六）と。

ギリシア人のこのような意識には、古代日本人が「人民」「常民」「蒼生」を「あをひとくさ」（青人草）と呼んだのと一脈相通ずるものがある。葦《あし》の葉のように勢い盛んに生い茂る「ヒト」といえども、「時」を経れば、無惨や、やがて枯れ葉となって風に舞い散り、最期を迎える。わたしが「ブロトス」を文脈に応じて「青人草」と訳すゆえんはそこにある。

現存パルメニデス断片全体のなかで「ブロトス」系の語が現れるのは次の五つの文脈においてである。

断片一・三〇行 βροτῶν δόξας（ブロトスどもの思惑）
断片六・四行 βροτοὶ εἰδότες οὐδέν（何事も知ることなきブロトスたち）
断片八・三九行 ὅσσα βροτοὶ κατέθεντο πεποιθότες εἶναι ἀληθῆ（ブロトスたちが真と信じ定めたかぎりの）

断片八・五一行 δόξας δ᾽ἀπὸ τοῦδε βροτείας（ブロトス的な思惑）
断片八・六一行 βροτῶν γνώμη（ブロトスたちの知見）

これらすべての事例が、知識論ないし認識論的文脈内でのそれであることが注目される。忘れてならないのは、これらがブロトスたちの「思惑」と「錯迷」に関わるものであるということである。断片八・五〇行における女神の突然の宣言「これをもちて、吾《あ》は終えむ、汝《な》がための真理をめぐる信ずべき言説と思想につき、語るを。これより後は学び知れ、死すべき者らの思惑（δόξας βροτείας）を、わが叙《の》べ歌の惑《まど》わしの、語の組み立て（コスモン・エモーン・エペオーン・アパテーロン）を聞き分けつ」は、「思惑」を「真理」から分かつ決定的分岐点がどこにあるかを告げるものである。

「コスモン・アパテーロン」（κόσμον ἀπατηλὸν）という語は、両義的である。この語は、死すべき者青人草（ブロトイ）の立場からすれば「組み立てはすこぶるよろしくみえる」ものの、女神の立場からすればその裏面に欺きと企みを秘めた言葉の並び（κόσμον ἐπέων）にすぎない。青人草が構想し描写する世界秩序のありようは、女神の目からすれば、「まことしやかな全世界秩序連環」（ディアコスモン・エオイコタ、断片八・六〇行）以外のものではないのである。

注目すべきは「ディアコスモス」（διάκοσμος）という語が、元々、軍事用語であったという事実である[17]。レウキッポスやデモクリトスの著作の題名として現れるこの語のニュアンスを考慮して「全世界秩序連環」と訳したが、元来、「ディアコスモス」（διάκοσμος）は、すでに出来上がっている世界秩序を指すのに用いられる「コスモス」（κόσμος）という語に比し、どちらかというと時間的な経過における世界や宇宙秩序の形成の一貫して動的な働きを示す特色をもつ。そしてその特色は、元々、この語が軍隊の布陣に関連して用いられてきた事情に由来する。ホメロスは「ディアコスメオー」（διακοσμέω）という動詞を「陣構えする」こと、すなわち軍隊を整列させたり、集合させたり、点呼したりする状況において使用し、[18] トゥキュディデスも名詞「ディアコスモス」を「戦線の形成」という意味で用いている。[19]

戦線は二軍の対峙を予想する。そのようにブロトスどもも、目に見え知覚しうる「二つの形態」（モルファス・デュオ）を措定する。断片八・五五－五九行において女神はその事態を、

　すなわち彼ら、反対対立する姿形を選り出して、付与したりけり、標識《セーマタ》を、
　おのおの別個に。一方ではアイテールの火の、燃え立つ炎、
　穏やかにして、きわめて軽く、自己自身とは、全面的に同一なるが、
　他方とは同じならぬを。しかれども、その相方を、彼らは措てぬ。それみずからは
　先のと正反対の、暗き夜、濃密にして重き体軀《デマス》を。

と伝える。その結果、断片九の言うところによれば、

　さりながら、ここにひとたび、すべてのものが「光」と「夜」と名づけられ
　それぞれの力能に応じ、あれやこれやに割り当てられし、そのうえは、

宇宙全体は、同時に、「光」とあやめ分かたぬ暗き「夜」もて充たされたるなり
両者等しき割合に。といふも〔「光」と「夜」の〕いずれをも、分有せざるものなかりしがゆえ。

という仕儀となる。だが、まさにこの点において、すなわちひとつではなくふたつの形態にそれぞれ独立したセーマタを与え、「命名作用」の基礎とした点で、彼らは「思惑」の道へと「さまよいでてしまった」（断片八・五四行）のである。

パルメニデスがブロトスたちを論難するときには、つねに、なんらかの点での「知」への定位のあり方を問題にする。いっそう精確に言えば、パルメニデスは、ブロトスのブロトス性を「知」の探求における「彷徨」（プラネー）という点で論難するのである。その力点はひとえに、「知」の探求におけるブロトスどもの「迷い」「錯誤」「目当てなき彷徨」が何に由来するかという点に置かれている。

双つ頭ども

断片六・四－五行において女神は、「何ひとつ知ることなきブロトイ」を「双つ頭ども」（ディクラノイ δίκρανοι）と呼び、激しく嘲罵する。そしてクーロスに勧めて言う、おまえは、これら「双つ頭ども」がうろつき歩む道を避けなければならない、と。だが、いったい何故、死すべき者・青人草たる人間は、「双つ頭ども」に擬せられ、何故また、クーロスは、これら怪物どもの歩む道を避け、遠ざけなければならないのか。

「ディクラノイ」は、「二つに」「双方に」を意味する副詞「ディス」（δίς）と「頭」「頭蓋骨」を意

味する「クラニオン」（κράνιον）から合成された名詞である。が、パルメニデス以前の史料に「ディクラノス」（単数）ないし「ディクラノイ」（複数）という語が使われたためしはない。したがって、これはたぶん、パルメニデスによる造語であろう。[20] しかし、この語を用いてパルメニデスが何を言おうとしたかは、すでに十分明らかなはずである。この語によって彼は、「あり」・「あらぬ」二つの方向に裂けて惑う死すべき人間どもの「頭」、その迷妄、その無知、その不決断、その混乱、その非論理ぶりを、揶揄《やゆ》し、嘲《あざけ》り、罵倒し、批判しているのである。

ここで想起されるのは、「ディクラノイ」という語に関連してマンスフェルトが、レスボス島エレソスの女性詩人サッポオの

> 知らず、いづかたへとか走りゆかむを。
> わが思ひ二つに裂くる。

という詩句を引き、これに「無知」「非力」そして「二つに分裂する」思いが看取されると指摘したことである。「ディクラノイ」という語に込められているのは、人間の「非力さ」（アメーカニエー ἀμηχανίη）の自覚だというわけである。ピンダロスの『ピュティア祝勝歌』第八歌の

> はかなき者どもよ、こは、そも何者であり、何者であらぬか。
> 影の夢よ、人は。（九五―九六行）

という詩句によって表現されているのも、おそらくは同じ自覚であったであろう。
「影の夢」と言い、「双つ頭」と言う。形容は異なる。だが、それらの内実は同じである。その内実をわたしたちは、パルメニデスにならって、「ある」と「あらぬ」を截然《せつぜん》と区別しえず、結局は混同してしまう「非力さ」（アメーカニエー、断片六・五行）に求めることができるだろう。ピンダロスは「こは、そも何者であり、何者であらぬか」と問い、「影の夢」と答えた。その答えはしかし、問いそのものを撥無《はつむ》する。何故なら、あるともあらぬとも言えないものこそ「影の夢」であるからだ。「影の夢」は、あるかなきかの存在性をしかもたぬ。それは「有」と「無」に境するもの、「あり・かつ・あらぬものども」である。それゆえ「影の夢よ、人は」というピンダロスの結句は、人間の本質を「矛盾」に還元するものに他ならなかったと言えよう。まさにこの同じ事態を、パルメニデスは、「双つ頭ども」として形象化するとともに、その存在のありようならびに思考の特質を、いっそう論理的に、「あるとあらぬは同じくして　同じからず、なべてにつきて、逆向きの道これあり」（断片六・八－九行）と表現したのである。

　しかし、何故、青人草らは、「逆向きの道」を彷徨するのか[21]。パルメニデスは言う、「ディクラノイ」とは、「ものが生まれてき、現にあり、成長し、死んでゆくであろう」世界の実在性を固く信じて疑わない人間である、と（断片一九）。その普通の人間こそは、パルメニデスによれば、「逆向きの道」を彷徨する「双頭」の怪物に他ならないのである。彼らの双つ頭は、道祖神ヘルメス（＝ヘルマ）の頭のように、「ある」と「あらぬ」二方向を向いているのだ。したがって彼らにとっては、「ある」道へと一歩を進めることは同時に「あらぬ」道から一歩引き退くこととなる。その論理は「二つ」に裂けている。それゆえ、その論理によって導かれる彼らの歩みもまた、つねに「ある」と「あらぬ」二極間を彷徨し、蛇行する。[22]

「ディクラノイ」(δίκρανοι)についてコクソンが、興味深いことを言っている。「これは、これまで注目されてこなかったけれども、たしかに、双頭で弱視の(すなわちτυφλοί〔断片六・七行、目の見えぬ、盲目の〕)、名前のとおり、どちらの方向へも無差別に動く、《アムフィスバエナ》(ἀμφίσβαινα＝「両方向に進む」という意味)と呼ばれる、伝説上の小さな蛇への言及である」、と。[23]

古代ローマの詩人マルクス・アンナエウス・ルカヌスは、ギリシア神話の英雄ペルセウスが、斬り落としたメドゥーサの首を片手にリビア砂漠を越えていったとき、その生首から滴り落ちた血液から、双頭のアムフィスバエナが生まれてきた、と言う。パルメニデスが知っていたかもしれない「双頭の蛇」は、たぶん、このような伝説上の「アムフィスバエナ」であっただろう。[24]

「ディケファロス」という、民衆の間に伝わってきたギリシア語がある。「ディ」は「二つ」、「ケファロス」は「頭」、したがって「ディケファロス」とは「ディクラノス」と同じで、「双つ頭」を意味する。が、この「双つ頭」の正体は、「死体を食べる蛇」である。『ギリシア詞華集』に収録されている俗謡二四四にその蛇が出てくる。ことのついでに、わらべうた風に訳しておこう。[25]

　ほら、蛇がきた、双つ頭の亡者喰い。
　ほら、座ってる、亡者さんの枕元。

亡者さんは言ったとさ、言うんだとさ
――蛇さん、あたいの手、食べないで。お別れするのに、お手々がいるの。
――蛇さん、あたいの足、食べないで。お散歩するのに、アンヨがいるの。
――蛇さん、あたいの目、食べないで。ものを見るのに、お目々がいるの。
――蛇さん、あたいの口、食べないで。お喋りするのに、おクチがいるの。

錯迷の道としての「二」

「彷徨《さまよ》へる思惟」（断片六・六行）が導きゆく先、それは「まことの確信」（断片一・三〇行）でも「真珠なす真理の揺るがざる心」（断片一・二九行）でもない。「破滅」と「死」（断片八・四〇行、断片一九・二行）である。

その結末は、断片六の女神が言うところによれば、死すべき者・青人草・双つ頭どもが犯した二つの根本的あやまちに起因する。第一のあやまちは、彼らが、禁じられた「あらぬ」道を行き、あまつさえそれに続けて、「あらざるものどもあり」の道を行くという第二のあやまちを犯したことにある（断片六・三–五行）。そのあやまちこそが、彼らをして「二つの形態」即「アイテールの火の燃え立つ炎」（断片八・五六行）と、これと「正反対の、暗き夜、濃密にして重き体軀」（断片八・五九行）を選び出させ、各々別個に標識《セーマタ》を付し命名させるという、根源的「錯迷」へと至らせたのであった（断片八・五三–五六行）。

だが、「錯迷」の起原（断片八・五四行、ἐν ᾧ πεπλανημένοι εἰσίν）としての「二」は、断片八・五三

―五九行に至ってはじめて登場するわけではない。「あるもの」の道標をめぐるパルメニデスの論証は、すべて、「あらざるものども」としての「二」を帰謬法仮定として前提し、これを却下することによって「あるものあり」へと飛び上がる踏み台、スプリングボードとなっている。

帰謬法仮定としての「二」の本性

ここではひとまず、「二」の本性を再確認しておこう。

正義の女神ディケーは、原初的で絶対的な「今」（ニューン、断片八・五行）を縛りの具（ペイラス）として、「今」を共有する二つの領域、すなわち「思惟の対象となるもの」の領域と論敵どもが措定した「思惑の対象となるもの」の領域を比例的に一体化して捉える枠組み構成を敷設する。その枠組みにあって「あるもの」を規定する原初的で真に「ある今」と「生成・消滅」につねに相伴う二つの「あらぬ今ども」が、「ある‐か‐あらぬか」という軛（拘束具＝ペデー）の下に捉えられ繋がれる。その結果として、エレア的無矛盾律に基づいて「あらぬ今ども」が「ありえざるものども」として否定・消去され、「あるもの」の「不生・不滅」性が論結される。

想起しよう、断片八・五‐六行において「あるもの」は、「今このときに、すべて一挙に　一にして、連続せるものとして、ある」と言われたことを。その原初的で絶対的な「今」（ニューン）こそは、「《ある》の縛り」を体現するものとして、断片八におけるすべての論証の第一義的出発点となるものであった。他方で、生成・消滅するものごとはすべて、必ず、二つの「あらぬ今」を伴って起こる。「生成する」始点と終点を印す「今」、そして、「消滅する」始点と終点を印す「今」である。「生成・消滅」ということには、必ず、「過ぎ去って既にあらぬ（過去の）今」と「来たらむとして未だあらぬ（未来の）今」とが相伴う。「生成・消滅」とは、現には「あらぬ」二つの「今」どもを始点・終点共通の端点として生ずる「惑わし」（断片八・五二行）の事柄である。そもそも「生成・消滅」という過程的で動的な事態は、パルメニデスによれば、これら二つのあらぬ端点としての「今」の間に延び広がる、「空間」まがいの「線形時間」を舞台とすることなしには成り立たないことなのである。

「二」の本性をめぐっていま述べられた事柄は、「あるもの」の「分割不能性」論証、「不動性」論証、「無始・無終性」論証、「完結性」論証のすべてについてあてはまる。「分割可能性」という帰謬法仮定は、「あるもの」が自分自身と連続・一体化して同質な状態を保ちうることを妨げる何物かが、少なくとも「二つ」、存在することを前提する。そして、「あるもの」が「始まり」と「終わり」をもち、「運動」したり「性質変化」を起こしうるということもまた、「あらぬ二つの今がある」ことを想定しなければ成り立たない。

「二」のアポ〔プ〕トーシス

「思惑」世界において、ものが、あり・かつ・あらず、生まれ・滅び、場所Aを変えてBへと移りゆき、明るい色を暗い色ととり替える（断片八・四〇－四一行）という事態は、現代生物学が教える「プログラムされた細胞死」（アポ〔プ〕トーシス ἀπόπτωσις）を思わせる。その事態を、パルメニデスは、断片一九において、「これらのものは、思惑によれば（κατὰ δόξαν）、かくのごと生まれきたって、現にあり、これより後も成長しゆき、終わりを遂げることならむ」というふうに表現する。「生・滅」という「思惑」世界で成り立つ事柄は、女神によれば、「ある」と対極をなす「実なき名目」にすぎない。それらは二つの「あらぬ今」、すなわち「生」の始点と終点を印す「あらぬ今」ならびに「滅」の始点と終点を印す「あらぬ今」が存在することを前提する。しかもそれらの「あらぬ今」は、それぞれに、同一であると同時に異なるものであるのでなければならなかった。何故なら、もしもそれらが相互に異ならず、同一であるとするならば、ライプニッツの言う「不可弁別者即同一の原理」により「生」と「滅」は同一者となり、その結果、「生・滅」という範疇そのものが雲散霧消してしまうことになるからだ。断片六・八－九行において女神が「思はれたるなり、この者どもには、あるとあらぬは同じくして　同じからず、なべてにつきて、逆向きの道これあり」と言った所以はそこにある。

「逆向きの道」

科学哲学者大森荘蔵が、著書『時は流れず』収録の同名論文[26]のなかで、面白いことを言っている。ゼノンの逆理を援用して、大森は、長い間人類を呪縛してきた「時の流れ」なる「ドグマ」を否定しようとして、「時間軸上の点運動」の逆理をもちだす。

点Xが位置Aからそれと異なる位置Bに動く、これが点運動の基本形である。だが位置とは点でしかありえないのだから、点Xが位置Aにあるとは点Xイコール点Aということでしかありえない。同様に点XイコールBということにならざるをえず、その結果異なる二点AとBとが同一という矛盾を生じる。

それゆえ、と大森は結論する、点Xが点位置Aから点位置Bへ移動することは不可能である、と。

分かりにくいかもしれない。説明の便宜上、簡単な図を描く（図13）。図は、謂うところの、点Xの点位置Aから点位置Bへの移動を表わす。

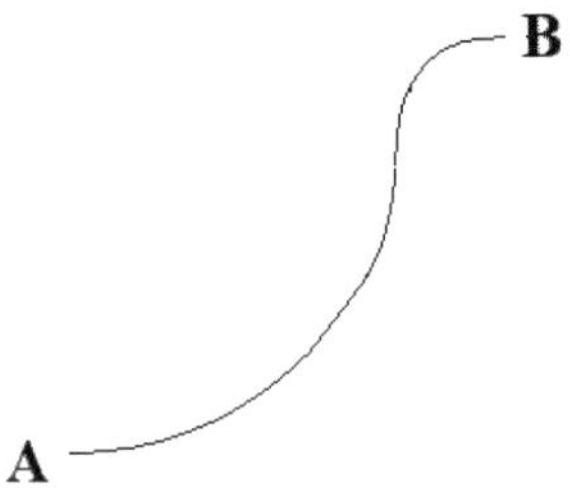

図13

大森が言っているのはこういうことだ。つまり、点Xが点位置Aにあるとき、点X＝点Aであり、同様に点Xが点位置Bにあるとき、点X＝点Bであらざるをえない。その結果、必然に、異なる二点AとBは同一の点であらざるをえない。したがって点Xが点位置AからBへと移動することはありえないことである、と。

間違いなくこれは、ゼノンないしパルメニデスの目からみた「点運動」のパラドクスである。大森のことばを、もう少し分かりやすく解説してみよう。

いま仮に、点位置Aから点位置Bへの点Xの移動が可能であった、と仮定してみよう。その場合、大森流の考え方に従えば、その点移動は次のような条件の下で起こったものと考えられなければなるまい。すなわち「点Xが点位置Aにあるとき、点Xは点Aと同一の点であって・かつ・点Bと同一の点であらず、同様に点Xが点位置Bにあるとき、点Xは点Bと同一の点であって・かつ・点Aと同一の点であらぬ。このようにして点Xと点A、そして点Xと点Bは、それぞれ、互いに、同一の点であり・かつ・異なった点としてあらねばならない」、と。

　これすなわち、女神の言う「あるとあらぬは同じくして　同じからず、なべてにつきて、逆向きの道これあり」ということ以外のなにものでもない。[27]

「思惑」の世界

　断片八・五〇行において、女神は突如、「あるもの」の道標をめぐる論証を終える。そして死すべき者の「思惑」について語りはじめる（断片八・五〇－六一行）。

さて、これをもちて、吾《あ》は終えむ、汝《な》がための、真理をめぐる
信ずべき言説と思想につき、語るを。これより後は学び知れ、死すべき者らの思惑を
わが叙《の》べ歌の、惑わしの、語の組み立てを、聞き分けつ。
かく言ふは、かの者ら、二つの形態《かたち》を、おのが知見に依り頼み、命名せむと立てにしが
それらのうちの一つだに、あるべき謂われなきものを。彼ら、錯迷に陥ちし所以、ここにあり。
すなわち彼ら、反対対立する姿形を選り出して、付与したりけり、標識《セーマタ》を、
おのおの別個に。一方ではアイテールの火の、燃え立つ炎、
穏やかにして、きわめて軽く、自己自身とは、全面的に同一なるが、
他方とは同じならぬを。しかれども、その相方《あいかた》を、彼らは措《た》てぬ。それみずからは

先のとは正反対の、暗き夜、濃密にして重き体軀《デマス》を。
吾は語らむ、汝《な》がために、その世界秩序の連環の、まことしやかなる全容を、
死すべき者らの誰ひとり、知見にかけて、汝《な》を凌駕せむこと、なからしめむがため。

女神はここで断言する、青人草どもの構想は「まやかし」にすぎず、「錯迷」の産物以外の何物でもない、と。しかもその「錯迷」の産物にすぎないものを、彼女は断片一掉尾において、「しかれども、これらをも汝《な》は学ぶべし、思惑さるるものどものまさしくありと言ふべかりしは、万有を貫きわたる《全》のゆえにぞ」、と勧奨する。だが、いったい何故、クーロスは、「まやかし」や「まどわし」の類にすぎないものを、学ぶ必要があるのであろうか。「学ぶべし」ということによって、女神は、いったい、何を言おうとしているのであろうか。二つの可能性がある。

(1)「真理」と「思惑」の相関関係の意味は、「万有を貫きわたる《全》」の観点に立脚して学ぶのでなければ、明らかにならない。

(2)「思惑」が「まどわし」である所以は、それを「真理」との関連において学ぶのでなければ明らかにならない。

(1)はしばらく措こう。まず、(2)について考えてみよう。「まどわし」の「まどわし」たる所以は、「まどわし」ならぬ「まこと」のことに照し合わせることによってはじめて明らかとなる。しか

し、「まどわし」といっても多種多様である。が、それらがまさに「まどわし」であると判別されうるのは、「オリジナル」「本物」と照合されることによってのみである。ダイアモンドと見紛《みまが》うものに「ジルコン」、「キュービックジルコニア」、「モアサナイト」といったものがある。それらがダイアモンドであるか否かは、それらの硬さを調べることによってしか分からない。ダイヤモンドの硬さ（モース硬度）が最高値の10であるのに対し、例えばモアサナイトの硬度は9・25－9・5である。

或るものが「まどわし」のものであるか否かは、「オリジナル」と照らし合わさないかぎり分からないのだ。このようにして、ブランド商品をあまりに安く手に入れて不安になったひとたちは、シリアルナンバーを調べたり、購買した店に問い合わせたり、息を吹きかけて磨いてみたり、咬《か》んでみたりするわけである。だからこそ女神は、「しかれども、これら（ταῦτα）をも汝《な》は学ぶべし」、と言ったのである。

いま言及した断片一・三一行の「これら」と訳された“ταῦτα”を単数と解し、「これ」とか「このこと」と訳すことは、文法的には可能である。が、この文脈における“ταῦτα”を単数と解《と》るのは、大きな誤解の元である。何故なら、問題の“ταῦτα”は、もともと指示代名詞“οὗτος”の中性複数対格形で、直接に、当該三一行末に出てくる複数形の「思惑さるるものども」（τὰ δοκοῦντα）を指すからである。しかも、その「思惑さるるものども」を単数と解することは決して許されない。何故ならそれは「あらざるものども」、すなわち「二」を指しているからだ。

だとすれば、「まさしくありと言ふべかりし」（χρῆν δοκίμως εἶναι）という表現もまた、一考を要することになる。そもそも一体「双つ頭ども」を他にして、誰が、「あらざるものども」を「まさしくある」（δοκίμως εἶναι）などと考えるであろうか。間違いなくそれは、「彷徨へる思惟」（断片六・六行、πλακτὸν νόον）に導かれるまま、「ある・と・あらぬ」を「同じで・そして・同じでない」と考える「双つ頭ども」（断片六・五、八－九行）であるだろう。

死すべき者・青人草の根源的錯誤

女神はそのことを、次の二ヵ所において指摘している。

①断片八・三八－三九行：「これゆえに、死すべき者・青人草らが、真と信じ措《た》てしかぎりの、名前はすべて与えられけり。」

②断片八・五三－五四行：「かく言ふは、かの者（＝青人草）ら二つの形態を、おのが知見を頼りとし、命名せむと措《た》てにしが、それらのうちの一つだに、あるべき謂われなきものを。彼ら、錯迷に陥ちし所以、ここにあり。」

特に重要なのは、①における「これゆえに」と訳された関係副詞"τῷ"である。"τῷ"はふつう「それゆえ」とか「そこで」とか「したがって」と訳される。が、この文脈における"τῷ"をそう訳すと、"τῷ"に直接先行する「運命の女神モイラがこれを縛めて、全きもの・不動のものとなしたるがゆえ」ならびに直接に後続する「すべて名前は与えられけり」（πάντ᾽ ὀνόμασται）との関係が意味不明となる。そこで多くの研究者たちは、問題のテクスト"πάντ᾽ ὀνόμασται"を"πάντ᾽ ὄνομ᾽ ἔσται"

(すべては名前であるだろう)と、未来形に読み替えるにようになった。[28]
　その読み替えによって、たしかに、三八行"τῷ"で始まり四一行「輝ける色とり替へることも」で終わる詩行は、それに先だつ「運命の女神モイラの縛り」に直接的に連結されることになるだろう。だが、所詮は、それだけのことである。その読みは再びコンテクストと遮断されることになる。何故なら、その読みは、三八行"τῷ"で始まり四一行「輝ける色とり替へることも」で終わる詩行を、すぐ後に続く四二行「さりながらこの縛りは、究極のものなるがゆえ、〔あるものは〕完全無欠にして」以下の詩行にストレートに繋がりえないものにしてしまうだろうからである。

　要するに、"τῷ"で始まり「輝ける色とり替へることも」で終わる三八－四一行の詩行ブロックは、それを挟む前後の文脈に対し、どうみても違和的な関係にある、ということだ。その違和感を解消しうる方途はひとつしかない。つまりはそれを、女神による青人草どもへのあてこすり・辛辣な皮肉の類と解することである。問題の"τῷ"は、そのためのまさにうってつけの語であると言えよう。ギャロップは"τῷ"を"wherefore"と訳した。[29] 絶妙の訳である。"wherefore"は"whereto"を思わせ、そして"whereto"は、この場合、死すべき者どもによる「あるもの」への誤ったオリエンテーション(方向定位)を含意することになるからだ。つまり青人草どもは、「あるもの」を標的として狙いながら、内容的には誤って生成・消滅するものども、すなわち「あらざるものども」(＝「二」)を措定してしまったことになるのだと、女神は皮肉り、あてこすっていることになるわけである。

　②における死すべき者・青人草どもによる「二つの形態」の設定もまた、女神からすれば、「彼ら錯迷に陥ちし所以」(ἐν ᾧ πεπλανημένοι εἰσίν)と言われていることからも明らかなように、彼らが犯

した「あやまち」に起因するものと見ることができる。それゆえに、青人草らによる「全世界秩序連環」の構成もまた、所詮は、文字通り「まことしやかな」ものにすぎないこととなる。

　ここで①②を合わせて結論すれば次のようになろう。即ち、死すべき者・青人草どもは、「一」を狙いながらも「二」（＝「多」）を射当て、そのことによって「根源的錯迷」に陥ってしまったということである。

「錯迷」のメカニズム

　青人草らが「根源的錯迷」に陥ったのには、それなりの理由がある。断片六において女神はクーロス・パルメニデスに、おまえは「否定の道」（*via negativa*）を行き、（1）「あらぬ」道のみならず、（2）「あらざるものども」（＝「二」）をも帰謬法的に否定し、「あるもの」をその本源的姿（＝「《ある》の縛り」）へ還元せよ、と忠告した。その忠告をそのまま遵守していたなら、青人草どもは必ずや「あるものあり」という結論に達し、「あらざるものどもあり」と言明することはなかったであろう。しかるに彼らは、「あらざるものどもあり」という命題を否定しなかった。逆に彼らは「あらざるものどもあり」という命題の「あり」という動詞を主語として措定し直し、元の命題「あらざるものどもあり」を「あるもの（＝《一》）はあらざるものども（＝《二》）から成る」と思惑するに至ったのである。

　青人草どもは、（1）と（2）をともに否定した後に残るパルメニデスの「不生にして不滅、全体にして、唯一種、揺らぐことなく、完結」（断片八・三－四行）した「あるもの」を、誤って、「相互に異なる二つの構成部分」から成る無限に分割可能な延長体としての「一全体」とみなすに至ったわけである。その「一全体」を「1」で、「相互に異なる二つの構成部分」をそれぞれxとyとしよう。そのとき青人草らはこの事態を、「1＝xy」という等式の下に捉えたことになるだろう。

「思惑」世界の構造

この「一全体」なるものが女神の言う「あるもの」と似て非なるものであることは、「1＝xy」を「y＝1/x」に変形してグラフを描けば一目瞭然となる。y＝1/xによって定まる点をプロットしてゆけば分かるとおり、そのグラフは直線ではなく、「双曲線」となる（図14）。

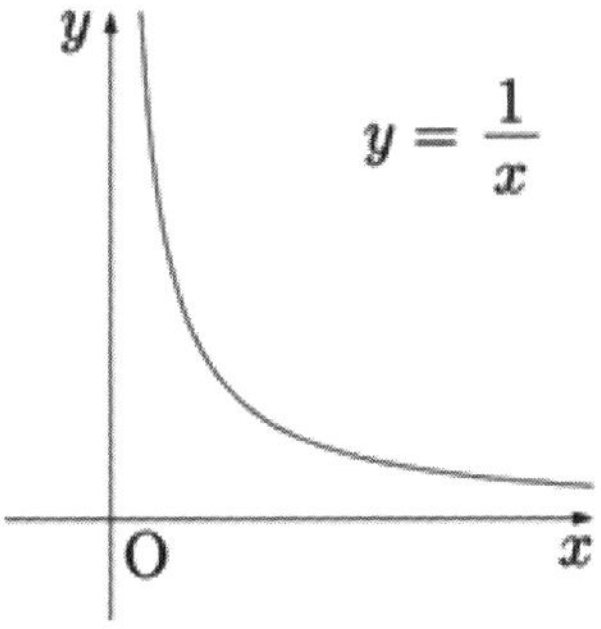

図14

その双曲線グラフの第一象限に注目していただきたい。（1）xの値がプラスの側から限りなくゼロに近づいてゆくとき、yの値は上に向かって急上昇してゆき、垂直に近い状態になる。が、y＝1/xが漸近線Y軸と交わることは決してない。そのときyの値はプラス無限大に発散して、収束することは決してない。他方で（2）yの値がプラスの側から限りなくゼロに近づくとき、xは漸近線X軸に沿って限りなくY軸からプラスの方向に向かって遠ざかってゆくが、それが漸近線X軸と交わることは決してない。

パルメニデスは、もちろん、「双曲線」グラフについては何も知らなかっただろう。しかし彼は、青人草どもによって定式化された「あるもの（＝《一》）があらぬものども（＝《二》）から成る」という命題が、整数の比で表現できないことは確実に知っていただろう。

そのことを、ゼノン断片一ならびに二が証言する。[30] ゼノン断片一は言う、「もしも多が存在するとすれば、それらは小であり・かつ・大であるのでなければならぬ。すなわち一方で大きさをもたぬほど小であり、他方で限りのないほど（アペイラ ἄπειρα）大である」、と。また、断片二は言う、「もしも多が存在するなら、〔多は〕大であり・かつ・小である。一方では大きさの点で限りのないほど大であり、他方でどんな大きさももたないほど小である」、と。

ゼノンによるこれらの発言は、双曲線グラフにおいてxの値がゼロに限りなく近づいてもyの値はプラス無限大に発散し収束することは決してなく、yの値が限りなくゼロに近づいてもxの値は限りなくY軸から遠ざかってゆくがX軸と交わることは決してなかったことに対応する。ゼノンは、「大きさをもたぬほど」(fr.1. μὴ ἔχειν μέγεθος; fr.2. μηθὲν ἔχειν μέγεθος) と言っており、「大きさをもたない」とは言っていない。

パルメニデスは正方形の辺と対角線が通約不可能であることを知っていた

ゼノン断片一ならびに二において注目すべきは、ゼノンが「多」の存在を否定しようとして、「もしも多が存在するとするならば、それらは小であり・かつ・大である」と言っていることである。ゼノンの帰謬論法は、「より大」・「より小」を「二重の帰謬法仮定」として、「あるもの」の不可侵性を論証した、パルメニデス断片八最終論証（四二－四九行）を引き継ぐものであった、とみなしうる。

以上から推測するに、パルメニデスもゼノンも、2の平方根が無理量となることをすでに知っていたことになる。何故なら、断片八最終論証における「二重の帰謬法仮定」は、正方形の一辺と対角線が整数と整数の比では表現しえないことを、もしも知っていなければ、措定されえないからである。「二重の帰謬法仮定」の背後にタレスの存在があっただろうことについては、すでに述べた。が、いま注目すべきは、ギリシアの伝統的神殿建築の技法である。ギリシアの巨大神殿、例えばサモスのヘラ神殿（前七五〇年頃）やエフェソスのアルテミス神殿（前七〇〇年頃）あるいはまたディデュマのアポロン神殿（前八世紀）の巨大な円柱をまぢかに仰ぎみた人は、次のような素朴な疑問を抱いたのではあるまいか。これらの神殿建築に携わった職人たちは、いったいどのようにして、円柱を構成する個々のドラムの直径を測り、その中心を出すことができたのであろうか、と。

　ギリシアの職人たちは神殿建築のノウハウを、エジプトやメソポタミアの職人たちから学んだに相違ない。ギリシアは、当時の文明圏では「遅れてきた少年」にすぎなかったからだ。なにしろ、前二〇世紀頃のバビロニア人は、すでに、正方形の対角線の長さが辺の長さでは割り切れず、いまで言う$\sqrt{2}$の値に相当するものになることを経験的に知っていたからである。

　古代メソポタミア文明の先進性を伝える一つの考古学的遺物が、南イラクの遺跡から発掘された。前一九－前一八世紀頃の小さな粘土のタブレットである（**図15**）。そのタブレットは、現在、アメリカ・コネチカット州の「イエール大学バビロニア・コレクション」に資料番号（YBC 7289）を付されて収蔵されている。掌《てのひら》に納まる程度の、その小さなタブレットには、二本の対角線をもつ正方形が楔形文字を印すひっかき棒のようなものを使って描かれていて、上方左にその正方形の辺の長さを示

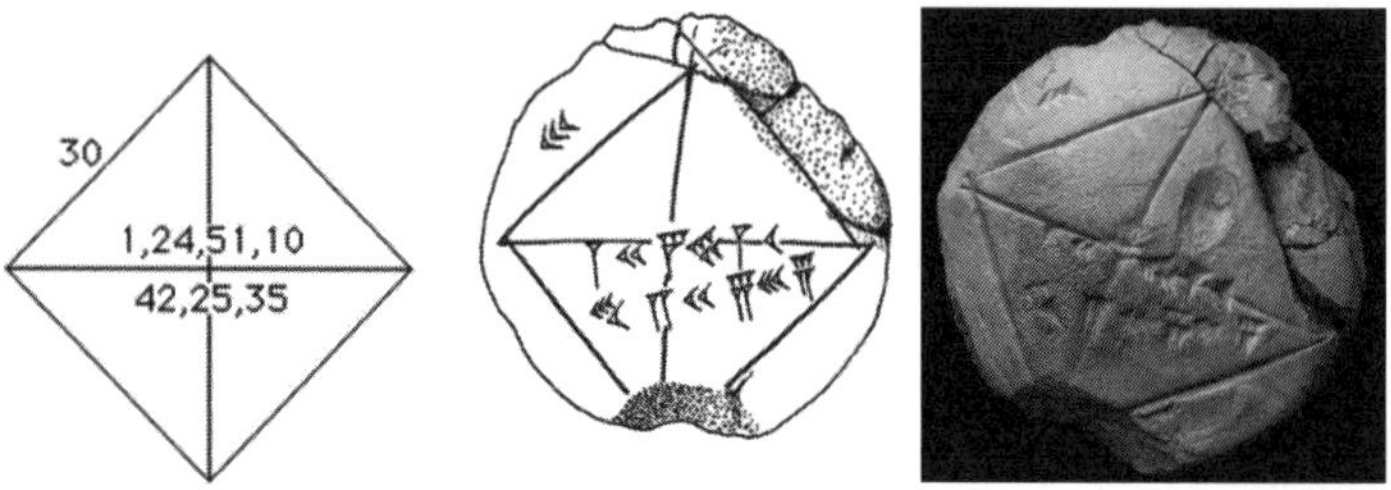

図15

す「30」に相当する数字が、対角線に沿って上下二段に、バビロニアの六〇進法記法で、「1,24,51,10」と「42,25,35」に相当する数字が、それぞれ印されている。これらの数字列の二番目のものは、対角線の長さを記したもので、“$42 \times 1 + 25 \times 1/60 + 35 \times 1/3600$”、一〇進法に変換すれば“1.414212963”と読める。今日でも、分母・分子が二桁以内で計算できる範囲では、“99/70（=1.41428571…）”が$\sqrt{2}$に最も近い近似値であるとされているから、これは恐るべき精度を示すものである。古代バビロニア人たちは、ピュタゴラスよりも一二〇〇年ほど遡る時代に、一辺1の正方形の対角線の長さが$\sqrt{2}$に近い数になることを知っていたのである。

従来、無理数の発見はギリシア人、とりわけ、ピュタゴラス派の数学者たちに帰せられてきた。そして、その発見者として伝説的にメタポンティオンのヒッパソス（前五三〇－前四五〇年）[31]の名が、明かすべきでなかったピュタゴラス派の秘密を暴露したことゆえに処刑された者として、挙げられてきた。だが、それらの言い伝えを確たるものとする証拠は、何も残されていない。

その一方で、プラトンの『テアイテトス』篇（一四七D）には、テアイテトスの師キュレネのテオドロスが、$\sqrt{2}$に言及することなく、

$\sqrt{3}$、$\sqrt{5}$からはじまって$\sqrt{17}$にいたるまでの無理量の存在を証明したと報告されている。また、原子論者デモクリトス（前四六〇－前三七〇年頃）には「無理量としての線と立体」（περὶ ἀλόγων γραμμῶν καὶ ναστῶν）という題名をもつ書物があった。そしてアリストテレスは、『分析論前書』第二巻一七章において、ゼノンの運動不可能論を正方形の対角線が辺と通約不能であることに関連づけて論じた者がいたと報告し（六五b）、第一巻二三章では、「正方形の対角線が通約可能であると仮定されるならば、奇数が偶数と等しい結果になる」（四一a）と報告している。これらの事実は、無理量についての知識が、かなり昔からギリシアの知識人たちの間に知れ渡っていたことを示唆している。

「二重の帰謬法論法」対「ハサミうちの原理」

パルメニデスの「二重の帰謬法仮定」は、正方形の一辺と対角線の間の線形通約不能性の証明とパラレルな構造をしている。想起すべきは、パルメニデス断片八・四三－四四行における「いずかたよりも、まんまるき毬（球）のかたまりさながらに、中心より何処《いずれ》の方へも均衡を保ちてあるなり（μεσσόθεν ἰσοπαλὲς πάντῃ）」という言葉である。パルメニデスはこの詩行によって、「球の中心点と球面上の任意の一点を結ぶ直線（直径）の長さはすべて等しい」と言っているのである。

だがその事実は、パルメニデスの時代以前から、神殿建築家たちにとっては「あたりまえ」のことで、常識に類することであったはずだ。日本の職人たちが指矩《さしがね》[32]を使って角材から円の直径を割り出したのと同じやり方で、ギリシアの神殿建築家たちもまた、円柱の直径を割り出すことができた。彼らもまた指矩のような道具を使って、滑らかに削った大理石の岩面のうえに、球の大円に相当する円を

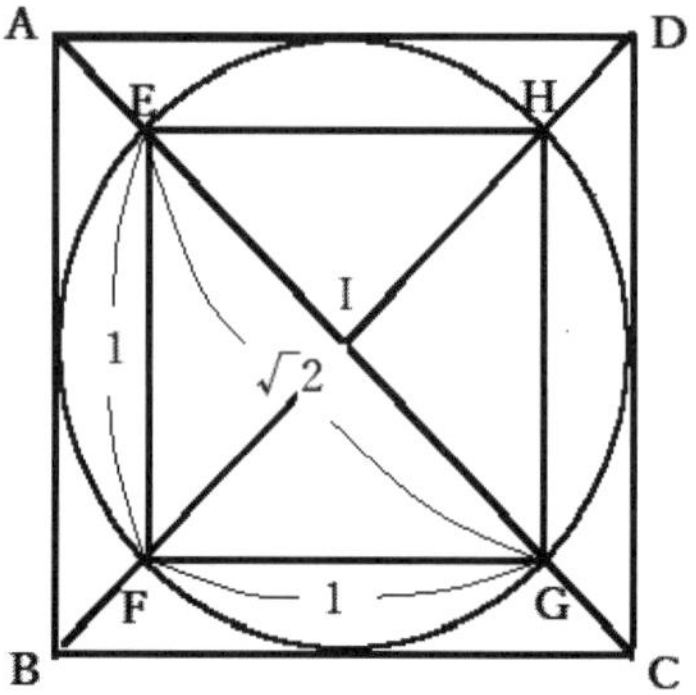

図16

描き、それに外接する正方形を描き、当該正方形の頂点AとC、そしてBとDを直線で結び、二本の対角線ACとBDを引いたであろう。これは、円の中心を出すためには必須の作業である。いま、その中心点をIとしよう。このとき、円の直径はAB＝BC＝CD＝ADとなる。直径を出す仕事は、これでオシマイ。後は、数字を割りふった定規を使い直径の長さを目盛ればよい。だが、物事すべてに関して徹底的で、理論肌の職人なら、それでは済まさなかっただろう。彼は、当該の円に内接する正方形EFGHを描き、自分がやった仕事に間違いがなかったかどうか、厳密にチェックしようとしただろう。そのため彼は、新しく描かれた正方形が円にきちんと内接しているかどうか、二本の対角線EGとFHが、元の正方形の一辺の長さにぴったり一致しているかどうかを、しっかり確認しようとしたであろう（**図16**）。

さて、新しく描かれた正方形の一辺の長さを、いま仮に「1」としてみよう。そのとき、正方形EFGHの対角線EG＝FHの長さは、「ピュタゴラスの定理」により2の平方根となる。すなわち、円に外接する正方形の一辺の長さは、当該の円に内接する正方形の対角線の長さに等しくなる。バビロニアのタブレットに記されていた数字は、この段階における、辺EF＝FGの対角線EGに対する比を表そうとした数値に対応するものであっただろう。

いま述べたこと、すなわち「円に外接する正方形の一辺の長さは、当該の円に内接する正方形の対角線の長さに等しい」ということは、任意の円についてつねに言えることである。したがってこの命題は、正方形EFGHに内接する円をパラダイムとして——あるいはパルメニデスの時代の表現に則して言えば——内接円を「グノーモン」として、次々と産出されてゆくすべての外接・内接正方形についても言えることである。そして、肝心なことだが、そのいずれの過程にあっても、正方形の一辺と対角線の長さは、互いに線形通約不能となる。[33] この事態が所謂「$\sqrt{2}$の発見」に相当するものであることは言うまでもない。

かつてラーデマッヒャーとテープリッツは、ギリシアにおける「無理量の発見にかかわる最もアルカイックな証明」とは如何なるものであったかと問い、『原論』第一〇巻命題二「もし二つの不等な量のうち、次々に小さい方が大きい方から引かれ、残された量が決して自分の前の量を割り切ることがないならば、それらの二量は通約できないであろう」という命題に拠って、その仮説的構成を行なった。[34] が、その証明は、いかにも近代の数学者たちが工夫を凝らして創作したものらしく、精密ではあるが技巧的にすぎる。おまけにそれは、円をグノーモンとするパルメニデスの手法にはそぐわない。

他方、アリストテレスは、『分析論前書』六五b一七―一九において、対角線が通約不能であることをゼノンの運動逆理に訴えて帰謬論法的に証明しようとした者がいた、と証言している。アリストテレスのその証言はたいへん曖昧で、誰が、いつ、そのようなことを行なったのか、肝心要なことが何も分からない。だが、そのような企てが、ゼノンの運動逆理を知る人物によって、少なくともアリストテレスと同時代にか、あるいはアリストテレスに先立ついずれの時代にか、実行されえたということは、きわめて興味深い事実である。そもそも、アリストテレスが報告しているようなことは、ゼノンの逆理そのもののうちに、正方形の辺と対角線の間の通約不可能性の証明とパラレルな構造が備わっているのでなければ、思いつくことさえできなかったであろう。

わたしは、アリストテレスのその証言を、同じ『分析論前書』四一a二六－三〇行における「正方形の対角線は辺と通約不可能であることが、もし対角線が通約可能と措定されると奇数が偶数と等しい結果が成立してくることによって証明される」[35]という発言に関連づける。そして、円をグノーモンとするパルメニデスの手法にしたがって、正方形の一辺と対角線の長さを共通に割り切るものがあると仮定しうる場合には、同じ辺の長さが「偶数かつ奇数」となる矛盾が生じることを証明する。[36]

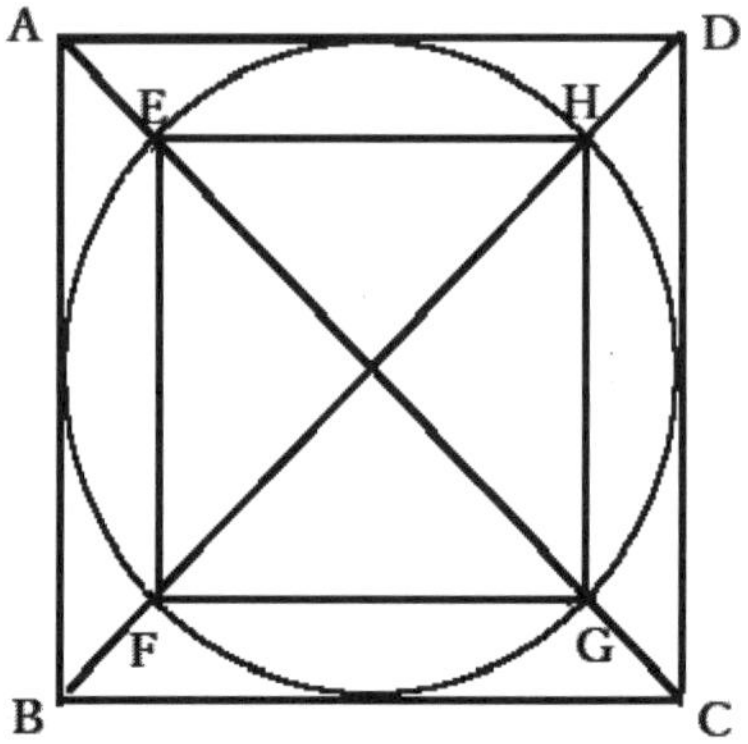

図17

〔証明〕その証明に当たって、わたしは、パルメニデスが既に「ピュタゴラスの定理」ならびに『原論』第九巻命題二一－三四に収録されている「偶数奇数論」を知っていた、と前提する。

さて、正方形ABCDにおいてABはその一辺、ACはその対角線である。ここで、「正方形の一辺と対角線を割り切る共通の尺度が存在する」と仮定し、さらに「辺と対角線は互いに素である」と仮

定する。そのときには、ピュタゴラスの定理により、

（1）$AC^2 = 2AB^2$。ゆえにACは偶数。したがってABは奇数である。

（2）AB = EG。ゆえに$AB^2 = 2EF^2$。したがってABは偶数である。

（3）それゆえ、同じABが偶数かつ奇数となる。これは不合理である。

（4）当該の円をグノーモンとして生成されるすべての正方形の一辺と対角線について、この不合理性は、つねに、同じように、繰り返される。

（5）しかるに、エレア的アルゴリズムにより、同じことは一度言おうが何度言おうが同じである。したがって、正方形の一辺と対角線を測る共通の尺度は存在しない。Q.E.D.

以上の証明が「二重の帰謬法仮定」に基づく「あるもの」の不可侵性の証明とパラレルな構造をしている事実を見逃すべきではない。それら両者は相俟って線形通約不可能な「あらざる二つのものども」への帰謬論法的絶縁状となっている。

「真理の道」と「思惑の道」の連関をめぐる問題

「真理の道」と「思惑の道」間に整合的で矛盾のない解釈を打ち立てることは、すべてのパルメニデス研究者たちの等しく待望するところであった。断片一〇、一一、一五、一七、一八を「真理」の部へ移し、パルメニデスの「自然学の再建」（rehabilitation of "physics"）を図ろうとしたコルデロもまた

その一人であった。が、その試みは、失敗すべく失敗した[37]。それら累々たる敗戦記録のために紙面を割く余裕はない。ここでは最近の業績を二点紹介・検討するにとどめよう。

ロセッティ説

イタリアの古典学者L・ロセッティ（Livio Rossetti）は、「ゴルディオスの結び目」に比すべき難問を解くべく、「存在（Being）の哲学者」パルメニデスを抹殺する。二〇一七年、ロセッティは『いまひとりのパルメニデス』（*Un altro Parmenide* I, II, 2017, 184 + 206 pages.）二巻本を出版し、その三年後にアテネ大学で「誤って解釈されたパルメニデス」（Parmenides Misinterpreted）という講演を行なった[38]。

その冒頭において、彼は、問題の断片八・五〇－五二行を引用し、パルメニデスの「存在論」と「思惑」の間には、埋めがたい「断絶」が走っていると注意を促す。パルメニデスは『存在の哲学者』として知られているが、とロセッティは声を高める、最近ますますもって明らかになりつつあるように、むしろ「諸科学」に精通した「博学の人」であった、と。パルメニデス断片一〇、断片一一、断片一三、断片一八のみならずA三二から五四にいたる多種多様な報告や書誌を引き合いに出し、彼は、パルメニデスが「博学の自然学者」で、大地が「球形」であることを発見した最初の人であったこと、地球が宇宙の中心に静止しており、五つの気候帯に分けられること、「天の川」（銀河 γάλα）に言及した最初の人物で、月がつねにその一面だけを太陽の方に向けていて、太陽の光を借りて輝いていることを知っていたこと、人間の性差がホルモンの分布状態によって決定され、その異常によって両性具有者が生まれてくることがあることなど、人体の生理について精通していたこと等を指摘していく。そのことによって彼は、パルメニデスが「存在の哲学者」などでは決してなく、なによりも「自然学者」であり、「博学（polymathy）の人」であった、と主張する。

ロセッティは言う、「存在の哲学者」という誤ったパルメニデス像を広める最初のきっかけを与えたのはパルメニデスの弟子サモスのメリッソスである、と。[39] メリッソスには、パルメニデスに言及するに際し、その広範な自然学知識の方はカットし、「存在論」思想に特化した仕方でパルメニデス思想を世に知らしめた弊がある、とロセッティは強調する。メリッソスの著作はパルメニデス思想の偏《かたよ》った見方を世に流布させることに力を貸し、ゴルギアスの『非存在またはフュシスについて』という著作によってパロディー化され、プラトンのイデア論やアリストテレスの思想圏に吸収拡大されて「存在論」として体系化される方向にむかったのである、と。

このようにして形成された「存在論思想の父」としてのパルメニデス像は、近代になると、ツェラー（Eduard Zeller）やディールス（Hermann Diels）等多くの学者たちによって打ち固められ、後世に伝えられるべき最も基本的で信頼するに足る遺産となっていった。ハイデッガー（Martin Heidegger）は『存在と時間』（一九二七年）においてパルメニデスの「存在」に巧妙にアッピールし、一九三二年にはカロゼロ（Guido Calogero）が『エレア主義研究』においてパルメニデスを「存在の哲学者以外の何者でもない」ものとして世に流布せしめた。オウエン（G. E. L. Owen）の「エレア的諸問題」（Eleatic Questions, 1960）、カーン（Charles Kahn）の「《ある》という動詞ならびに存在の概念」（一九六六年）や「パルメニデスのテーゼ」（一九六九年）は、その傾向をさらに強化するのに役立った、と。

おおむねこういった流れが、とロセッティは主張する、今日までのパルメニデス研究の基本的枠組みを、ますますもって「存在論」重視の方向へと導いていった主な要因であり、この偏った要因のゆえにこそ、パルメニデスの自然学説、「科学者」そして「博学の人」としての彼の人物像は、大きく歪められ、誤解され、人目につかぬ片隅へと追いやられることになってしまったのだ。

ロセッティのこうした主張を推し進めるうえで最大の妨げとなったものこそ、断片八・五一行「ドクサス・ブロテイアス」（死すべき者の思惑）であった。というのも、「死すべき者の思惑」について語る女神の否定的言辞は、「博学の人」について語る肯定的言辞と干渉現象を起こし、互いを打ち消しあう結果になるからである。

ロセッティ説の死命を制するものが、「ブロトーン・ドクサス」（断片一・三〇行）、「ドクサス・ブロテイアス」（断片八・五一行）、「ブロトーン・グノーメー」（断片八・六一行）にあることは一目瞭然である。そこで講演が最後の段階に達すると、果たせるかな、ロセッティは、「ドクサ」（思惑）は葬り去った方がよい、と提言する。「断片一・二八－三二行ならびに断片八・五〇－五二行から引き出されうる、辻褄の合う、いかなる思想も見出されえない。おまけにここで、女神が、一体全体、何を言おうとしているのかも、はっきりしているわけでは決してない」、と。[40] 要するに、自分にとって都合が悪く、難解かつ意味不明な「思惑」など不要だ、抹殺に値する、というわけである。

まことに乱暴なことを言うものだ。ここでわたしは思い出す、ターラントの「テクストなるものは、写本を注意深く読み、その意味する事柄を十分に考え尽くすまでは、改訂作業の対象とされるべきではない。このことは、ほとんど普遍的原則と言ってよいことだ」という言葉を。

マンスフェルト説

マンスフェルト（J. Mansfeld）はロセッティの *Un altro Parmenide* を読んだ。そして素っ気なく、「面白くはあるが不十分（insufficient）」と評した[41]。では、マンスフェルト自身は「十分な」（sufficient）解釈を打ち立てえたか。

マンスフェルトの論文 "An Early Greek Epic, Narrative Structures in Parmenides' Poem and the Relation between Its Main Parts," *Mnemosyne* 74（2021）は長大である。要点だけを紹介しよう。

マンスフェルトは、断片六と八に登場する二種類の人間（ブロトイ）の違いに着眼する。断片六の「人間たち」は「寄るべなき非力」（ἀμηχανίη）のゆえに「無知」の圏域をさまよい歩く「何ひとつ知ることなき」「双つ頭ども」である（断片六・四―五行）。他方、断片八・五三―六一行に登場する人間は「二つの形態」を措定し命名活動を行なう「知的エリート」である。この「知的エリート」たちこそ、とマンスフェルトは主張する、「真理」と「思惑」間のギャップを乗り越え、一方から他方への橋渡しを可能にする「中間者」（intermediate）である、と。彼らは過ちを犯す。が、彼らには、自分たちが何を意図したかを弁えうる知力がある。他方、「無知」（εἰδότες οὐδέν）な人間たちには「思惑」部で展開される宇宙論に関与しうる知的資質が欠如している。

このように、マンスフェルトは、「知的エリート」としての「ブロトイ」を、「真理の道」と「思惑の道」間のギャップを架橋しうる「中間者」（intermediate）に仕立てあげる。彼は主張する、「思惑の道」の宇宙論は「もっともらしい、ありそうなもの」（ἐοικότα）にすぎず「ひとを欺くもの」（断片八・五二行、ἀπατηλός）ではある。が、断片八・六〇－六一行において女神が言うように、それは「考えられうるかぎりでの最善の宇宙論」（*la meilleure des cosmologies possibles*）である、と。

マンスフェルトはみずからの説を擁護すべく主張する、プラトンとデカルトにも「中間者」（intermediate）の思想があった、と。プラトンは『国家』、『ファイドロス』、『ティマイオス』篇において「魂の三分説」を展開し、デカルトにも「思考するもの」（res cogitanns）と「延長するもの」（res extensa）を連結・媒介する「中間者」の思想があった、と。さらに彼は言う、「思惑の道」で展開されるパルメニデスの自然学説は、純粋論理や数学的知識と比較すれば一段と劣る学説誌的「仮説」に相当するものである。われわれ人間が住む世界と、論理や数学が成り立つ世界を隔てる距離は大きい。自然界の諸事物は「有」（Being）に似ていて「有」を反映しはするが、「有」（Being）の残響以上に出るものではない、と。

最後にマンスフェルトはみずから問う、パルメニデス詩において際立った役割を果たす「知的エリートたち」とは、いったい何者であるか、と。そしてみずから答えて言う、「確たることは何も言えない」、「何故なら彼らは、パルメニデス詩に登場する無名の女神同様に、所詮は《機械仕掛けの人間》（*homines ex machina*）にすぎないから」、と。

「機械仕掛けの人間」（*homines ex machina*）という言葉は、「機械仕掛けの神」（*deī ex māchinā*）のもじりである。「*deī ex māchinā*」は、ギリシア語「アポ・メーカネース・テオス」（ἀπὸ μηχανῆς θεός）を翻訳したもので、劇の筋がもつれて、にっちもさっちもいかない土壇場に達したとき、「神さま」を演ずる役者がクレーンのような機械仕掛けの道具に乗ってオルケストラー（舞台）の上空に現れ、一切のものごとを裁決・解決する「手段」「仕掛け」「からくり」を意味するものとして使われた。だが、アリストテレスはこれを、「筋の解決もまた、筋そのものから生じなければならないことは明らかで」「劇の出来事のなかにはいかなる不合理もあってはならない」と辛辣に批判した（『詩学』第一五章）[42]。

アリストテレスの言やよし。マンスフェルトの「機械仕掛けの人間」は無用の仕掛けである。何故ならそれは、断片八・六〇－六一行の誤読の産物以外の何物でもないからである。女神が「学び知れ」と命じた「二つの形態」に関する「死すべき者らの思惑」は、もしもそれが実際に「死すべき者たちの誰ひとり凌駕しえない」ものであったとすれば、たしかに、「思惑」世界において「考えられうるかぎりでの最善の宇宙論」の基《もとい》をなすものとも解されえたであろう。だが、実際には、そうではなかったのである。何故なら、当該テクストが実際に言っているのは、「死すべき者たちの誰ひとりとして汝を凌駕することはできないだろう」ということだからである。そして「汝」とは、この場合、女神が語りかけている「クーロス」その人を指すからである。

したがって、女神の発言から、マンスフェルトのように、「考えられうるかぎりでの最善の宇宙論」なるものを抽出し、それを「知的エリートたち」の仕業に帰することは不可能となる。そして、それと同時に、問題の宇宙論なるものを、クーロスに帰することも、おのずから不可能となる。何故なら、クーロスは、その場合、女神の「叙べ歌」を今現在「聞き分けつつ」(ἀκούων)、それと同時に、過去においてそれを措定し終わっていた (κατέθεντο)（五三行）ことにならざるをえないからだ。こうして、「考えられうるかぎりでの最善の宇宙論」なるものは、マンスフェルトが自分のパソコン上に立ち上げた「砂上の楼閣」ならぬ「机上のパソコンのうえの楼閣」にすぎなかったことになる。[43]
マンスフェルトは、「ブロトス」（βροτός）と「アントローポス」（ἄνθρωπος）を区別しない。それゆえに彼は、断片一をも「ドクサの部」（doxa section）にカウントする。だが、「人間」への彼の注目はおのずと「ブロトス」系の語が現れる断片一・三〇行、断片六・四行、断片八・三九行、断片八・五一行、断片八・六一行に絞られる。その場合、問題となるのは、断片一・三〇行の「ブロトーン」、断片八・三九行の「ブロトイ」である。これら二つのケースは、「人間」を「知的エリート」と「無知な者たち」の二つに振り分けるマンスフェルト流の分類法によれば、いったい、どちらに分類されることになるのか。明快に答えるのは難しいだろう。そもそも、テクストのうえでは「ブロトス」という語で一括されている「人間ども」を、その「知」（グノーメー）のあり方によって腑分けし、截然と二つに分離することは、すこぶる困難である。否、困難どころか、たぶんは不可能である。

第一に、マンスフェルトの言う「知的エリート」たちの宇宙論なるものが、「知」（グノーメー）の文脈において肯定的に言及されることは決してない。むしろ彼らは逆に「二つの形態」を措定したことによって「錯迷に陥ち」た（断片八・五三－五四行、πεπλανημένοι）と、はっきり非難されている。

第二に、断片六において「逆向きの道」を彷徨する「双つ頭ども」は、「何ひとつ知ることなき青人草ら」と貶《おとし》められはするが、その評価の対象となるのは「彷徨《さまよ》へる思惟」（プラクトン・ノオン πλακτὸν νόον, 断片六・六行）であり、「無分別」（アクリタ ἄκριτα, 断片六・七行）である。「無知」ではない。

第三に、「二つの形態」を措定したことによって「錯迷に陥ちた」者どもも、「逆向きの道」をさ迷いゆく者どもも、両者とも、ひとしく、「あるとあらぬは同じくして同じからず」と定式化されうる「思惑」の本質構造を共有する。その点において、彼らは無差別である。よって、彼らは同一者とみなされなければなるまい。

したがってマンスフェルトが説くところは、ロセッティ説同様に、"insufficient"である。

帰謬法仮定としての「思惑」

わたしは不思議に思う、何故パルメニデス研究者たちは、断片八・五〇－五二行における「これをもちて、吾は終えむ、汝がための、真理をめぐる　信ずべき言説と思想につき、語るを。これより後は学び知れ、死すべき者らの思惑を、わが叙べ歌の惑わしの、語の組み立てを聞き分けつ」という女神の言葉を、そのまま、素直に、文言どおりに読むことができないのだろうか、と。文字通りに読めば、女神が語ろうとしたことが、「惑わしの語の組み立て」すなわち「帰謬法仮定」としての「思惑」の体系的提示であることが、ただちに分かったはずである。実際、女神は、自分がこれから述べることが「帰謬法仮定」に相当するものであることを、「かの者ら、二つの形態を、おのが知見に拠り頼りみ、命名せむと立てにしが、それらのうちの一つだに、あるべき謂われなきものを」と示唆し、親切にも、それが「錯迷」であることまで、念押しするかのように、教えてくれているのである（五三－五四行）。

「思惑」を「帰謬法仮定」とするこの解釈に従えば、長年、研究者たちを苦しめてきた「真理」と「思惑」相互間に想定されてきた矛盾や齟齬は、きれいさっぱり、雲散霧消することになる。何故ならその場合「思惑」は、「真理」に向かって開かれたものとなり、「あらざるものども」としての「二」は、「エイドース・フォース」即「わたし」（断片一・三行[44]）を介して、「あるもの」（一）に向かって限りなく収斂《しゅうれん》してゆくものと理解されうることになるだろうからである。

「エイドース・フォース」は、「アーテー」のゆえに国を追われた「わたし」であると同時に、女神の指導の下に体得した「帰謬論法」としての「ロゴスに拠る判定知」（断片七・五—六行）を携えもって、アーテーの支配する国へと帰ってゆく「わたし」でもある。その「わたし」が、「死すべき者の誰ひとり凌駕しえない」者であるのは当然である。何故なら、「帰謬法仮定」としての「思惑」は、所謂「後者関数」（successor function）に相当し、任意の「思惑」命題〃n〃に対して、つねに、その「後者」〝n＋1〟を生み出してゆくが、これらの「思惑」を反駁されるべき「仮説」として、そのつど「《ある》の縛り」に照らして糺す役割こそは、「エイドース・フォース」としての「わたし」に課せられた宿命であったからだ。

デモクリトスの言葉

原子論者デモクリトスに、「人の慣わしで（νόμῳ）甘さ、人の慣わしで辛さ、人の慣わしで温かさ、人の慣わしで色。しかし真実には（ἐτεῇ）原子と空虚」（Sextus Empiricus, *Adv. Math.* VIII135）という言葉がある。

「帰謬法仮定」ないし反駁されるべき「仮説」としての「思惑」は、「あるの真理」に対して、「あらざるものどもの真理」として、定義されうるかもしれない。

「慣わし」（ノモス νόμος）と「真実」（エテエー ἐτεῇ ＝フュシス φύσις）の対比の下に語られるデモクリトスの言葉の背景には、前五世紀を中心にギリシア思想界を席巻した「ノモスとフュシス」をめぐる激しい論争の歴史があった。[45] その「端緒」となった人物を特定する試みのなかで、カール・ラインハルトは、パルメニデスに白羽の矢を立てた。パルメニデスが行なった「思惑」と「真理」間の根本的境界設定《デマケイション》こそは、その重要な契機をなすものであった、[46] と。

デモクリトスは「甘さ」や「辛さ」が、そう感ずる人々にとってリアルであることを否定しているのではない。彼はむしろ「ひとの慣わしで」（νόμῳ）と「真実には」（ἐτεῇ）を使い分けることによって「二種類の真理」の境界設定を行なっているのである。そのことは、パルメニデスも同じである。断片八・三九行において彼は、「思惑」を「死すべき者らが真《まこと》と信じ措《た》てしかぎりのもの」と定義し、それを「あるもの」の「真理」と対比させている（断片八・三四－三七行）。前者は「あらざるものども」に依拠する「まことしやかな」ものにすぎないが（断片八・六〇行）、後者は「全面的に自身に等しく、同じものとして縛りの内にあり、全体として不可侵である」（断片八・四八－四九行）、と。「思惑」と「真理」は断絶していない。「思惑」は「《ある》の縛り」に向かってつねに開かれている。

二つの「今」

「思惑」はつねに過程的で、時間によって律せられている。二つの端点としての「今」の間にあって、それは、そのつどつねに、更新されてゆく。「今」「今」……の連続が「思惑」が「思惑」たる所以である。その連続的「今」「今」の間にあって「まことらしさ」が存立しうるのは、それが絶対的

「今現在」（「ニューン」、断片一・五行）との逆対応関係にあるからである。

ことの核心は、死すべき者らが「世界秩序の連環のまことしやかなる全容」（断片八・六〇行）を展開すべく、まず最初に、互いに等価なものとして並び立つ「火」（＝光＝昼）と「夜」という対立的二原理を同時に立てた、ということにある。女神は言う、彼ら青人草らは反対対立する「二つの姿形」を区別し、「互いに別々なものとして徴《しるし》を定めた」（断片八・五五行）、と。その区別は絶対的「今現在」に定位することによって同時になされた。「昼」が「昼」として徴づけられてある時とは、「昼」が「夜」と区別されてある時にほかならない。しかも「昼」と「夜」は非同時的に継起せざるをえない。「昼」があるところ「夜」はあらず、「夜」があるところ「昼」はあらぬ。「昼」と「夜」は継起する。が、その継起は、それらの同時的区別を前提する。[47]

「思惑」世界における「ここ／そこ」「過去／未来」の同時的区別そのものは、それらの区別が生じる以前の「現在」――これは「絶対現在」とか「根源的現在」とか呼ぶしかないものである――、無時間的な「現在」においてなされるしかない。以前／以降、過去／未来の差異が生じていない以上、「時－間」は未だ生まれておらず、しかも「区別」の同時性は、その同時性を「時」として徴づけざるをえないからである。[48] 女神の言う「思惑」世界は、二つの「時」の秩序の逆対応関係ゆえにこそ、その「まことらしさ」を保ちうるということである。

「思惑」断片

残存「思惑」断片については、その分量があまりにも少ないので、確実なことは何も言えない。

が、一応断片九から断片一九にいたるすべての資料に目を通しておこう。

断片九

さりながら、ここにひとたび、すべてのものが「光」と「夜」と名づけられ
それぞれの力能に応じて、あれやこれやに割り当てられし、そのうえは、
宇宙全体は、同時に、「光」とあやめ分かたぬ暗き「夜」もて充たされたるなり
両者等しき割合に。といふも〔「光」と「夜」の〕いずれをも分有せざるものなかりしがゆえ。

断片一〇

汝《な》は知らむ、アイテールの起原ならびにアイテールのうちあらゆるものの
しるし《セーマタ》を。また、浄らかに輝きわたる日輪の
灯す松明《たいまつ》、その目もくらむ働きの何処《いずこ》より生じきたりしやを。
汝はまた知らむ、円き眼《まなこ》の月輪の、経めぐり渡る働きと、
その起原を。さらにまた知らむ、物みなをとりかこむ全天空の
生ぜし所以、その成行きを取り仕切る女神アナンケーの、
そを、いかにして、星々の限界を維持すべく、縛りあげしやを。

断片一一

いかにして、大地と、太陽と、月
あまねくアイテールと、銀河と天涯のオリュンポス、
また星々の発する熱の力が、衝撃の結果として
生ずるに至れしやを。

断片一二
けだし、〔環のうち〕より狭きものどもは、純粋無雑の火もて充たされ、
それらに続くものどもは、夜をもて充たされしが、その後では炎の一部排出せり。
これらの真中に、一柱の女神、御座《おはす》して、万物の舵取りをせり。
なかでも彼女の牛耳るは、厭わしき、お産と交じわり
男に女を送っては交わらせ、また逆に
男を女に送っては交わらせるなり。

断片一三
なによりもまず、エロース神をばつくりたまひぬ、よろずの神々に先んじて

断片一四
夜に輝き、大地の周囲、めぐりさまよふ、よそものの光

断片一五

いつにても、日輪の光の方へと、目をば向けて

断片一六

といふも、さまよひ重ぬる人間の四肢〔内体液の火と夜〕の混合の、そのつどの割合に応じて、
人間の思惟《ノオス》もまた、成り立っているがゆえに。何故ならば同一なるがゆえ
思惟の働きそのものと、人間の四肢〔内体液混合〕の成り立ちは。こは、まったくもって
すべての人に言えること。充実せる〔体液混合成分〕こそは、思考〔の元〕なるがゆえ。

断片一七

右側に男の子、左側に女の子

断片一八

女が、男と一緒に、愛の種子混ぜ合わせるとき、
脈管内にありて、相異なる血液よりつくられし形成力は
ほどよく混じり合へば、よくととのえられし体を作る。
といふのも、種子の混じわり合へるとき、二つが争ひ合ひて、

一つの体をなしえぬそのときは、無惨や
二重の種子をもて、産まれくる子の性を、損なふことにならむがゆえに。

断片一九

かくして、これらのものは、思惑によれば、かくのごと生まれきたりて、現にあり、
これより後も成長しゆき、終わりを遂げることならむ。
して、これらのものに名前をば、人間どもは措定せり、各自を標《しる》す証《あかし》なりとて。

注目されるべきは、時空の無限分割可能性が、これらの断片において前提されていることである。断片九では「光」と「夜」の力能の「あれこれの割り当て」の「比」が問題とされ、「宇宙全体は、同時に、『光』とあやめ分かたぬ暗き『夜』もて充たされたるなり　両者等しき割合に」と、その「割り当て」・「配分」の度合い（比）が、同様に断片一六では「さまよひ重ぬる人間の四肢（内体液の火と夜）の混合の、そのつどの割合（比）」が焦点化されている。そのことは断片一八でも同様で、「脈管内における種子」のほどよい「混ぜ合わせ」ないし「争ひ合ひて、一つの体をなしえぬ」異常な「混ぜ合わせ」の度合い（比）が問題とされる。そして断片九によれば「光」と「夜」を「分有せざるものなし」と付言されている。「混合」の割合には無限の可能性があり、通約不能なもの同士の「対比」関係も例外ではない、とされているのである。

残存断片で目立つのは、それらの大方が宇宙論ないし医学・生物学関係のものに片寄っている事実

である。パルメニデスの生い立ちや職業がその事実の原因になっているかもしれない。

パルメニデスは、イタリア半島西方のテュレニア海に突出したエレアの岬、そのアクロポリスのうえで生い育った。[49] そこは、太陽や月や星々を長期にわたって観察するには、うってつけの場所であった。見渡すかぎり、三方は海。アテナ神殿が建つその高台からは、空と海が境する「水平線」を見晴るかすことができた。少年は、アクロポリスの突先に立ち、遠く、水平線のかなたに、目を凝らしたことであろう。[50] そしてその水平線上に、まずはマストの突先を現し、おもむろに船体全体をみせ、しだいに大きくなって、こちらの港の方へと近づいてくる船の姿を、幾度も、見守ったことであろう。その経験を通じて、少年は、母なる大地ガイアが「平ら」ではなく「円い」ことを、知ったであろう。断片一〇と断片一二は、パルメニデスが考想したであろう「球形宇宙」を示唆しているが、その萌芽はすでに、少年パルメニデスの心に種蒔かれていたものであったかもしれない。

さらに思い出してほしい、パルメニデスが医師であったことを。彼は青年期にピュタゴラスの徒アメイニアスと出会い、その指導の下に医師となった。エレア市の医療行政に携わった彼は、職掌上、当時の医学や自然学全般に精通していたはずである。断片九―一五にみられる天文学的知識や断片一六―一八が伝える生物学的・医学的知識は、パルメニデスの経歴を如実に反映するものであるのかもしれない。

「真理」と「思惑」の逆対応

「真理」と「思惑」との関わりにおいて、パルメニデスの「わたし」(自己)は、つねに同時に、「非自己」であらざるをえなかった。「グランド・デザイン」において"$\Omega = f(\sigma_1, \sigma_2)$"として定式化された『ペリ・フュセオース』全篇の主題「カタルモス」（Ω）は、「自己」と「非自己」間の逆対応的関係のメカニズムを、三位一体的に統一化して、表現するものであった。

晩年の西田幾多郎が「逆対応」という言葉を使って、神と人との間のパラドクシカルな関係を表現したことが想い起こされる。論文「場所的論理と宗教的世界観」において西田は言う、「それ自身によつて有り、それ自身によつて動く絶対者は、対《つい》を絶したものではない。対《つい》を絶したものは、絶対ではない[51]」、と。断片一・三一行においてパルメニデスが用いた「しかれども」（ἀλλ' ἔμπης）という副詞句もまた、対《つい》を絶するかにみえる「神」と「人」との、「あるもの」と「あらざるものども」との、「一」と「多」（＝「二」）との、「逆対応」関係の存在を告げるものであった。

「あるもの」への回路としての「帰謬法仮定」は、「思惑の道」の存在理由《レゾンデトル》である。「ウィトゲンシュタインの梯子」（『論考』六・五四）は捨てられてよい。だが、「思惑の道」は廃棄しえない。何故なら、それは、「アーテー女神」（断片一・三行）が死すべき者の世界に落とした永遠の影（エオイコタ、断片八・六〇行）だからである。その影は、人間が自分自身を「レーテー」（忘却）の淵に投じてしまわないかぎり、「世界秩序の連環のまことしやかな全容」（断片八・六〇行）をそのつど写しだすものとして、いつまでも、「ア・レーテイア」（真理）の岸辺に繋留されつづけるだろう。何故ならそれは、死すべき者・青人草に「モイラ」（運命）が負わせた「二重の責務」の消しがたいスティグマ、人間が人間であるかぎり荷負いつづけなければならない永遠のトラウマであるからである。

第五章　二つのヘーローオン

はじめに

『書経』に「九仞《きゅうじん》の功を一簣《いっき》に虧《か》く」という言葉がある。わずか簣《もっこ》[1]一杯の土が足りないばかりに、めざした仕事を達成できないことになる、というほどの意味である。

本書執筆も最終段階に達した。ここで、もしわたしが、政治家・立法家としてのパルメニデスについてストラボンやプルタルコスやディオゲネス・ラエルティオスが述べた言葉に耳を貸さず、パルメニデスの立法行為に関わってゼノンの最期が示唆することを見過ごすようであるならば、写本テクスト「カタ・パンタ・アーテーィ」に即してわたしが提唱したパルメニデス詩の主題「カタルモス」の意味は没却され、本書執筆の意義もまた廃《すた》れることになるだろう。もっこ一杯の土を政治家・立法者としてのパルメニデスに献じ、わたしの仕事を完結させよう。

理念としてのアシュロン

パルメニデス詩『ペリ・フュセオース』の政治的メッセージは、断片八最終論証の結論「アシュロン」に極《きわま》る。「あるもの」の道標（断片八・二―三行）をめぐる論証はすべて、否定されるべきものとしての帰謬法仮定を介して達成される。が、その否定には、必ず、「あるもの」の連続性・分割不能性・不動性・完結性・自己同一性に関わる政治的メッセージが含蓄されていて、それが指向するものは、まちがいなく、政治理念・法理念としての「アシュロン」である。

ソンゲ＝メルラー（Vigdis Songe-Møller）が著書『女性なしの哲学：西洋思想における女性差別の誕

生』において述べた言葉が想起される。パルメニデスの言う「有」（Being）は、「たんに不揺（ア・トレメス）であるばかりではなく、不動（ア・キーネートン、断片八・二六行、三八行）でもある。すなわちそれ（有）は、いかなるかたちのキーネーシス（κίνησις）、いかなるかたちのスタシス（στάσις）ないし内戦によっても、決して侵されることのないものである」、と。[2]

『トゥキュディデスと内戦』なる著書において、J・J・プライス（Jonathan J. Price）もまた言っている、「『キーネーシス』とは、文字通りの『動き、動乱』である。それは、戦争そのものを上回る擾《じょう》乱《らん》・暴動であり、人間存在のあらゆる局面に重大な影響を及ぼす複合的な事件である」[3]、と。

『戦史』第三巻「ケルキュラの内戦」（七〇―八五）において、トゥキュディデスは次のように言う。「内戦を契機として諸都市を襲った種々の災厄は数知れなかった。このとき生じたごとき実例は、人間の性情が変わらないかぎり、個々の事件の条件の違いに応じて多少の緩急の差や形態の差こそあれ、未来の歴史にも繰り返されるであろう。なぜなら、平和と繁栄のさなかにあれば、国家と個人もおのれの意に反するごとき統制の下に置かれることがないために、よりよき判断をえらぶことができる。しかるに、戦争は日々の円滑な暮らしを足もとから奪い取り、弱肉強食を説く教師となって、ほとんどの人間の感情をただ目前の安危という一点に釘付けするからである」、と。そしてさらにまた言う、内戦が深刻になるにつれて「名前（オノマタ）ですらが、本来それが意味するはずの対象を指さなくなり、それを用いる人の意のままに、他の意味をもつようになる」（三・八二）[4]、と。

トゥキュディデスによる「名前」（オノマタ）への言及は、ただちに、パルメニデス断片八・三八―三九行における女神の、「これがゆえに、すべて名前は与えられけり（オノマスタイ）、死すべき者、は、まるでアーテーにとり憑かれたかのように、常軌を逸した行動に走る。そして、「聾《みみしひ》にして盲《めしひ》のごとく、呆然自失して、無分別なる烏合《うごう》の衆」（断片六・七行）となり果て、「錯迷」と「破滅」の道へと突き進んでゆく（断片八・五四行）、と。

青人草らが、真《まこと》と信じ措《た》てしかぎりの」、という言葉を想起させる。「内戦状態」にあって、ひとびと

ゼノンの最期

ここで思い出されるのはゼノンの死である。ゼノンの死については、多くの人がさまざまに語ってきた。ディオゲネス・ラエルティオスは、それらの報告を一括して、ゼノンの最期を次のように描き出す（IX二六―二七）。

ヘラクレイデスが『サテュロス適要』において述べるところによれば、彼は僭主《せんしゅ》のネアルコスを打倒しようとしたが、捕縛されたという。そして、彼の共謀者たちならびに彼がリパラ〔シチリア島東北沿岸に浮かぶ小島〕に運ぼうとした兵器類について拷問を受けたが、僭主を孤立させようと、僭主の友であるすべての者たちの名を挙げて告発した。それから、ある人々に関して何事かを僭主に耳打ちするかのようにして、耳に嚙みつき、僭主殺害者アリストゲイトンと同じ目に遭いながら、刺し殺されるまで離さなかった。……アンティステネスは『後継者たち』のなかで、彼は、僭主の友たちの名を告発した後、「他にも誰かいるか」と僭主によって尋ねられたが、これに対して「汝、都市の穢れが！」と言った、と主張している。で、この様子を取り巻き見物

していた連中に対しては、「呆れたものだな、きみたちの臆病さたるや。わたしがいま耐え忍んでいるこんなこと〔拷問〕が怖いために、独裁者の前に這いつくばっているとは！」、と言った。そして最後には舌を咬《か》み切り、彼〔僭主〕にむかってそれを吐きかけた。で、これに煽られた市民たちは、ただちに石を投げつけて僭主を殺害した。さて、上に述べた事柄については、大方の人の同意するところであるが、ヘルミッポスは、彼〔ゼノン〕は石臼のなかに投げ込まれ、めった突きにされて死んだのである、と言っている。

ゼノンの最期に関わって、こういう証言が沢山残されている。[5] 挙げられる僭主の名前は、ネアルコス、ディオメドン、デミュロス等、さまざまである。しかしゼノンが最期を遂げたとされる国については、報告はすべてエレアで一致している。「火のない所に煙は立たぬ」という。ゼノンが僭主暗殺計画とか、政治的抵抗運動とか、何かそういった事件に関わって、エレアで、壮絶な最期を遂げたらしいということだけは、どうしても、「事実」として認めざるをえないであろう。

ストラボンとプルタルコスの証言

問題は、ゼノンの最期とパルメニデスの立法との関わりにある。ゼノンは、何故、ほかならぬ自分の国エレアで、最期を遂げなければならなかったのであろうか。そして、パルメニデスは何故、エレアのために、「最善の法」を立てざるをえなくなったのであろうか。

思い出そう、ストラボンが、『地理誌』第六巻第一章において、エレア市の治政について語り、「この市がよく治められてきたのは、この人たち〔パルメニデスとゼノン〕に拠るところ大であった」、と述べていたことを。注意すべきは、ここでストラボンが言及しているゼノンが、わたしたちがよく知っている「ゼノンの逆理」の著者、「二枚舌の詭弁家」と評されたりもする、あの論理思想家としてのゼノンではないということである。このゼノンは、いままでわたしたちがよく知らなかった、政治家としてのゼノンである。

プルタルコスもまた、同じことを証言する。『コロテス論駁』三二においてプルタルコスは、「パルメニデスの弟子ゼノンは、僭主デミュロスに対して謀反を企て、その実行が失敗に終わったとき、彼は、火責めのなかで、あたかも黄金を火で試すように、パルメニデスの言説を混じり気なしの範とでもするかのように、大の男にとって恐れるべきは恥辱であって、苦痛を恐れるのは子供や女たちであり、女のような心をもった男たちであることを、身をもって示した。すなわち、彼は、自分の舌を噛み切って僭主に吐きかけたのである」、と証言している。[6] そしてディオゲネス・ラエルティオスもまた、ゼノンは「国政」に関しても優れた識見をもつ人であった、と言っている。[7]

ストラボン、プルタルコス、ディオゲネス・ラエルティオスの三者は、パルメニデスとゼノンの二人が政治家であったとする点で、完全に一致しているわけである。

ゼノンの最期とパルメニデスの立法

パルメニデス解釈にかかわって、「ゼノンの最期」をめぐるさまざまな報告をどう評価し処理するかは、大きな課題となる。もちろん、大概の研究者たちがそうしているように、それらはパルメニデスの哲学や存在論思想とは何の関係もございませんせん、そして、哲学者や存在論者でない者は、パルメニデスでもゼノンでもありませんと突っぱね、完全に無視して、すべてゴミ箱に放り込んで「天下泰平」を決め込むことも、不可能ではない。だが、それで本当によいのだろうか。そのことによってパルメニデスの実像は、少なくとも半身以上を殺《そ》ぎ取られることになるのではあるまいか。実際、ストラボンやプルタルコスやディオゲネス・ラエルティオスのパルメニデスならびにゼノンに関する報告を全否定することは、パルメニデスの全身像を描き出すのを不可能にしてしまうであろう。これは、パルメニデスの全身像を描くことを意図するわたしとしては、忍び難いことである。そして、たぶん、多くの読者にとってもそうであろう。そこで、わたしは、エレアの僭主の個々の名前や、ディオゲネス・ラエルティオスの報告にある「リパラ島への武器搬送」などというキングズリー好みの未解明のことには拘泥《こうでい》せず、報告にあるゼノンの最期に関わることは、おおむね実際に起こったことであ
る、と仮定する。すると、その仮定からは、
(1) パルメニデスの立法は、ゼノンの死後に行なわれた、そして
(2) パルメニデスの立法以前に、エレアでは寡頭政治とそれに次ぐ僭主政治が台頭した、
という二つの結論が、導出されることとなろう。
(1) ゼノンの死以前に「パルメニデスの法」がすでに存在していたと仮定すると、矛盾が生ずる。プルタルコスの報告によれば、パルメニデスの法は「最善」のもので、これを遵守することがエレアを統治する任に当たる者たちに課せられた毎年の責務であった。が、もしもその法が、「ゼノンの最期」以前にすでに存在していたと仮定すると、遵守されるべきであったその法が遵守されず、「最善」

であったはずの法が「最悪」の法であったことになる。換言すれば、「パルメニデスの立法」と、その法をめぐる「プルタルコスの証言」の間には、「ゼノンの最期」が入りこむ歴史的空白部分が存在しない、ということになる。

ここでついでに、「エレアの最期」についても触れておこう。エレアの統治に当たった者たちは、代々、プルタルコスが報告するように、「パルメニデスの法」の遵守を誓い、その法を誇りとして任務を遂行したことであろう。そのことによってエレアは、ポセイドニアなど近隣ギリシア人強国がルカニア人によって征服され、次々と滅んでいくなか、なおも頑強に生き残り、前二七三年にローマに併合されるに至っても、しぶとく独自のギリシア文化を守り続けられたのである。が、自然には逆らえない。エレアの二つの港は、イオニア地方のミレトスやエフェソスの港と同様に、やがて、堆積する沖積土によって干上がり、港湾都市として立ち行かなくなる。あまつさえ下の居住区域は、マラリアが蔓延する不衛生な湿地帯となってしまう。やむなくエレアの住民たちは「ヒュエレ」の地を引き払い、いっそう内陸部に移り住んで「新しいヴェリア」(Novi Velia)の町をつくり、幾多の歴史的変遷を経て、人口二、三〇〇〇人くらいの小さなイタリアの村落となって現在に至っている。

それゆえにゼノンは、師パルメニデスに先立って、すでに物故していたものと考えざるをえない。したがってまたパルメニデスの立法は、市民たちの合意に基づいて、ゼノンの最期を機縁として、実現されたものとみなされざるをえない。何故なら、およそ「立法」なるものは、ギリシアの場合、アテナイにおけるソロンの改革がそうであったように、市民たちの合意のもとに選任され委託された特定の人物によって、実施されるのがしきたりだったからである。パルメニデスの立法の場合はそうでなかった、とは考えにくい。

（2）エレアの地は、「この市がよく治められてきたのは、この人たち〔パルメニデスとゼノン〕に拠るところ大であったが、その前から、ここは統治のゆきとどいた土地柄であったように思われる」とストラボンが述べていたように、パルメニデスの父祖フォカイア人の建国以来しばらくの間は、よき秩序（エウノミア）が保たれていたようである。パルメニデスならびにゼノンが成長し一人前になる頃までの期間は、たぶん、そういう時代であったろう。しかしゼノンの「最期」が示唆するのは、市民たちが二つに分裂し、党派抗争が起こり、それが高まってゆくなかで寡頭制政治が横行し、僭主政治が勃興しようとする時代である。「ゼノンの最期」に関わる数多い報告にあって、挙げられる僭主の名前がバラバラで不確定なのは、僭主政治がいまだ萌芽期にあったことを物語るものであるのかもしれない。その時代に、ゼノンは、いちはやく僭主制打倒を目指して立ち上がり、捕われの身となり、衆目のなか、激しい拷問を受けて死を遂げることになったのであろう。その壮絶な最期に立ち会い、ゼノンの言動に煽られ憤った市民たちは、暴動を起こし、実際に僭主を殺害したのかもしれない。が、それでもなお、たぶん、市民たちの抗争はいっかな終息しなかったであろう。その事態が続くなかで国の存立そのものが危ぶまれる状態になるに及んで、両派を代表する者たちは、最終的結着を図るべく、「賢人」（エイドース・フォース、断片一・三行）パルメニデスを選び出し、立法の仕事を委託したものと思われる。「ゼノンの最期」をめぐって、ストラボン、プルタルコス、ディオゲネス・ラエルティオスが語っていることから読みとられうる、エレアにおける「内乱」の大雑把な成り行きは、だいたい、以上のようなものだったのではあるまいか。

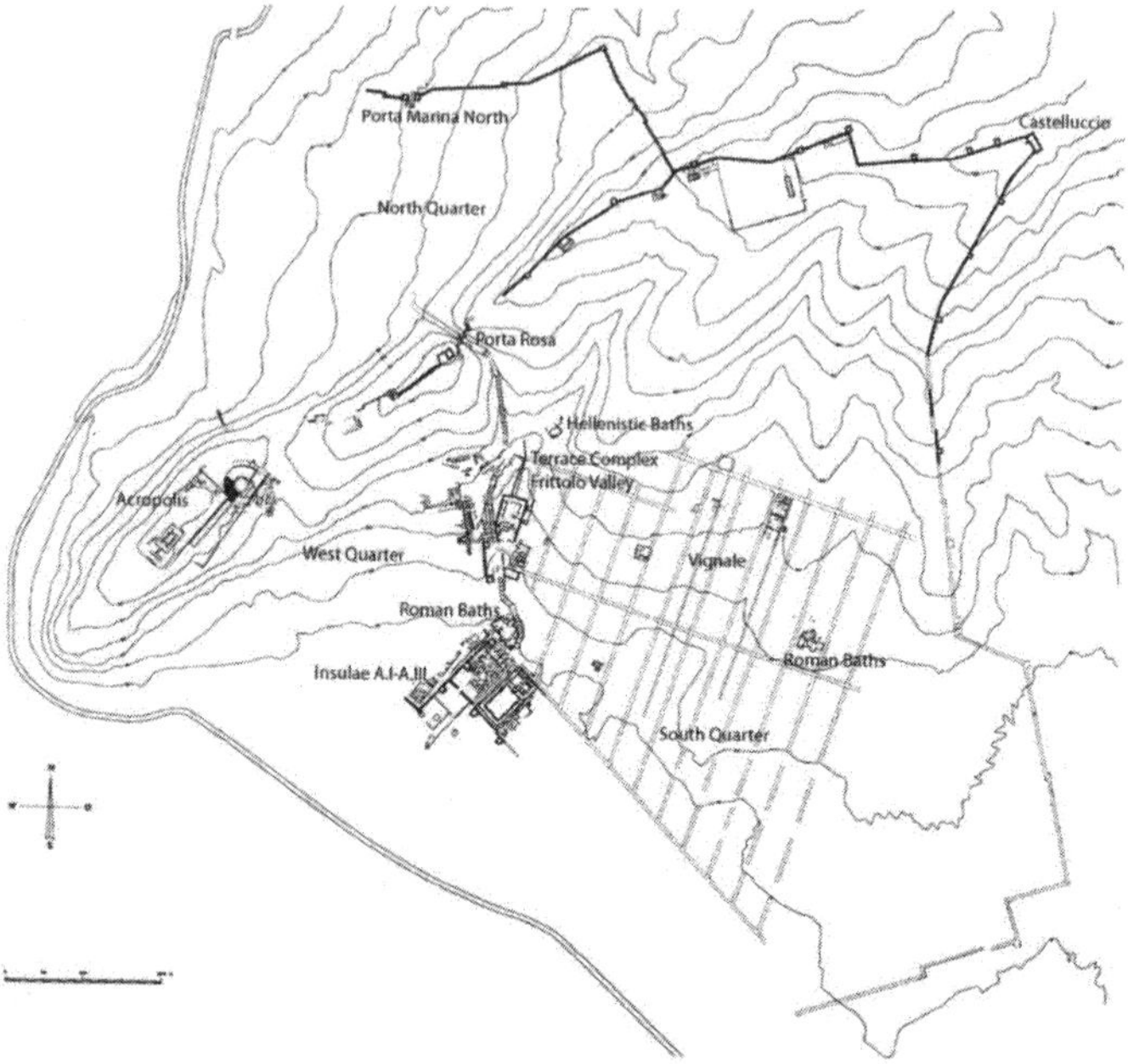

Fig. 2. Velia: plan of the Hellenistic city
(drawing M. Trümper after F. Krinzinger and G. Tocco (eds) 1999, Beilage without number).

図18－1　エレア市地図

抗争の根本原因

しかし、そもそも何故、市民たちは、二派に分かれて抗争するようになったのであろうか。その根本原因が分からないようでは、パルメニデスの立法の成立事情を探るすべての試みは、たんなる空中楼閣にすぎないこととなるであろう。

ありうべき一つの仮説を立てて、その根本原因を探ってみよう。

「内戦」は、エレア市の成り立ちそのもののうちに種蒔かれていた、とわたしは考える。すなわち、パルメニデスの立法によって終息させられることになるエレアの「内戦」は、エレア市の地勢のしからしむるところであった、と。

具体的に言えば、エレア市民たちの分裂・抗争は、エレア市の地勢を大きく南北に両断する「フリットロ渓谷」に起因するものであった、と考えられる。**図18－1、2**を見ていただきたい。その真ん中あたりに"Frittolo Valley"という文字がみえるはず。その"Frittolo Valley"にある噴泉こそは、ストラボンが『地理誌』において「フォカイア人たちは、ある噴泉に因んで、『ヒュエレ』('Υέλη)ないし『エレー』('Ἐλη)と呼んだ」と述べたところの、当の「ヒュエレ」の泉の所在地である。その場所を一層精確に見定めておこう。"Frittolo Valley"の文字の斜め上に"Hellenistic Baths"の文字が見えるはず。その文字は、前三世紀の終わり頃につくられたヘレニズム時代の浴場施設があった場所を示している。そこの斜面から噴出する（そして現在も噴出している）泉こそは、「エレア」の国名となった「ヒュエレの泉[8]」に他ならない。

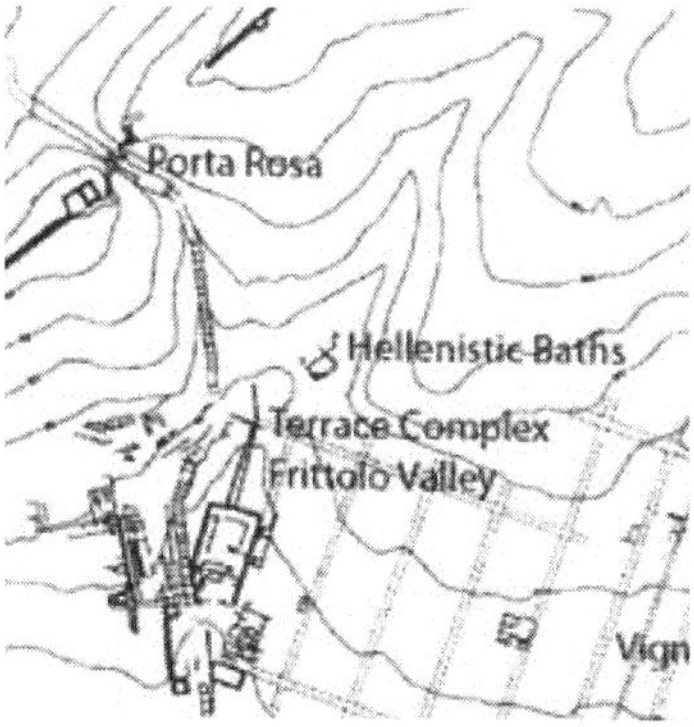

図18－2　エレア市地図（拡大）

「温泉浴場」などといえば、なにか心地よい、ほんわかした気分になるかもしれない。が、前六－前五世紀頃には、その浴場施設は未だ設置されていなかった。そして、後にはここを療養所として利用したローマの権力者たちも、ここを訪れることは未だなかったのである。そのうえさらに、パルメニデスやゼノンが生きていた時代のエレアは、「南イタリア」という言葉で人がふつうイメージするような、太陽の光が燦々《さんさん》と降り注ぎオレンジがたわわに実る結構な場所ではなかったのである。そこは、むしろ、荒々しい気象のところで、住民たちは、西方のテュレニア海から吹き寄せてくる激しい突風に悩まされつづけたのである。[9] それどころか、その「ヒュエレの泉」こそは、私事で申し訳ないが、「ポルタ・ローザ」門に崖崩れの土砂を堆積させつづけ、わたしを「通せんぼ」して、アクロポリスへまっすぐ行かせなかった大元だったのである。

ナポリ大学の考古学者ジョヴァンナ・グレコ（Giovanna Greco）は言う、現地で“Vallone del Frittolo”（フリットロ渓谷）として呼ばれている渓谷にあるその「泉」は、「戦略上」重要な場所を占めていて、「丘陵地帯の斜面の、深い、自然にできた掘削路に隣接する、連なり合った三つの段丘のいちばん高い場所を占めている」。そしてさらに言う、「この渓谷は、アクロポリス南東斜面領域と、山稜の最東端に位置する所謂『カステッルッチオ』（Castelluccio 城塞）の間を分け隔てる一種の『分割地点』となっている。急峻で、でこぼこした斜面をもつこの渓谷は、丘陵地帯と港湾に面した平地部との間を繋ぐ一種の蝶番《ちょうつがい》のような役割をしている」、と。そしてまた言う、「雨水と、今日もなお活動中の、渓谷に位置する、この自然の噴泉から噴出される水の流れは、しばしば急流となり、急峻な斜面のゆえに、たえず崖崩れをひき起こす原因となってきた。史料に『ヒュエレ』として挙げられているこの泉は、渓谷の狭い通路を通って流れ下る川をつくり、しばしば激しい奔流となって多大の損害をもたらし、住民たちに、道路をたえずつくり直したり修繕したりすることを強要してきた当の場所であった」、と。

エレアの住民の歴史は、この厄介で物騒な、上の居住区域と下の居住区域を分け隔てる「フリットロ渓谷」を挟んで、次のような段階を経て形作られていったものと推測される。

(Ⅰ)エレアに入植した最初期の住民フォカイア人たちは、国防と交易の利便の双方のゆえに、自分たちの居住区をアクロポリス上の東と西の領域と港湾部の平地周辺の二ヵ所に分けて住むことを余儀なくされた。それらの中間をなすフリットロ渓谷の「はざま」の地は、出水や土砂崩れが頻繁に起こる厄介で危険な場所で、当然、居住区域には適さなかったからである。ウイーン大学の考古学者ガスナーの調査によれば、エレアの住民たちは、建国以来六〇年間ほど、少なくとも前四七五年頃――つまりパルメニデスが四〇歳になる頃、そしてゼノンが一五歳になる頃――までは、上の領域と下の領域における、このような居住区域の棲み分けを余儀なくされたものと思われる。

(Ⅱ)他のポリスには見られない、エレア特有のこの居住区域の棲み分け・分離形態は、その間に、おのずと、エレア市民たちの生活習慣や利害関心のあり方を二分化・二極化していき、双方の人々の間に異なった政治意識や党派心を育み、先鋭化していったことであろう。また、その間には経済発展とともに市街区の区画整理も進んでいき、人口が増加していくにつれ「はざま」の大きさも南北上下両方向から次第に狭まっていき、両者間の衝突も一層頻繁に起こるようになり、政治のうえでは寡頭制的傾向が強まり、これに対抗する勢力もまた大きくなっていったであろう。

(Ⅲ)そして前四五〇年頃――このときパルメニデスは六五歳頃、ゼノンは四〇歳頃[10]――には、アクロポリス上の第一セクターならびにその東部の第二セクター上の居住区域は、〔ガスナーによれば、そのはっきりした理由はまったく分かっていないが〕完全に廃棄される。[11]アクロポリスに居住していた人々は自分たちの住居を引き払い、大挙して下の居住区域へと移り住み始める。そしてこのとき以降、アクロポリスの南方麓周辺ならびに東部地域の居住区域の整理は急速に進められていき、いきおい、「はざま」を挟んで住んでいた南北の住民たちの利害関心は、土地の所有問題や経済状況、人口の移動、はては職場の奪い合いなどをめぐって、ますます激しく衝突するようになり、その争いに乗じて、寡頭制政治に終止符を打ち、僭主たらんと野望を抱く人物もまた現れてきたであろう。

　ゼノンがその僭主を打倒しようとして壮絶な最期を遂げ、そのことを機縁として抗争中の当事者たちが、闘いに疲弊して、たがいに談合を進めた結果、「エイドース・フォース」としてのパルメニデスが立法者として選ばれ、エレアの国制の法制化を進めていったであろうことについては、すでに述べたとおりである。

　その立法者・政治家としてのパルメニデスの仕事は、前四四〇年頃、つまりパルメニデスが七五歳で生を終える頃までには[12]、すべて完結していたことであろう。その間にパルメニデスが推進したのは、エレアの住民たちにマイナスとなる負担を負わせつづけてきた「フリットロ渓谷」の地勢をプラスの要因へと転化させるべく、上下の街の住民たちの協業による地場産業を興し、その産物を売りさばき、交易事業に長けた父祖たちのやり方を継承して、自国を地中海世界の「交易センター」の一つたらしめんとすることにあったようだ。そのための土台をつくるべく、パルメニデスは、「フリットロ渓谷」を「無用」で危険な場所から「有用な」台地へと作り直そうと、住民たちの協業を組織するための法的整備を行なったであろう。エレア社会を立ち直らせるためには、なによりも「ヒュエレの泉」を適切に使いこなし、コントロールすることが大事だったからだ。そして、そのためには、エレアの住民たちを一致団結させることが一番重要なことであった。こうして、ヒュエレの「泉」から溢れ出る「フリットロの流水」（Frittolo stream）の勢いや方向を調整するための、長大な排水溝をつくり、タンクや円管を地下に埋設する、遠大な土木工事が開始された。

　すでに述べたように、ヘレニズム時代には、医療センターと療養所の機能を兼ね備えた浴場施設がフリットロ渓谷に設けられたが、その評判はひろくローマや地中海世界に知られていた。これはもちろん、パルメニデスの時代におけるエレアの市民たちの、「ヒュエレの泉」を制御する作業にかけた、地道な努力の賜物《たまもの》であったと考えられる。彼らは、父祖伝来の窯業に精を出し、アンフォラや大量の陶器類をつくって輸出する一方で、[13]フリットロ渓谷の近傍には柑橘類の畑を、そして東の「Vignale」領域には広大な葡萄農場をつくった。有名なエレアの香水や香油もまた、「ヒュエレ」の泉を活かして興された地場産業が産みだしたものであった。この時代のエレア人たちは、パルメニデスの父祖フォカイア人たち同様に、商魂たくましい連中で、これらを交易商品として、地中海世界やローマの経済圏に乗り出していき、次第に国際的名声を高めていった。ローマの執政官ルキウス・アエミリウス・パウルス（Lucius Aemilius Paullus）が、お付きの医者たちに勧められて、エレアでの温泉療法による治療を受けようと、一艘の船を仕立ててエレアを訪れたのも、この頃のことであった。しかし、エレアの名は、たんにローマ人たちの間で知れわたっていたばかりではない。ヒッポクラテス派の医師団の根拠地として名高いコスのアスクレピエイオンの聖域から、前二四二年に代表団が派遣され、エレアを訪問していることも、当時におけるエレアの医療技術が世界的にみても最高レベルにあったことを物語っている。ヘレニズム時代におけるエレアの国際的盛名は、デルフォイの「プロクセノス記銘帳」にたくさんのエレア人の名前が記されていることからも知ることができる。そのことは、エピダウロス、アテナイ、デロス、エジプトのアレクサンドリアなどにおいても確認しうることである。エレアは、とりわけデロスと親密な関係にあったようである。[14] その当時、地中海交易の中心がデロスにあったことを考えると、国際的交易国家としてのエレアの活躍ぶりが目に浮かぶようである。

エレアという小国の、このようにも目覚ましい国際的発展は、パルメニデスの時代のエレア市民たちが「エウノミア」の理想にかけて支払った地道な努力なくしては、ありえなかったものであろう。

パルメニデスの立法

ストバイオスの伝えるデモクリトスの言葉に、「国家におけることどもが、うまく運営されることを、他の事柄にもまして、最も重要なことと考えなければならない。適切な度合いを越えて争いあうことも、共通なものに益する度合いを越えてまで、自分の身に力をつけようなどとせずに。というのも、よく運営される国こそは、最大に安全な国であり、すべてはまさに、その安全ということにかかっているからである。これが救われるなら、すべては救われ、これが滅びるなら、すべては滅びる」(B二五二)というものがある。「立派に運営される国」という言葉は、わたしたちに、パルメニデスの立法理念「アシュロン」と「真珠なす真理の揺るがざる心」(断片一・二九行)を思わせ、「これが滅びるなら、すべてが滅びる」という言葉は、内戦の混乱のうちにあって、「アーテー」に憑かれたかのように常軌を逸し、「聾にして盲のごとく、呆然自失して、無分別なる烏合の衆」(断片六・七行)と化したエレアの市民の「内戦」における狂乱のさまを思わせる。ストラボンとプルタルコスが、エレアの治政に関わって、パルメニデスとゼノン両名の名前を挙げて称揚したのは、彼らが、「アーテー」によって引き起こされたかのようなエレア社会の「内戦」に終止符を打ち、危殆《きたい》に瀕した祖国エレアを、内からも外からも「不可侵」なものとして守ったからであるだろう。デモクリトスの「これが救われるなら、すべては救われ」るという言葉は、「救い」の元となったパルメニデスの法理念「アシュロン」を念頭に置いて言っているかのようである。

プルタルコスが「最善の法」（複数形）と評したパルメニデスの法体系が民主的に整備され、寡頭政治や僭主政治と相容れぬものであったことは、「パルメニデスの教えを実践の火中において生かそう」と僭主打倒に立ち上がり、壮絶な最期を遂げたゼノンの行動に照らしても、確かなことだと言わねばなるまい。エレアの政体が、基本的に、民主主義的に運営されたことは、疑いないように思われる。

だが、ソンゲ＝メルラーは、「アシュロン」を法理念とするエレアの政体が、実際には、真の意味での「民主制」とは似て非なるものであったはずだ、と主張する。そして、「共同体（《有》）が無傷無欠のものとして存続しつづけるうえで、決定的に重要なのは、それ（《有》（Being））以外のすべてのもの、それ（《有》）に等しくないすべてのものを、積極的に排除することである。《有》が、見知らぬもの・異質なもの（what is alien）から守られなければならないということは、パルメニデスが用いる《いたるところ不可侵》（アシュロン）という言葉使いによって、最もよく言い表されている。注目されるべきは、パルメニデスの言う《アシュロン》が、われわれが言う《アジール》（asylum）とは、およそ対角線的対立をなすほどにまで、異なったものであった、ということである。パルメニデスにとって大事であったのは、見知らぬもの・異質なものを庇護することではなく、むしろ反対に、共同体《有》の方が、見知らぬもの・異質なもの（あるいは《有ならざるもの Not-Being》）から庇護されねばならない、ということだったのである[15]」、と。

「見知らぬもの・異質なもの、あるいは《有ならざるもの Not-Being》」という言葉でソンゲ‐メルラーが具体的に考えていたのは、なによりも「女性」差別にかかわることであった。「アシュロン」概念の両義性を突くことにより、彼女は、パルメニデスを「女性差別者」と断定したわけである。だが、いったい、パルメニデスの「法」と「女性差別」との間に、何の関係があるというのか。

その理由としてソンゲ‐メルラーが念頭に置いたのは、アテナイの民主制全盛期の前四五一年に、ペリクレスが民会に提案して可決された所謂「ペリクレス市民権法」である。その法は、アテナイ市民たる者の条件を、両親ともアテナイ人である嫡出の男子に限るものであった。この法は、アテナイ人の「市民権」をきわめて狭く限定し、「奴隷」や「難民」は言うに及ばず、「女性」や「メトイコイ[16]」に市民権を与えず、それらの人々を「アテナイ市民ならざる者」として排除することを目的とした。

だが、「ペリクレスの市民権法」を「パルメニデスの法」と同一視するのは間違っている。それら二つは、成立した時代背景も目的もまったく異なる。わたしが、本書第一章冒頭を、「パルメニデスの生国エレアは、新興ペルシア帝国によって祖国を追われたフォカイア人たちが、およそ一〇年の歳月というもの、安住の地を求めてさまよったあげく、前五三五年頃に南イタリアのテュレニア海沿岸に建てた、貧しくも小さな国であった」という言葉で始めたことを、覚えておられるであろうか。その文中の「安住の地」という言葉を、わたしは、意識的に、パルメニデスの「アシュロン」という言葉に重ね合わせつつ記したのである。

　パルメニデスの言う「アシュロン」が意味したのは、地中海を「難民」として流離《さすら》った彼の父祖フォカイア人たちが、最後にこころの拠り所とした「不可侵の避難所」、「安住の地」、「ついの棲家」であった。それは「ペリクレスの市民権法」が意図したものとは真逆の関係にある。トゥキュディデスは『戦史』（二・三四）において、ペリクレスを、「見識において卓越していると思われ、評判のうえでは第一番の者」と揶揄し、その政治を、実質において僭主政治と変わらぬ「第一人者支配」（二・六五）であると皮肉った。その第一人者ペリクレスが率いる帝国の実態は、米澤茂の言によれば、「他の国々を従属国化し、時には残虐な手段を用いてまで、その富を奪うことによって」成り立つ類の、貪欲な巨大帝国であった。[17] それは、エレアのような、「安住の地」であることに甘んじた小国ではなかった。

「ペリクレスの市民権法」についての評価は、さまざまである。アテナイ贔屓《びいき》やペリクレス贔屓は、今もそうだが、昔からけっこう多い。それなりに「ペリクレスの市民権法」をオブラートで包みこみ、これを甘く飲み下してきた。しかし、どのようにペリクレスを贔屓しようとも、その法が「市民権」を厳しく制限することによって、結果的に、アテナイ社会自身を自縄自縛の罠に陥れ、自滅の道へと歩ませるよう拍車をかけるに至ったこと自体は、否定できまい。実際、ペリクレス自身が、その典型例を演じている。ペリクレスには二人の息子がいた。が、ふたりとも疫病にかかって死んでしまう。妻と離婚したペリクレスは、ミレトス生まれのアスパシアという、才色兼備のヘタイラ（遊女）と同棲する。そして彼女との間に、男の子をもうける。が、その子は、「ペリクレスの市民権法」によれば、「アテナイ市民」となるための条件を充たさない。そこで、ペリクレスは、泣いて民会に訴えた。どうか特別に、この子には、「市民権法」を適用しないでくれ、と。そして、これまたなんと恥ずかしいことに、アテナイの民会は、この訴えを認める決定を下したのである。[18]

この、前五世紀の「人種隔離政策」（アパルトヘイト）とも言うべき醜悪な「ペリクレスの市民権法」に、ソンゲ-メルラーは、何故また無理やりに、パルメニデスの法理念「アシュロン」を重ね合わせ、両者を同一視するのであろうか。西洋における哲学とその歴史は、一貫して、「女性なしの哲学」「女性を排除することによって成り立つ哲学」でありつづけてきたが、その端緒を創った最初の人物こそはパルメニデスである、と断ずるためであった。

しかし、パルメニデスが「女性差別者」であったというのは、本当のことだろうか。それともむしろ、彼は、ギリシア思想史上にあってはまことに稀な、「男女平等論者」であったのであろうか。[19]これは、たいへん面白い、歴史クイズである。ぜひとも自分で、解いていただきたい。この問いを、偏見にとらわれず、しかも、手っ取り早く、具体的に解く方法はただ一つ。残存パルメニデス断片すべてを、もう一度丁寧に読み直すことである。できれば、立派な解答をお寄せくださいますように。

＊＊＊

さて、これまでわたしは、断片一序歌の、いちばん最初に登場する、「わたし」（με）が物語るところの、パルメニデス詩『ペリ・フュセオース』について話してきた。が、その「わたし」とは、いったい何者だったのであろうか。

「わたし」という一人称単数代名詞は、人間にかぎらず、どんなモノをも表しえた。たとえば前五〇〇年頃のものと思われる古代アテナイのアゴラの遺跡から発掘された境界石には「わたしはアゴラの境界石である」（ホロス・エイミ・テース・アゴラース）と刻まれていたし、オリュンピアの巨大なゼウス神像をつくった彫刻家フェイディアスの工房跡から発掘された盃にも「わたしはフェイディアスのものである」（フェイディウー・エイミ）と刻まれていた。パルメニデス詩にあっても同様である。その「わたし」という「詞」は、ほとんど不定代名詞に近い「わたし」である。その「わたし」が誰であるのかは、『ペリ・フュセオース』全篇を通じて、隠されたままである。その「わたし」は、おおかたのひとが考えているように、パルメニデスそのひとを指すものなのであろうか。だとすれば、その場合、「わたし」を教導する任に当たる「女神」は、いったい何者になるのであろうか。ほとんどすべての研究者たちは「女神」を、パルメニデスの教説の代弁者である、とみなしている。「矛盾しているではないか」、とわたしが異議を唱えようものなら、当の相手方のそのひとは、癇癪《かんしゃく》を起して、「教えられる者が教える者であって何が悪い！」と開き直り、怒鳴るかもしれない。

　わたしは、そういう無茶なことはしない。かわりに、一つの仮説を述べる。すなわち、パルメニデス詩『ペリ・フュセオース』は、パルメニデスの立法と新生エレアの誕生を記念して催された式典において、役人たちやエレア市民たち一同を前に、主賓の一人としてパルメニデスが読み上げた、公式の式辞であった、と。その場合、プルタルコスによる「最善の法」としての「パルメニデスの立法」についての報告は、このときの式典が、エレア市民たちに代々伝えられ、引き継がれていったものと理解されよう。

このように解釈されるならば、『ペリ・フュセオース』が何故、わざわざ古風な、ホメロス調の六脚韻律詩で表現されることになったのか、そしてまた、何故、その序歌が、「吾を運ぶ雌馬ら逸りて、むらぎもの、たぎるおもひの届きえむ、そのかぎりまで、送りにけりな」というふうに、オルフィック風の「挽歌」を思わせる詩行で始まっているのか、その理由《わけ》が分かろうというものだ。パルメニデスがその詩をホメロス風に仕立てたのは、エレアが父祖フォカイア人の立てたポリスであり、そのフォカイアの故地は、ホメロスが少年時代を過ごした場所にほかならなかったからであろう。また、その詩が、「送りにけりな」という言葉で終わる、そのものずばりと言っていい「挽歌」風の、三行から成る詩句で始まっているのは、パルメニデスの立法が、ゼノンの最期を機縁として成ったものであることが分かっているひとには、まことに自然なことであっただろう。そのゼノンに、しかるべき「葬送の歌」を捧げて式辞を始めるのは、事にあたって冷徹そのものであったパルメニデスのみならず、参会者一同の責務であったと言うべきであろう。

こうして、「わたし」という代名詞が投げかける謎は解消されたことになる。その「わたし」は、結局、パルメニデスの立法にかかわりあったすべての人々、「錯乱の女神アーテー」の頭上を越えていった人それぞれの「わたし」であり、それらの「わたし」たちが共有する「わたし」、つまり「わたしたち」、その式典に参加したすべての人々、「われわれ」、を指す代名詞だったのである。

⁂

ソティオンによれば、パルメニデスは、若き日に、貧しかったが高貴な人であったピュタゴラスの徒、ディオカイタスの息子アメイニアスによって、「ヘーシュキア」（静謐）の生活へと導き入れられた、という。そして、その人が亡くなったとき、彼は、この人のために、ヘーローオン（英雄碑）を建てたという。だが、彼は、実際には、いまひとつ別の、ホメロス風六脚韻律詩として綴られた英雄碑文『ペリ・フュセオース』を創ったのである。そしてこれを、思うに、パルメニデスの立法と新生エレアの誕生を記念して催された式典において、祖国のために命を落としたゼノンの勲業《いさおし》を称え、ひいてはまたエレアの恒久平和と発展を祈願して、参会者一同が見守るなか、読み上げ、朗読したその一巻の書物を、――エフェソスのヘラクレイトスがアルテミス神殿にみずからの著作を捧げたように――祖国エレアのアクロポリスに鎮座する、知恵の女神アテナに捧献したのである。

エピロゴス

本書は、ギリシア思想に関するわたしの、たぶんは最後のモノグラフとなるだろう。この機会に、若き日にギリシア語を教えていただいた二人の先生について記しておきたい。

そのおひとりは、岩倉具視《ともみ》のひ孫で西郷従道の孫だとかいう、言語学者の岩倉具実《ともざね》先生。眉目秀麗にして容貌魁偉、日本人ばなれした顔立ちのこの先生に、同志社大学神学部の塔（クラーク館）のなかの教室で、初級、中級、上級クラスのギリシア語を学んだ。初級クラス「ギリシア語文法」には大勢の神学部学生たちが押しかけた。新約聖書を原典で学ぶには、古典ギリシア語の学習が不可欠だったからだ。が、日が経つにつれ、受講生の数はどんどん減っていき、最後には、女子学生ひとりと、わたしだけになってしまった。

岩倉先生はプロテスタントのクリスチャン。中級クラス「新約聖書」の授業では、先生の好みか、「ヨハネによる福音書」と「ヨハネの第一の手紙」「第二の手紙」などが丹念に読まれた。そして上級クラスでは、理由はよく分からないが、プラトンの『饗宴』篇が読まれた。おかげで、わたしは今でも、「ヨハネの第一の手紙」の

一節や、プラトン『饗宴』篇における悲劇作家アガトンの「エロス」についての演説などを、暗唱《そらん》じることができる。

「ヘレテ！　ヤマカワくん」というのが先生の挨拶だった。「ヘレテ！」は現代ギリシア語で、「ごきげんよう！」というくらいの意味。その奇妙な挨拶のせいか、わたしは後年、現代ギリシア語で詩を書き翻訳するようになった。[1]閉口したのは先生のローマ字。岩倉先生は田《た》中舘《なかだて》愛橘《あいきつ》や田丸卓郎を継承する、当時名だたるローマ字論者のひとりだった。その著書には『口語辞典：Hanasikotoba o hiku Zibiki』など何冊かの辞典類がある。口にされ、黒板に書かれる文法用語はすべて、「Sirippo-no-Ugokikata」というふうな、ローマ字化された実に変てこな日本語、というか和ことばだった。ちなみに「Sirippo-no-Ugokikata」とは「語尾変化」のことである。先生の葉書を読み返すと、すべて、郵便配達員への配慮であろうか、住所宛名など表書きはふつうの漢字。だが、裏面本文は、先の尖った烏口《からすぐち》で引っ掻いたような、整然としてはいるが判読にはいささか骨の折れる、ローマ字の筆跡となっている。

＊＊＊

いまおひとりは、ギリシア哲学者として日本を代表する一代の碩学、田中美知太郎先生。当時、先生は、同志社大学大学院の非常勤講師として、左京区銀閣寺近くの鹿ケ谷のご自宅から、今出川線の市電に乗って同志社大学大学院の教室へと通っておられた。

大学院の修士課程と博士課程の五年間、プラトンやプロティノスを読む先生の授業に出席した。例のごとく受講生はあっという間にいなくなり、わたしひとりになってしまった。その授業に休みなく出席するのは正直言って骨が折れた。Liddell-Scott-Jones のギリシア語大辞典にどっぷり漬かり、H. W. Smyth の *Greek Grammar*（文法書）のうえを行きつ戻りつ、一回九〇分の授業につき、少なくとも一〇時間ほどは予習しなければならなかった。

その授業を控えたある日のこと、郷里からの送金を引き出すため、至急に、出町柳の郵便局へ走らなければならないことが起こった。大きな人だかりができていて、ずいぶんと時間がかかった。授業開始時間に間に合いそうにない。今出川通りを走りに走り、汗だくになって教室に駆け込んだ。そのとき先生は悠揚迫らず、まだ教室に居残っておられた。何かを読んでおられる様子であったが頭を起こされ、「大丈夫だよ」とばかりに笑いながら、右手を小さく振ってくださったのを覚えている。

わたしの学生時代はやがて終わった。が、「哲学」で食い繋ぐのは至難の業。シノペのディオゲネスを見習うしかない。あちこちの私立大学や女子高校で非常勤講師をするなど、その日暮らしの生活をしていた。そんなとき、専任教員の職が舞い込んできた。そのことを師父・知人・友人に伝えたところ、真っ先に返書をたまわり、喜んで下さった人がいる。田中美知太郎先生である。が、その葉書の末尾には、なんと一筆「ほんとうに分かっていることだけを教えるように」、と書かれてあった。

⁂

「神はサイコロを振らない」とはアインシュタインの言葉である。もしもその言が正しければ、「ほんとうに分かっている」ということの意味も初めから一義的に定まっており、田中先生が言われたよ

うに、それを他人《ひと》に教えることもできただろう。だが、アインシュタインを当てにするのも詮ないこと。彼は、晩年、実在をめぐる量子力学派の確率論解釈に悩んでいた。「神」と「サイコロ」についての彼の言は、自分の「思惑」を、かくあれかしと述べたにすぎない。

「生まれ生まれ生まれ生まれて生の始めにくらく、死に死に死に死んで死の終りにくらし」という空海の言葉がある（『秘蔵宝鑰《ひぞうほうやく》』）。いつ生まれてきたかも知らず、いつ死んでいくかも知らない人間、二つの「不知」の狭間《はざま》にあって、あれかこれかと「思惑」し惑乱する「双つ頭」の人間に、どうして「ほんとうに分かっていることだけを教える」ことなどできようか。死すべき者・青人草（『古事記』）が考えて言葉に上《のぼ》すことはみな「思惑」にすぎず、「真理」そのものではありえない。それゆえに本書もまた、「パルメニデスをめぐる一つの思惑」にすぎないであろう。が、思惑であることに変わりはないが、それなりのとりえが本書にはある。他人《ひと》の後塵《こうじん》を拝するを潔しとしない「オリジナリティー」の気概がそれだ。本書執筆にあたりわたしは、ただひたすらに「わが道」を行った。

オリジナリティーといえば、「エレア的アルゴリズム」に関わる、ちょっとしたエピソードがある。わたしは、毎日、朝食後に三〇分ほど散歩する。その散歩時に、ゴールデン・レトリバー種とおぼしき、長い金茶色の毛並み、いかにもやさしげな目をした、大型の老犬と出会うことがある。飼い主のご婦人に伺うと、その犬は、人の年齢にしてすでに九二歳くらい。わたしよりは八歳ほど年上で、名は「ブール」だという。フランスパンの一種に「ブールパン」というのがあって、そのパンか、パンに塗るバターか何か、そういったことにちなんで、「ブール」と名付けたのだ、と。それを聞いて、わたしはすぐに英国人の数学者、「ブール代数」の創始者にしてコンピュータ科学の生みの親、ジョージ・ブールのことを思い出した。期せずして「0」と「1」による二進法論理を開発した数学者と、やさしい目の老犬が一つになった。ブールと出会わなければ、「エレア的アルゴリズム」の発見はなかったであろう。

『ゼノン　4つの逆理』（初版本一九九六年）を講談社から上梓して、はや二六年が経つ。[2] 選書メチエの一冊として本書が出版されるのは、まさに「望外の喜び」である。本書の出版に尽力いただいた講談社第一事業局学芸部学術図書の互盛央氏ならびに栗原一樹氏に対し、心から御礼を申し上げる。

二〇二二年　広島に原爆が投下された日に

八月の石にすがりて[3]

山川偉也

パルメニデス断片テクストならびに翻訳

パルメニデス残存断片テクスト一行ごとに拙訳一行を対応させたテクストを以下に掲載する。断片の順序はＤＫに従う。テクストは断片一・三行“ἄστη”（ＤＫ）を写本Ｎに従って“Ἄτῃ”とした他は、David Gallop, *Parmenides of Elea: A Text and Translation with an Introduction*, University of Toronto Press, 1984 の先例に倣って、おおむね基本的に Leonardo Tarán, *Parmenides: A Text with Translation, Commentary, and Critical Essays*, Princeton University Press, 1965 に従って作成された。なお、専門的な校注の類は省略することにした。

断片一

1. ἵπποι, ταί με φέρουσιν, ὅσον τ᾽ ἐπὶ θυμὸς ἱκάνοι,
吾《あ》を運ぶ雌馬《こま》ら逸《はや》りて、むらぎもの、たぎるおもひの届きえむ、そのかぎりまで
2. πέμπον, ἐπεί μ᾽ ἐς ὁδὸν βῆσαν πολύφημον ἄγουσαι
送りにけりな、ことさわに、鳴りては響くかの道へ、吾をば駆り立て上《のぼ》せしのちに、
3. δαίμονος, ᾗ κατὰ πάντ᾽ Ἄτῃ[1] φέρει εἰδότα φῶτα.
アーテーの虜《とりこ》となりし、人みなの頭上を越えて、覚者をば、運びてぞ遣る、女神の道へ。
4. τῇ φερόμην. τῇ γάρ με πολύφραστοι φέρον ἵπποι
その道をこそ、吾は駕《ゆ》きけり、車牽く、多識の雌馬《こま》ら吾を乗せ

5. ἅρμα τιταίνουσαι, κοῦραι δ᾽ ὁδὸν ἡγεμόνευον.
乙女《おとめ》子《こ》ら、道を拓きて、示してければ。
6. ἄξων δ᾽ ἐν χνοίῃσιν ἵει σύριγγος ἀυτήν
車軸は鳴りぬ、軸受けに、炎《ほむら》と化して、牧笛の音《ね》をば発しつ。
7. αἰθόμενος, δοιοῖς γὰρ ἐπείγετο δινωτοῖσιν
けだしそは、廻《めぐ》る二つの轍《わだち》もて
8. κύκλοις ἀμφοτέρωθεν, ὅτε σπερχοίατο πέμπειν
両の方より駆らるるがゆえ。吾《あ》を送らむと
9. Ἡλιάδες κοῦραι, προλιποῦσαι δώματα Νυκτός,
日の乙女子ら、ぬばたまの夜の館《いえい》を離《さか》りきて、顔《かんばせ》かかる面紗《おほひぎぬ》
10. εἰς φάος, ὠσάμεναι κράτων ἄπο χερσὶ καλύπτρας.
頭《かしら》より、手もて撥ねのけ、光の方《かた》へ急ぐとき。
11. ἔνθα πύλαι Νυκτός τε καὶ Ἤματός εἰσι κελεύθων,
そこに立てるは「夜《よ》」と「昼」の、通う道筋《みち》なる門柱《かどはしら》
12. καί σφας ὑπέρθυρον ἀμφὶς ἔχει καὶ λάινος οὐδός·
上つ楣《まぐさ》、下つ石閾《いわしきみ》抱きてあり。
13. αὐταὶ δ᾽ αἰθέριαι πλῆνται μεγάλοισι θυρέτροις·
アイテールの、み空に届く門そのものは、大いなる扉《と》これを閉ざして
14. τῶν δὲ Δίκη πολύποινος ἔχει κληῖδας ἀμοιβούς.

畏こくも、罰に厳しき、女神ディケー、二つの鍵を手に執るを、

15. τὴν δὴ παρφάμεναι κοῦραι μαλακοῖσι λόγοισιν

巧みにも、日の乙女子ら、やさしの言葉投げかけて

16. πεῖσαν ἐπιφραδέως, ὥς σφιν βαλανωτὸν ὀχῆα

かくやは説きぬ、門《かど》の扉《と》を、固く止めたる門《かんぬき》を

17. ἀπτερέως ὤσειε πυλέων ἄπο· ταὶ δὲ θυρέτρων

いざはや、はずし給はれと。されば門扉《もんぴ》は、

18. χάσμ᾽ ἀχανὲς ποίησαν ἀναπτάμεναι πολυχάλκους

たちまちに、巨《おほ》き口、裂きて開きぬ

19. ἄξονας ἐν σύριγξιν ἀμοιβαδὸν εἱλίξασαι

軸受けに、鋲と釘もて固めては、青銅《からかね》の、装《よそ》ひよろしき軸柱

20. γόμφοις καὶ περόνῃσιν ἀρηρότε· τῇ ῥα δι᾽ αὐτέων

交互《かたみ》に廻《めぐ》らせ、撥《は》ね跳びて。それよ、たまゆら

21. ἰθὺς ἔχον κοῦραι κατ᾽ ἀμαξιτὸν ἅρμα καὶ ἵππους.

乙女子ら門《かど》を過《す》ぐりて、駒の大道、直《ひた》にゆく、車と馬ともろともに。

22. καί με θεὰ πρόφρων ὑπεδέξατο, χεῖρα δὲ χειρί

されば女神は、懇《ねんご》ろに、吾をば迎えて、わが右手《めて》を

23. δεξιτερὴν ἕλεν, ὧδε δ᾽ ἔπος φάτο καί με προσηύδα·

手に執り給ひ、かくのごと、言の葉かけて、言ひ給ひけり

24. ὦ κοῦρ᾽ ἀθανάτοισι συνάορος ἡνιόχοισιν,
おお、不死なる御者を伴侶《とも》として
25. ἵπποις ταί σε φέρουσιν ἱκάνων ἡμέτερον δῶ,
汝《いまし》を運ぶ車駕に座し、はるけくも、われらが家戸《やど》に到り着ける
26. χαῖρ᾽, ἐπεὶ οὔτι σε μοῖρα κακὴ προὔπεμπε νέεσθαι
稚彦《クーロス》よ、汝《な》は幸あれよ。かく言ふは、汝《な》をこの道に送り来し者、そはげに悪しき運命《モイラ》にあらざれば
27. τήνδ᾽ ὁδόν, ἦ γὰρ ἀπ᾽ ἀνθρώπων ἐκτὸς πάτου ἐστίν,
けだしこは、人間どもの踏み迷ふ、小径《こみち》を遠く離《さか》りてあれば
28. ἀλλὰ θέμις τε δίκη τε. χρεὼ δέ σε πάντα πυθέσθαι
さにあらず汝の来ませるは、法《テミス》と正義《ディケー》なせる業なり。さればこそ探ね求《と》むべし万事《よろづこと》
29. ἠμὲν Ἀληθείης εὐκυκλέος ἀτρεμὲς ἦτορ
真珠《またま》なす真理《まこと》の揺るがざる心も
30. ἠδὲ βροτῶν δόξας, ταῖς οὐκ ἔνι πίστις ἀληθής.
死すべき者らの思惑《おもひ》どもをも。後者《このもの》にまことの確信《よるべ》なけれども。
31. ἀλλ᾽ ἔμπης καὶ ταῦτα μαθήσεαι, ὡς τὰ δοκοῦντα
しかれども、これらをも汝《な》は学ぶべし、思惑《おもわく》さるるものどもの
32. χρῆν δοκίμως εἶναι διὰ παντὸς πάντα περῶντα.
まさしくありと言ふべかりしは、万有を貫きわたる《全》のゆえにぞ、と。

断片二

1. εἰ δ᾽ ἄγ᾽ ἐγὼν ἐρέω, κόμισαι δὲ σὺ μῦθον ἀκούσας,
いざ吾《われ》は汝《なれ》に語らむ。その話聞き終えしうえは、心にかけて吟味せよ

2. αἵπερ ὁδοὶ μοῦναι διζήσιός εἰσι νοῆσαι·
探求さるべき道のうち、いずれのものこそ、考へらるべき唯一のものなるかを。

3. ἡ μὲν ὅπως ἔστιν τε καὶ ὡς οὐκ ἔστι μὴ εἶναι,
そのひとつはいふ、「そは有《あ》りて、その有《あ》らざるはありえぬ」、と。

4. πειθοῦς ἐστι κέλευθος, ἀληθείῃ γὰρ ὀπηδεῖ,
こは、説得の道なるぞ、真《まこと》の理《ことわり》につき従うがゆえ。

5. ἡ δ᾽ ὡς οὐκ ἔστιν τε καὶ ὡς χρεών ἐστι μὴ εἶναι,
いまひとつはいふ、「そは有《あ》らず、その有《あ》らざるは必然なり」、と。

6. τὴν δή τοι φράζω παναπευθέα ἔμμεν ἀταρπόν·
汝《な》に告げむ、こは、まったくもって尋ぬべからざる道、と。

7. οὔτε γὰρ ἂν γνοίης τό γε μὴ ἐόν, οὐ γὰρ ἀνυστόν,
何となれば、あらぬものを、汝《な》は知りえようはずもなく――そはなしえざることなるがゆえ、

8. οὔτε φράσαις.
また、言葉に上《のぼ》すこともできぬゆえに。

断片三

1. . . . τὸ γὰρ αὐτὸ νοεῖν ἔστιν τε καὶ εἶναι

思惟しうることと、あることは、同じなり

断片四

1. λεῦσσε δ᾽ ὁμῶς[2] ἀπεόντα νόῳ παρεόντα βεβαίως·

しかと見よ、ヌースもて、現前してあらぬものどもをも、いま現にあるものどもにひとしく。

2. οὐ γὰρ ἀποτμήξει τὸ ἐὸν τοῦ ἐόντος ἔχεσθαι

何となれば、ヌースはあるものを、あるものとの連携より切り離すこと、なからむがゆえ、

3. οὔτε σκιδνάμενον πάντῃ πάντως κατὰ κόσμον

たとえそれが、この世界のいたるところに、ゆきわたり、分散してあろうが、

4. οὔτε συνιστάμενον

凝集してあろうが。

断片五

1. ξυνὸν δέ μοί ἐστιν,

吾《あ》にとりて、そは一にして同じ《クシュノン》こと

2. ὁππόθεν ἄρξωμαι· τόθι γὰρ πάλιν ἵξομαι αὖθις.

いずこより始めむとても。けだし吾、出で立ちし地に、幾ふたたびも帰りこむゆえ。

断片六

1. χρὴ τὸ λέγειν τε νοεῖν τ᾽ ἐὸν ἔμμεναι· ἔστι γὰρ εἶναι,

言ひ・かつ・考へねばならぬ、「あるもの－あり」と。何となれば「ある」はあるも、

2. μηδὲν δ᾽ οὐκ ἔστιν· τά σ᾽ ἐγὼ φράζεσθαι ἄνωγα.

「あらぬ」はあらぬゆえ。こを、汝《なんじ》に吾《われ》は命ずるぞ、すべからく熟考すべし、と。

3. πρώτης γάρ σ᾽ ἀφ᾽ ὁδοῦ ταύτης διζήσιος <εἴργω>,

といふも、まずは、この〔あらぬ〕探求の道より、吾は汝を〈遠ざくるが〉ゆえ。

4. αὐτὰρ ἔπειτ᾽ ἀπὸ τῆς, ἣν δὴ βροτοὶ εἰδότες οὐδὲν

しかれども、これに続きて、〔吾は汝を遠ざけむ、〕何ひとつ知ることなき青人草ら

5. πλάττονται, δίκρανοι· ἀμηχανίη γὰρ ἐν αὐτῶν

双つ頭ども、うろつき歩む、かの道からも。そは、寄る辺なき非力の

6. στήθεσιν ἰθύνει πλακτὸν νόον· οἱ δὲ φοροῦνται

この者どもが胸にありて、導ければなり、彷徨《さまよ》へる思惟を。その連れ行かるるや

7. κωφοὶ ὁμῶς τυφλοί τε, τεθηπότες, ἄκριτα φῦλα,

聾《みみしひ》にして盲《めしひ》のごとく、呆然自失して、無分別なる烏合《うごう》の衆。

8. οἷς τὸ πέλειν τε καὶ οὐκ εἶναι ταὐτὸν νενόμισται

思はれたるなり、この者どもには、あるとあらぬは同じくして

9. κοὐ ταὐτόν· πάντων δὲ παλίντροπός ἐστι κέλευθος.

同じからず、なべてにつきて、逆向きの道これあり、と。

断片七

1. οὐ γὰρ μήποτε τοῦτο δαμῇ εἶναι μὴ ἐόντα·
何となれば、そは決《け》して、手馴《てな》づけえざることなれば、「あらぬものどもあり」といふは。
2. ἀλλὰ σὺ τῆσδ᾽ ἀφ᾽ ὁδοῦ διζήσιος εἶργε νόημα·
されば汝《な》は、この探求の道より遠ざけよ、思惟を。
3. μηδέ σ᾽ ἔθος πολύπειρον ὁδὸν κατὰ τήνδε βιάσθω,
汝《な》が身に古く馴染《なじ》みたる習慣《ならわし》の、強《し》ふるにまかせ、この道を行き
4. νωμᾶν ἄσκοπον ὄμμα καὶ ἠχήεσσαν ἀκουὴν
見当《あてど》識なき眼や、聾《こだま》せる耳や
5. καὶ γλῶσσαν, κρῖναι δὲ λόγῳ πολύδηριν ἔλεγχον
舌を徒《いたずら》に労することなく、ロゴスに拠りて判定《ことわけ》せよ、大なる打撃与ふるエレンコス
6. ἐξ ἐμέθεν ῥηθέντα.
わが方《かた》より、語り出《いだ》されたるそれを。

断片八

1. . . . μόνος δ᾽ ἔτι μῦθος ὁδοῖο
ただひとつ、なお、道の話に
2. λείπεται ὡς ἔστιν· ταύτῃ δ᾽ ἐπὶ σήματ᾽ ἔασι
残れるは「あり」といふこと。その道の辺《へ》に、道標《セーマタ》の、

3. πολλὰ μάλ᾽, ὡς ἀγένητον ἐὸν καὶ ἀνώλεθρόν ἐστιν,
実《げ》に数多《あまた》、標《しる》して曰く、あるものは、不生にして不滅、
4. οὖλον μουνογενές τε καὶ ἀτρεμὲς ἠδὲ τελεστόν·
全体にして、唯一種、揺らぐことなく、完結せり、と。
5. οὐδέ ποτ᾽ ἦν οὐδ᾽ ἔσται, ἐπεὶ νῦν ἔστιν ὁμοῦ πᾶν,
このものに、ありしもあらむも、絶えてなし。何となれば、そは今このときに、すべて一挙に
6. ἕν, συνεχές· τίνα γὰρ γένναν διζήσεαι αὐτοῦ;
一にして、連続せるものとして、あるなれば。その如何なる誕生《うまれ》を、尋ねむとや、汝は？
7. πῇ πόθεν αὐξηθέν; οὔτ᾽ ἐκ μὴ ἐόντος ἐάσσω
如何にして、また何処より、そは成長しきたれるとや？　許さぬぞ、あらぬものよりと
8. φάσθαι σ᾽ οὐδὲ νοεῖν· οὐ γὰρ φατὸν οὐδὲ νοητόν
汝《な》の言ふも、考ふるも。何となれば、あらぬものは、言ふも考ふるも
9. ἔστιν ὅπως οὐκ ἔστι. τί δ᾽ ἄν μιν καὶ χρέος ὦρσεν
できぬゆえにな。そも、如何なる責任《せめ》ありて、そを駆り立てしとや？
10. ὕστερον ἢ πρόσθεν, τοῦ μηδενὸς ἀρξάμενον, φῦν;
より後またはより先に、無より始めて、生じ成れよ、と。
11. οὕτως ἢ πάμπαν πελέναι χρεών ἐστιν ἢ οὐχί.
かくて、そは、必然に、まったくあるか、まったくあらぬか、いずれかでなければならぬ。
12. οὔτε ποτ᾽ ἐκ μὴ ἐόντος ἐφήσει πίστιος ἰσχὺς

許すまじ、決《け》して、論証の、信ずべき、強き力は、あらぬものより
13. γίγνεσθαί τι παρ᾽ αὐτό· τοῦ εἵνεκεν οὔτε γενέσθαι
これと並びて、他の何かの生じきたるを。さればこそ、生成をも
14. οὔτ᾽ ὄλλυσθαι ἀνῆκε Δίκη χαλάσασα πέδῃσιν
消滅をも、足枷に繋ぎて、正義の女神ディケーは、弛《ゆる》めるを断じて許さず、
15. ἀλλ᾽ ἔχει· ἡ δὲ κρίσις περὶ τούτων ἐν τῷδ᾽ ἔστιν·
捕縛し給へり。かくて、これらをめぐる判断の分かれ目たるや、かくのごとし。
16. ἔστιν ἢ οὐκ ἔστιν. κέκριται δ᾽ οὖν, ὥσπερ ἀνάγκη,
有るか有らぬか、と。しかるにその判決はすでに、必然のこととして下され終わりぬ。
17. τὴν μὲν ἐᾶν ἀνόητον ἀνώνυμον, οὐ γὰρ ἀληθὴς
一方は思われもせず、名づけられもせぬが——といふも、そは真の
18. ἔστιν ὁδός, τὴν δ᾽ ὥστε πέλειν καὶ ἐτήτυμον εἶναι.
道ならざるがゆえ——他方はかく現にあり、しかも正真正銘の道としてある、と。
19. πῶς δ᾽ ἂν ἔπειτα πέλοι τὸ ἐόν; πῶς δ᾽ ἄν κε γένοιτο;
そも如何にして、あるものが今より後にありえむや? また如何にして生じきたることあらむ?
20. εἰ γὰρ ἔγεντ᾽, οὐκ ἔστ᾽, οὐδ᾽ εἴ ποτε μέλλει ἔσεσθαι.
生ぜしとなれば、現にはあらず、いつかあらむとしても、あらざるがゆえ。
21. τὼς γένεσις μὲν ἀπέσβεσται καὶ ἄπυστος ὄλεθρος.
かくして、「生成」は吹き消され、「消滅」もまた音沙汰無しとはなりにけり。

22. οὐδὲ διαιρετόν ἐστιν, ἐπεὶ πᾶν ἐστιν ὁμοῖον·
そはまた分割し能はざるなり、全体が同一なるものとしてあるがゆえに。
23. οὐδέ τι τῇ μᾶλλον, τό κεν εἴργοι μιν συνέχεσθαι,
このものには、自らとの連結・一体化を妨ぐる「より多なる何か」や、
24. οὐδέ τι χειρότερον, πᾶν δ᾽ ἔμπλεόν ἐστιν ἐόντος.
「より少なる何か」が、ここやそこにあることなく、全体があるもので充たされてある。
25. τῷ ξυνεχὲς πᾶν ἐστιν· ἐὸν γὰρ ἐόντι πελάζει.
されればこそ、そは全体として連続してあるなり、あるものはあるものに密接せるがゆえ。
26. αὐτὰρ ἀκίνητον μεγάλων ἐν πείρασι δεσμῶν
されればこそ、そはまた不動、巨大なる枷の縛りのなか、
27. ἔστιν ἄναρχον ἄπαυστον, ἐπεὶ γένεσις καὶ ὄλεθρος
無始無終なるものとしてあるなり。何となれば、「生成」と「消滅」は
28. τῆλε μάλ᾽ ἐπλάχθησαν, ἀπῶσε δὲ πίστις ἀληθής.
遥か彼方へさ迷いゆきしが、それらを放逐せるは信ずべき真の論証なるがゆえ。
29. ταὐτόν τ᾽ ἐν ταὐτῷ τε μένον καθ᾽ ἑαυτό τε κεῖται
そは同一なるものとして、同一なるものの内に留まりつ、自己自身に即してあり、
30. χοὔτως ἔμπεδον αὖθι μένει· κρατερὴ γὰρ Ἀνάγκη
かくてはそこに、確固として留まれるなり。何となれば力強き必然の女神アナンケーが、
31. πείρατος ἐν δεσμοῖσιν ἔχει, τό μιν ἀμφὶς ἐέργει,

まわり執り囲み、防御する、縛りの枷のそのなかに、そをば守護し給へるがゆえ。

32. οὕνεκεν οὐκ ἀτελεύτητον τὸ ἐὸν θέμις εἶναι·

されぱこそ、あるものの完結せざるは、法に適わず。

33. ἔστι γὰρ οὐκ ἐπιδευές· ἐὸν δ᾽ ἂν παντὸς ἐδεῖτο.

何となれば、そは無欠のものとしてあるがゆえに。もし然《し》からずば、全てに欠くることならむ。

34. ταὐτὸν δ᾽ ἐστὶ νοεῖν τε καὶ οὕνεκέν ἔστι νόημα·

しかるに自己同一なるものこそは、思惟されえ、思惟内容の拠ってきたる所以のものなり。

35. οὐ γὰρ ἄνευ τοῦ ἐόντος, ἐν ᾧ πεφατισμένον ἐστίν,

といふも、言表さるる物事が、そこにありてこそ言の葉となる「あるもの」を措《お》きて、

36. εὑρήσεις τὸ νοεῖν· οὐδὲν γὰρ <ἢ> ἔστιν ἢ ἔσται

汝《な》が「思惟」を見出さむことあるまじきゆえ。何となれば「あるもの」を措《お》きてその他に

37. ἄλλο πάρεξ τοῦ ἐόντος, ἐπεὶ τό γε Μοῖρ᾽ ἐπέδησεν

ありもあらむも無からむがゆえ。といふも、運命の女神モイラがこれを縛めて、

38. οὖλον ἀκίνητόν τ᾽ ἔμεναι· τῷ πάντ᾽ ὀνόμασται[3]

全きもの・不動のものとなしたるがゆえ。これがゆえに、すべて名前は与えられけり

39. ὅσσα βροτοὶ κατέθεντο πεποιθότες εἶναι ἀληθῆ,

死すべき者、青人草らが、真《まこと》と信じ措《たて》しかぎりの。

40. γίγνεσθαί τε καὶ ὄλλυσθαι, εἶναί τε καὶ οὐχί,

生まれくること・滅びゆくこと、あり・かつ・あらぬといふことも、

41. καὶ τόπον ἀλλάσσειν διά τε χρόα φανὸν ἀμείβειν.
場所を変へては移りゆき、輝ける色とり替へることも。
42. αὐτὰρ ἐπεὶ πεῖρας πύματον, τετελεσμένον ἐστί,
さりながらこの縛りは、究極のものなるがゆえ、〔あるものは〕完全無欠にして、
43. πάντοθεν εὐκύκλου σφαίρης ἐναλίγκιον ὄγκῳ,
いずかたよりも、まんまるき毬（球）のかたまりさながらに、
44. μεσσόθεν ἰσοπαλὲς πάντῃ· τὸ γὰρ οὔτε τι μεῖζον
中心より何処《いずれ》の方へも均衡を保ちてあるなり。何故ならそれが、ここやそこで、
45. οὔτε τι βαιότερον πελέναι χρεόν ἐστι τῇ ἢ τῇ.
「より大なる何か」、「より小なる何か」としてあるは、あるべからざることなるがゆえ。
46. οὔτε γὰρ οὐκ ἐόν ἔστι, τό κεν παύοι μιν ἱκνεῖσθαι
といふもそれが、みずからに到達するのを妨ぐる「あらぬもの」はあらぬうえに、
47. εἰς ὁμόν, οὔτ᾽ ἐόν ἐστιν ὅπως εἴη κεν ἐόντος
あるものが、あるもの自身との比較において、ここ、また、そこで、
48. τῇ μᾶλλον τῇ δ᾽ ἧσσον, ἐπεὶ πᾶν ἐστιν ἄσυλον.
「より多」・「より少」たることはあらざるがゆえ。そは全体として不可侵なるがゆえに。
49. οἷ γὰρ πάντοθεν ἶσον ὁμῶς ἐν πείρασι κύρει.
といふも、そは、全面的に自身に等しく、同じきものとして縛りの内にあるがゆえに。
50. ἐν τῷ σοι παύω πιστὸν λόγον ἠδὲ νόημα

さて、これをもちて、吾《あ》は終えむ、汝《な》がための、真理をめぐる
51. ἀμφὶς ἀληθείης· δόξας δ᾽ ἀπὸ τοῦδε βροτείας
信ずべき言説と思想につき、語るを。これより後は学び知れ、死すべき者らの思惑を
52. μάνθανε κόσμον ἐμῶν ἐπέων ἀπατηλὸν ἀκούων·
わが叙《の》べ歌の惑わしの、語の組み立てを聞き分けつ。
53. μορφὰς γὰρ κατέθεντο δύο γνώμας ὀνομάζειν,
かく言ふは、かの者ら、二つの形態《かたち》を、おのが知見に依り頼み、命名せむと立てにしが
54. τῶν μίαν οὐ χρεών ἐστιν, ἐν ᾧ πεπλανημένοι εἰσίν.
それらのうちの一つだに、あるべき謂われなきものを。彼ら、錯迷に陥ちし所以、ここにあり。
55. ἀντία[4] δ᾽ ἐκρίναντο δέμας καὶ σήματ᾽ ἔθεντο
すなわち彼ら、反対対立する姿形を選《え》り出して、付与したりけり、標識《セーマタ》を、
56. χωρὶς ἀπ᾽ ἀλλήλων, τῇ μὲν φλογὸς αἰθέριον πῦρ,
おのおの別個に。一方ではアイテールの火の、燃え立つ炎、
57. ἤπιον ὄν, μέγ᾽ ἐλαφρόν, ἑωυτῷ πάντοσε τωὐτόν,
穏やかにして、きわめて軽く、自分自身とは、全面的に同一なるが、
58. τῷ δ᾽ ἑτέρῳ μὴ τωὐτόν· ἀτὰρ κἀκεῖνο κατ᾽ αὐτὸ
他方とは同じならぬを。しかれども、その相方《あいかた》を、彼らは措《た》てぬ、それみずからは
59. τἀντία νύκτ᾽ ἀδαῆ, πυκινὸν δέμας ἐμβριθές τε.
先のとは正反対の、暗き夜、濃密にして重き体軀《デマス》を。

60. τόν σοι ἐγὼ διάκοσμον ἐοικότα πάντα φατίζω,
吾は語らむ、汝《な》がために、その世界秩序の連環の、まことしやかなる全容を、
61. ὡς οὐ μή ποτέ τίς σε βροτῶν γνώμη παρελάσσῃ.
死すべき者らの誰ひとり、知見にかけて、汝《な》を凌駕せむこと、なからしめむがため。

断片九

1. αὐτὰρ ἐπειδὴ πάντα φάος καὶ νὺξ ὀνόμασται
さりながら、ここにひとたび、すべてのものが「光」と「夜」と名づけられ
2. καὶ τὰ κατὰ σφετέρας δυνάμεις ἐπὶ τοῖσί τε καὶ τοῖς,
それぞれの力能に応じ、あれやこれやに割り当てられし、そのうえは、
3. πᾶν πλέον ἐστὶν ὁμοῦ φάεος καὶ νυκτὸς ἀφάντου
宇宙全体は、同時に、「光」とあやめ分かたぬ暗き「夜」もて充たされたるなり
4. ἴσων ἀμφοτέρων, ἐπεὶ οὐδετέρῳ μέτα μηδέν.
両者等しき割合に。といふも〔「光」と「夜」の〕いずれをも、分有せざるものなかりしがゆえ。

断片一〇

1. εἴσῃ δ᾽ αἰθερίαν τε φύσιν τά τ᾽ ἐν αἰθέρι πάντα
汝《な》は知らむ、アイテールの起原ならびにアイテールのうちあらゆるものの
2. σήματα καὶ καθαρᾶς εὐαγέος ἠελίοιο

しるし《セーマタ》を。また、浄らかに輝きわたる日輪の
3. λαμπάδος ἔργ᾽ ἀίδηλα καὶ ὁππόθεν ἐξεγένοντο,
灯す松明《たいまつ》、その目もくらむ働きの何処《いずこ》より生じきたれるやを。
4. ἔργα τε κύκλωπος πεύσῃ περίφοιτα σελήνης
汝はまた知らむ、円き眼《まなこ》の月輪の、経めぐり渡る働きと、
5. καὶ φύσιν, εἰδήσεις δὲ καὶ οὐρανὸν ἀμφὶς ἔχοντα
その起原を。さらにまた知らむ、物みなをとりかこむ全天空の
6. ἔνθεν ἔφυ τε καὶ ὥς μιν ἄγουσ᾽ ἐπέδησεν Ἀνάγκη
生ぜし所以、その成行きを取り仕切る女神アナンケーの、
7. πείρατ᾽ ἔχειν ἄστρων.
そを、いかにして、星々の限界を維持すべく、縛りあげしやを。

断片一一

1. πῶς γαῖα καὶ ἥλιος ἠδὲ σελήνη
いかにして、大地と、太陽と、月
2. αἰθήρ τε ξυνὸς γάλα τ᾽ οὐράνιον καὶ ὄλυμπος
あまねくアイテールと、銀河と天涯のオリュンポス、
3. ἔσχατος ἠδ᾽ ἄστρων θερμὸν μένος ὡρμήθησαν
また星々の発する熱の力が、衝撃の結果として

4. γίγνεσθαι

生ずるに至れしやを。

断片一二

1. αἱ γὰρ στεινότεραι πλῆνται πυρὸς ἀκρήτοιο,

けだし、〔環のうち〕より狭きものどもは、純粋無雑の火もて充たされ、

2. αἱ δ᾽ ἐπὶ ταῖς νυκτός, μετὰ δὲ φλογὸς ἵεται αἶσα·

それらに続くものどもは、夜をもて充たされしが、その後では炎の一部排出せり。

3. ἐν δὲ μέσῳ τούτων δαίμων ἣ πάντα κυβερνᾷ·

これらの真中に、一柱の女神、御座《おは》して、万物の舵取りをせり。

4. πάντων[5] γὰρ στυγεροῖο τόκου καὶ μίξιος ἄρχει

なかでも彼女の牛耳るは、厭わしき、お産と交じわり

5. πέμπουσ᾽ ἄρσενι θῆλυ μιγῆν τό τ᾽ ἐναντίον αὖτις

男に女を送っては交わらせ、また逆に

6. ἄρσεν θηλυτέρῳ

男を女に送っては交わらせるなり。

断片一三

1. πρώτιστον μὲν Ἔρωτα θεῶν μητίσατο πάντων. . .

なによりもまず、エロース神をばつくりたまひぬ、よろずの神々に先んじて

断片一四

1. νυκτιφαὲς περὶ γαῖαν ἀλώμενον ἀλλότριον φῶς

夜に輝き、大地の周囲、めぐりさまよふ、よそものの光

断片一五

1. αἰεὶ παπταίνουσα πρὸς αὐγὰς ἠελίοιο

いつにても、日輪の光の方へと、目をば向けて

断片一六

1. ὡς γὰρ ἑκάστοτ᾽ ἔχει κρᾶσις μελέων πολυπλάγκτων,

といふも、さまよひ重ぬる人間の四肢〔内体液の火と夜〕の混合の、そのつどの割合に応じて、

2. τὼς νόος ἀνθρώποισι παρέστηκεν· τὸ γὰρ αὐτό

人間の思惟《ノオス》もまた、成り立っているがゆえに。何故ならば同一なるがゆえ

3. ἐστιν ὅπερ φρονέει μελέων φύσις ἀνθρώποισιν

思惟の働きそのものと、人間の四肢〔内体液混合〕の成り立ちは。こは、まったくもって

4. καὶ πᾶσιν καὶ παντί· τὸ γὰρ πλέον ἐστὶ νόημα.

すべての人に言えること。充実せる〔体液混合成分〕こそは、思考〔の元〕なるがゆえ。

断片一七

1. δεξιτεροῖσιν μὲν κούρους, λαιοῖσι δὲ κούρας
右側に男の子、左側に女の子

断片一八

1. femina virque simul Veneris cum germina miscent,
女が、男と一緒に、愛の種子混ぜ合わせるとき、
2. venis informans diverso ex sanguine virtus
脈管内にありて、相異なる血液よりつくられし形成力は
3. temperiem servans bene condita corpora fingit.
ほどよく混じり合へば、よくととのえられし体を作る。
4. nam si virtutes permixto semine pugnent
といふのも、種子の混じわり合へるとき、二つが争ひ合ひて、
5. nec faciant unam permixto in corpore, dirae
一つの体をなしえぬそのときは、無惨や
6. nascentem gemino vexabunt semine sexum.
二重の種子をもて、産まれくる子の性を、損なふことにならむがゆえに。

断片一九

1. οὕτω τοι κατὰ δόξαν ἔφυ τάδε καί νυν ἔασι

かくして、これらのものは、思惑によれば、かくのごと生まれきたりて、現にあり、

2. καὶ μετέπειτ᾽ ἀπὸ τοῦδε τελευτήσουσι τραφέντα·

これより後も成長しゆき、終わりを遂げることならむ。

3. τοῖς δ᾽ ὄνομ᾽ ἄνθρωποι κατέθεντ᾽ ἐπίσημον ἑκάστῳ.

して、これらのものに名前をば、人間どもは措定せり、各自を標《しる》す証《あかし》なりとて。

注

［プロロゴス］

1 まど・みちお『まど・みちお 全詩集』理論社、二〇〇二年五月、新訂版第三刷、三七九－三八〇ページ。

［第一章］

1 フォカイア（Φώκαια）はアナトリア半島西岸の古代ギリシア・イオニア地方の都市（現トルコのフォチャ）である。古代ギリシアの地理学者パウサニアスによれば、アテナイがフォキス人にフォカイアを建設させたという。他方、ヘロドトスによれば、フォカイア人は航海術に優れ、地中海の各地に遠征を行った最初のギリシア人で、その航跡はアドリア海、エトルリア、スペインの海岸にまで達している。その交易対象となった国は、南はエジプトにあったナウクラティス、北は黒海のアミソス（現トルコのサムスン）やダーダネルス海峡の北端ランプサコスにまで及んでいた。しかし、フォカイアの重要な活動領域はむしろ西方世界にあった。現フランスのコルシカ島アレリア、マッサリア（現マルセイユ）、スペインのエンポリオン（現エンプリエス）などである。ヘロドトスの伝えるところによると、フォカイア人はタルテッソス（現スペイン、アンダルシア州）のアルガントニオス王にいたく気に入られ、王はフォカイア人に当地に定住するよう誘ったものの、フォカイア人に辞退されると、彼らに外敵の侵入に備えて市壁を作るようにと大量の黄金を与えたという（『歴史』第一巻一六三）。その話は実話であったらしい。その黄金で作られたと思われる城壁の遺跡が、現にフォチャの港に残されている。

2 ヘロドトス『歴史』松平千秋訳、岩波文庫、巻一・一六三。訳文には適宜変更を加えている。

3 Kathryn Waterfeld, 'Penteconters and the Fleet of Polycrates,' *ANCIENT HISTORY BULLETIN*, Volume 33 (2019) Numbers 1-2, p. 7.

4 『テバイに向かう七将』に由来する比喩。勝利したといっても実際には敗戦に等しい勝利を喩えていう。

5　ここで、フォカイア人が有していた船の数と乗船員数を算《かぞ》え直しておこう。海戦直前に六〇艘の船に乗っていたフォカイア人の総数は三九〇〇。その三九〇〇人に、故郷恋しさにフォカイアへと引き返していった「半数」以上の人たち（一六五）の数三九〇〇を加えると全部で七八〇〇人。また、これら総勢を収容した五十櫂船の数は一二〇となる。つまり、フォカイア人たちは、元々、一二〇艘の五十櫂船を保有していたということになる。しかし、ヘロドトスの記述には大きな疑問が残る。ヘロドトスは、あたかも「全市民」を「五十櫂船（一二〇艘）に」それぞれ分乗させたかのように、「フォカイア人は五十櫂船を海におろして、女子供や家財全部をそれに載せ、神社の神像やそのほかの奉納物も、青銅製や大理石製のものおよび絵画類を除いては、全部積み込んで、最後に自分たちも乗り込んで、ヒオスに向かって出帆した」（一六四）と言っている。しかし、もともと五十櫂船は、交易を主目的として遠洋航海にも使用されたとはいえ、「丸船」のような輸送専門の船ではない。五十櫂船には風雨をしのぐに足る完全なデッキも、飲・食料を充分に貯蔵する倉庫も、それなりの食事を饗応しうる食堂も、女子供が安心して眠られるベッドの備えもなかった。乗組員たちは、ふつう、食事をするときには最寄りの浜に上がり、また夜間に眠るときには陸上にテントを張って就寝したのである。その間、多くの場合、水に濡れて重くなった船は速力が遅くなるので、乾燥させるために陸上に引き揚げられた。そのような機能一辺倒、男性専用の殺風景な船に、どうして「女子供」や「家財全部」を収容することができたのであろうか。疑問である。ヘロドトスは、五十櫂船に随行した何艘かの「丸船」に言及することを忘れたのではあるまいか。

6　しかし「英雄キュルノス」のことが、何故「エレア」建国の理由になりうるのかは、まったくもって不明である。ヘロドトスによる「キュルノス」をめぐるこの話は、実のない、こじつけ話以外の何物でもないと思われる。

7　この「軽い船」が五十櫂船でありうることは言うまでもない。

8　Strabo, *Geography*, Loeb Classical Library, Book VI, 1, 252.

9 エレアの貧しさについては、拙著『古代ギリシアの思想』講談社学術文庫、三八〇－三八八ページを参照されたし。

10 ヘロドトスは一六七においてフォカイア人たちは「オイノトリアにヒュエレと呼ばれる市を作った」と言っているが、これはその当時そこにオイノトリア人が住んでいたということではない。これはひろくルカニア人とオイノトリオイ人が住んでいた土地のことを言っているのであって、「エレア」と呼ばれることになる地域のことを指して言っているのではない。ストラボン第六巻二五五参照。

11 「たぬきニュース　国際情勢と世界の歴史」の「ローマ以前のイタリア」参照。

12 *The Greek Cities of Magna Graecia and Sicily*, L. Cerchiai, L. Jannelli, F. Longo (edit.), J. Paul Getty Museum, Los Angeles, 2002, pp. 62-81.

13 ヘロドトス『歴史』第六巻七－一七。

14 Verena Gassner, 'Velia. Fortifications and Urban Design. The Development of the Town from the late 6th to the 3rd C. BC,' in *Empúries* 56, 2009-2011, pp. 75-100.

15 Tocco Sciarelli 1997; Greco 2005a, 159; see also Vecchio 2006, 373.

16 Gassner, p. 78.

17 Ömer Özyiğit, 'Recent Discoveries at Phocaea,' *Empuries* 56. 2009-2011, pp. 25-40.

18 Gassner, pp. 77-79.

19 Gassner, pp. 81-82.

20 詳細については' Marco Galli, Ritratto romano e memoria greca: il caso della c. d. scuola dei medici di Elea-Velia, Jochen Griesbach (Hg.), In *Standbilder als Medien der öffentlichen Repräsentation im hellenistischen Osten*' Dr. Ludwig Reichert Verlag, Wiesbaden, 2014 ならびに Giovanna Greco, 'Parmenide e Zenone: imagines illustrium nella Velia romana,' Università degli Studi di Napoli "Federico II": Dipartimento di Discipline Storiche を参照。これらの文献を送ってくださり、数々の有益なアドヴァイスを頂いたガスナー（Gassner）氏に感謝する。

21 この図柄は「エレア」の「紋章」である。この紋章は前四六五年から前四四〇年頃に発行される二ドラクマ硬貨のデザインとして引き継がれ、エレアのアイデンティティを独自に象徴する印象であり続ける。しかしその伝統は前二八〇年ないし前二七五年頃エレアがローマ政治圏に吸収されて途絶する。これ以降エレアは、エレア独自の硬貨の発行を停止する。Alfred Watson Hands, *Coins of Magna Graecia, The Coinage of the Greek Colonies of outhern Italy,* Spink & Son, London, 1909, pp. 146-149; R. T. Williams, *Silver Coinage of Velia,* Royal Numismatic Society, London, 1992 参照。

22 ギリシア語には〝V〟に相当する音がない。イタリア語の"VELIA"をギリシア人が発音すると「ヴェリア」ではなく「エリア」ないしは「エレア」となる。

23 プルタルコス『ペリクレス伝』四—五。

24 ゼノンの人間像ならびにその最期については拙著『ゼノン　4つの逆理』講談社学術文庫、二〇一七年、三〇五—三五八ページを参照。

25 ディオゲネス・ラエルティオス『ギリシア哲学者列伝』IX21-23。

26 田中美知太郎『パルメニデス』解説。『プラトン全集4』岩波書店、一九七五年、三四八—三四九ページ参照。

27 Jeremy C. DeLong, 'Parmenides' Theistic Metaphysics,' 2016 を参照。

28 『ギリシア哲学者列伝』IX21; 擬プルタルコス『雑録集』5参照。

29 田中美知太郎『プラトンI——生涯と著作』岩波書店、一九七九年、三八五ページ参照。

30 古代クラゾメナイはアナトリア半島の西海岸、古代のスミュルナ、現代のイズミルの西方二〇マイルほどのところにあった。現在のトルコ領ウルラ(Urla)にあたる。

31 アディマントスとグラウコンはそれぞれプラトンの長兄と次兄にあたる。

32 プラトン『パルメニデス——イデアについて』田中美知太郎訳、プラトン全集4、岩波書店、一九七五年。

33 パンアテナイア大祭とは、アテナイのアクロポリスの上、エレクティオンに祀られたアテナ女神に捧げられる四年に一度行われた祭典のことをいう。アッティカ暦のヘカトンバイオン月の二八日（グレゴリオ暦で七－八月頃ころ）前後四日に、豪華な行進、羊・牛などの犠牲式（供儀）、競技会などが行われ、刺繡された聖衣ペプロスが車輪のついた船の帆柱に掲げられて運ばれ、アテナ女神に奉献された。

34 R. E. Allen, 'The Interpretation of Plato's Parmenides: Zeno's Paradox and the Theory of Forms.' *Journal of the History of Philosophy* 2, 1964, pp. 143-155; R. E. Allen, *Plato's Parmenides: Translation and Analysis.* Minneapolis: University of Minneapolis, 1983; M. H. Miller, Jr. *Plato's Parmenides*, Princeton: Princeton University Press, 1986; C. C. Meinwald, *Plato's Parmenides.* New York: Oxford University Press, 1991.

35 田中美知太郎「『パルメニデス』解説」（『プラトン全集4』岩波書店、三四八ページ）。引用文中「ケパロス」は「ケファロス」に、「アンティポン」は「アンティフォン」に改めた。

36 久保正彰訳。ただし一部改訳。

37 Carl A. Huffman, *Archytas of Tarentum, Pythagorean, Philosopher and Mathematician King*, Cambridge University Press, 2005, pp. 5ff. 特に pp. 32-43 を参照。

38 前註ハフマンの著書ならびに最近の Heather L. Reid, Mark Ralkowski (ed.), *Plato at Syracuse: Essays on Plato in Western Greece with a new translation of the Seventh Letter by Jonah Radding*, Parnassos Press, 2019 参照。なお古くは長坂公一「『書簡集』解説」（『プラトン全集14』岩波書店、一九七五年）、プラトンとディオンの交わり、その歴史的・哲学的背景については田中美知太郎『プラトンI――生涯と著作』岩波書店、一九七九年、第II部「生涯」・第二章「遍歴」、八一－一〇三ページが参考となる。

39 加来彰俊訳に若干の加筆・改訳をする。『ギリシア哲学者列伝』（下）一〇八ページ参照。

40 ディオゲネス・ラエルティオス『ギリシア哲学者列伝』第九巻第二章参照。

41 J. H. Lesher, *Xenophanes of Colophon: Fragments, A Text and Translation with a Commentary*, University of Toronto Press, 1992, p. 3 を参照。

42 しかし、プラトンはクセノファネスを歴史的に「エレア族」の元祖だと明言しているわけではない。

「われわれのところのエレア族は――これはもともとクセノファネスから、またさらにそれ以前から始まるのであるが――、万物と呼ばれているものは実は一つのものである、という考えに立って、その立場から彼らの物語において話を展開している」と言っているにすぎない。なお、アリストテレス『形而上学』A五、九八六b一八をも参照。

43 Iamblichus, *On the Pythagorean Life*, Translated with notes and introduction by Gillian Clark, Liverpool University Press, 1989, pp. 110-113.

44 K. S. Guthrie, *The Pythagorean Sourcebook and Library, An Anthology of Ancient Writings which relate to Pythagoras and Pythagorean Philosoohy*, 1987, 1988, Phanes Press, p. 120 を参照。

45 松永雄二訳『プラトン全集1』岩波書店、一九七五年、三四七―三四八ページ参照。

46 なお、R. D. Archer-Hind (ed.), *The Phaedo of Plato*, with Introduction, Notes and Appendices, Macmillan and Co., 1894, p. 146 をも参照。

47 *Lucian in eight volumes*, II, 'Philosophies for Sale,' Loeb Classical Library, 1915-1963, pp. 449-459. ルキアノスのこの作品は「哲学諸派の売り立て」という題名の下に呉茂一他訳『本当の話――ルキアノス短編集』ちくま文庫（筑摩書房）、一九八九年に収録されている。ただし作品の紹介ならびに翻訳はわたしによるものである。

48 オボロス、ムナはともにギリシアの貨幣単位。一オボロスは一ムナの六〇〇分の一に相当する。

49 ここに出てくるピュタゴラス派の種々の特徴についてはディオゲネス・ラエルティオス・加来彰俊訳『ギリシア哲学者列伝』（下）第八巻第一章を参照。

50 後四、五世紀ギリシア教父たちに遡るとされる「ヘシュカスム」（Hesychasm）の伝統が、カルキディケー半島の聖山アトスの修道僧たちの間に伝えられてきた。わたしはギリシアでの学会活動の一環として聖山アトスの修道院を訪れ、修道僧たちと一緒に昼食を共にしたことがある。おそろしく高い天井の下、長いテーブルを挟んで向かい合い、「イエスの祈り」（「主イエス・キリスト、神の子、私に憐れみを」（ΚΥΡΙΕ ΙΗΣΟΥ ΧΡΙΣΤΕ ΕΛΕΗΣΟΝ ΜΕ））をともに捧げた。そしてイカの煮物を黙々と食べた。「沈黙の瞑想」の一刻であった。

51 Edwin Leroy Minar, *Early Pythagorean Politics in Practice and Theory*, Waverly Press, 1942, pp. 39-42.

52 『ギリシア哲学者列伝』（下）三九－四〇ページ、加来彰俊訳。

53 J. H. Lesher, *Xenophanes of Colophon: Fragments, A Text and Translation with a Commentary*, University of Toronto Press, 1992, pp. 18-19; pp. 78-80. さらにMinar, p. 4 参照。

54 イアムブリコスは『ピュタゴラスの生涯』の最後（267）に「多くのピュタゴラスの徒の名は知られておらず、記録もされていない。ここに挙げているのは、そのうち知られている者たちだけである」と記したうえで、ギリシア各地のピュタゴラスの徒総計二一八名の名前を挙げている。

55 アルキッポスはタレントゥムに身を避け、リュシスは、この事件に対する一般市民たちの無関心を軽蔑してイタリアを去り、ペロポネソスに渡った。そして最後にはテバイで青少年の教育に携わったという。そうした青少年のなかに若き日のテバイの英雄エパミノンダスがおり、リュシスを「父」と呼んだという。拙著『古代ギリシアの思想』講談社学術文庫、一九九三年、六七ページ参照。

56 C. A. Huffman, *Philolaus of Croton: Pythagorean and Presocratic, A Commentary on the Fragments and Testimonia with Interpretive Essays*, Cambridge University Press, 1993, p. 8.

57 Alexander Herda, 'Burying a sage: the heroon of Thales in the agora of Miletos: With remarks on some other excavated Heroa and on cults and graves of the mythical founders of the city,' halshs-00808217, 2013.

58 「パルメネイデース」が、今日わたしたちが「パルメニデス」と呼んでいる人物の本当の名前であったのかもしれない。土地の人が自分たちの先祖を呼び間違えるというのはほとんどありえないことだから。

59 Giovanna Greco, 'Parmenide e Zenone: imagines illustrium nella Velia romana' Università degli Studi di Napoli 参照。

60 キングズリーは著書において断片一（序歌）の英訳を与えている。が、その英訳 "The mares that carry

me as far as can reach rode on, once they had come and fetched me onto the legendary road of the divinity that carries the man who knows through *the vast and dark unknown.*" の下線部イタリック体部分には疑問が残る。

61 キングズリーがパルメニデスに見たものは、聖徳太子物語に比すべきものである。法隆寺東院夢殿《ゆめどの》は、斑鳩宮《いかるがのみや》にあった同名の建物にちなんで「夢殿」と呼ばれるようになったと言われている。聖徳太子は時折そこに籠り、政事や仏事に思いをめぐらせたが、そうしたときに「金人《きんじん》」が夢に現れて、太子に知恵を授けたことに由来するという。この夢殿に正規の儀軌にはない「救世《ぐぜ》観音」が祀られているのも興味深いことである。

62 カール・ケレーニイ、岡田素之訳『医神アスクレピオス』白水社、一九九七年、五七ページ。

63 Yulia Ustinova, 'Truth Lies at the Bottom of a Cave: Apollo Pholeuterios, the Pholarchs of the Eleats, and Subterranean Oracles' *LA PAROLA DEL PASSATO-RIVISTA DI STUDI ANTICHI*, VOLUME LIX/2004, pp. 41-42. ならびに Yulia Ustinova, *Caves and the Ancient Greek Mind: Descending Underground in the Search for Ultimate Truth*, Oxford University Press, 2009: 4. Sages and Philosophers, 3. Parmenides and the Eleatics, pp. 191-208をも参照。

64 V. Nutton, 'The medical school of Velia,' *La Parola del Passato.* 25: pp. 211–225, 1970; V. Nutton: 'Velia and the School of Salerno,' *Medical History*, 15-1: pp. 1–11, 1971. なお坂井建雄「サレルノ医学校——その歴史とヨーロッパの医学教育における意義」日本医史学雑誌、第61巻第4号（２０１５）、３９３－４０７をも参照。

65 三体の彫像台座刻銘最後の年数表記「二八〇年」、「三七九年」、「四四五年」が問題を解く鍵となる。その年数表記はパルメニデス没後の経過年数を指していると考えられる。パルメニデスの没年を前四四〇年と仮定する。すると三体の彫像それぞれは二八〇年後の紀元前一六〇年、三七九年後の紀元前六一年、四四五年後の紀元後五年に「フォーラルコス」としてエレア市民たちによって顕彰された人物を指すことになる。

66 川田殖「ヒポクラテスの『誓い』を読む（3）——『誓い』の共同体」山梨医科大学紀要、第7巻（1990）41–48ページ、参照。

67 最近著『神的マニア』においてウスティノヴァは、パルメニデスを「ヘーシュキア」へと導いた者としてピュタゴラスの徒アメイニアスの名前を挙げ、ピュタゴラスの下界行（カタバシス）との関連においてではあるが、パルメニデスがピュタゴラス派の徒として医学の訓練を受けたことを示唆している。Yulia Ustinova, *Divine Mania: Alteration of Consciousness in Ancient Greece*, Routledge, 2018, pp. 334-335.

68 ヘロドトス『歴史』第三巻一二五–一三七。

69 カール・ケレーニイ、前掲書、一〇一–一〇二ページ。

70 ヘロドトス『歴史』第三巻一三一。

71 Stavros Kouloumentas, 'The Body and the Polis: Alcmaeon on Health and Disease,' *British Journal for the History of Philosophy*, 2014, vol. 22, No. 5, 867-887; Robin Lane Fox, *The Invention of Medicine: From Homer to Hippocrates*, Allen Kane, Penguin Books, 2020, pp. 57-59. 参照。

72 アエティオス『学説誌』V30,1［Dox. 442］。

73 これは当時の急進的民主派が掲げたスローガンであった。

74 少し後代のクニドス派の医師たちや現代のわれわれの多くがそう考えているように。

75 大浜宏文「植物療法と予防医学——古代からゲーテへ」（『モルフォロギア』）。

76 拙論文「ルートヴィヒ・フォン・ベルタランフィの一般システム理論」（拙著『人間とイデア』法律文化社、一九七七年、四〇ページ）参照。

77 R. L. Fox, *Op. cit.*, p. 61.

[第二章]

1 Laks and Most, *Early Greek Philosophy*, *Vol. V, Western Greek Thinkers, Part 2*, p. 20 (Diogens Laertius), p. 21 (Strabo, Geography),p. 22 (Plut. Adv. Cpod. 32 1126 A-B).

2 ディオドロス『歴史叢書』一二巻一一「カロンダスの立法」、二〇「ザレウコスの立法」を参照。ただし、ディオドロスによるカロンダスの立法の年代設定については疑問が残る。

3 ミレトスのタレス、ミュティレネのピッタコス、プリエネのビアス、アテナイのソロン、リンドスのクレオブロス、スパルタのキロン、ケナイのミュソン（あるいはコリントスのペリアンドロス）。プラトン『プロタゴラス』三四三A参照。ただしミュソンを挙げるのはプラトンだけである。なおこれらの人々にコリントスのクレオブロスが付け加えられることがある。

4 Alexander Herda, 'The Birth of Greek Philosophy from Making Law and Politics: Did Anaximander, Son of Praxiades, the Milesian, Die as an Early Democrat in Apollonie Pontike?,' in *IL MAR NERO, Annali di archeologia e storia - Annales d'archéologie et d'histoire-Jahrbuch für Archäologie und Geschichte-Journal of Archaeology and History - Anales de Arqueología e Historia*, Direttori: Alexandru Avram e Ovidiu Cristea (Bucarest, Romania) IX–2012/2018, Edizioni Quasar di Severino Tognon s.r.l., Roma, pp. 7-48.

5 ソロンの詩の断片すべては伊藤正『ギリシア古代の土地事情』多賀出版、一九九九年に訳出されている。なお、Maria Noussia-Fantuzzi, Solon the Athenian, the Poetic Fragments, 2010, Mnemosyne Supplements, VOLUME 326をも参照。

6 ソロン断片一二。

7 橋場弦「『アテナイ人の国制』解説」（『アリストテレス全集』19、岩波書店、二〇一四年、四五八－四六三ページ）参照。旧岩波版『アリストテレス全集17』所収、村川堅太郎訳『アテナイ人の国制』に拠った場合もある。

8 補注「ソロンの出自と社会的地位」において橋場は、「本書の作者はソロンが中流市民であった証拠としてこの詩を引用するが、その内容は明らかに貧民の立場から富裕層を非難するものであり、しかも引用直後に『（ソロンが）党争の責任を常に富裕者に帰している』と記すなど、本文の記述には矛盾と混乱が見られる。アリストテレスは『政治学』第四巻第一一章（1296a18-20）で、最善の立法者は中流市民でありソロンもその一人であると明言するが、それに対しソロンの社会的地位や立場に関する第五章（三）の記述は一貫しない」と注記している。

9 アイスキュロスの「テスミア・ディケース」(θέσμια Δίκης, Suppl.707-08) ならびにピンダロス(Olym. 13.6-8) を参照。

10 「義に逸る心」と訳した原語「テューモス、θυμός」は、もともと「(吐く息も激しく) いきり立つ心(臓)」を指す。何故いきり立つのか。富者たちの驕りたかぶる不正な行為に義憤し激しい怒りを覚えるからである。

11 図は、拙論文「ルートヴィヒ・フォン・ベルタランフィの一般システム理論」(拙著『人間とイデア』法律文化社、一九七七年、四〇ページ) を描き直したものである。

12 *γνωμοσύνης δ' ἀφανὲς χαλεπώτατόν ἐστι νοῆσαι/ μέτρον, ὃ δὴ πάντων πείρατα μοῦνον ἔχει.*

13 伊藤正『ギリシア古代の土地事情』多賀出版、一九九九年、九一ページ以下。

14 『アテナイ人の国制』第一二章に(1)から(5)に分けて掲載されているソロンの詩のうち重要な語句を、「エウノミアの理念に照らして」という句をしかるべき箇所に挿入することによって、「理念」と「具体的実施項目」が明確に識別されうるように、アレンジし直すことが可能である。

15 E. K. Anhalt, *Solon the Singer: Politics and Poetics*, Maryland: Rowman and Littlefield 1993.

16 伊藤正『ギリシア古代の土地事情』一八四ページ。

17 同、一八四－一八五ページ。

18 「魂の限界を、おまえは見いだすことはできないであろう、たとえおまえが、ありとある道をへめぐり歩いたとしても」(断片四五)。拙著『古代ギリシアの思想』講談社学術文庫、一一六ページ参照。

19 河野与一訳『プルターク英雄伝』(二)「ソローン」(一六)、岩波文庫、昭和五〇年第一七刷、二五ページ。若干の修正を加えた。貧者たちが「均衡(ホマロイ)かつ平等(イソイ)」を望んでいたということは、彼らが「イソノミア」すなわち民主政治を志向していたということを意味するであろう。

20 「アステュ」(ἄστυ、町) の複数対格形。

21 Walter Burkert、一九三一年二月二日生－二〇一五年三月一一日没。チューリッヒ大学古典学名誉教授。『ホモ・ネカンス』(一九七二年)、『ギリシア宗教』(一九七七年)、『古代秘儀宗教』(一九八七年)、『古代ピュタゴラス主義における伝承と科学』(一九七二年）の著者。

22 'Parmenides' Proem and Pythagoras' Descent,' Translated by Joydeep Bagchee, in Vishwa Adluri (ed.), *Philosophy and Salvation in Greek Religion*, De Gruyter, 2013, pp. 85-116.

23 この断片集の初版本はディールスによって一九〇三年に出版され、その後、一九三四―七年にかけてディールス－クランツの名で第五版が出版された。そして一九五二年に、最終的に第六版が出版された。

24 「パルメニデスのテクスト：断片一・三」論文、一九六八年。A. H. Coxon (in 'The Text of Parmenides fr. 1. 3,' *The Classical Quarterly*, Vol. 18, No. 1, May, 1968, p. 69): 'In all texts of the fragments of Parmenides printed in the last fifty years he begins his poem by speaking of "the way which" (or, according to some, "the goddess who") "carries through all towns the man who knows …" In fact **ἄστη**, which is alleged to be the reading of the best manuscript of Sextus' books Adversus Dogmaticos, has no manuscript authority at all. **ἄστη** first appeared in the text of the third edition of *Die Fragmente der Vorsocratiker* published in 1912, where it is attributed to the Ms. N (=Laur.85.19), so called by Mutschmann …. The "countless attempts at emendation" of [the reading of L and E et al., **πάντ' ἄτη** and **πάντα τῇ** respectively] did not include **ἄστη**. Variants from N were first published in 1911 by A. Kochalsky in his dissertation …, but his professedly complete list of new reading from N for these books of Setus includes no reference to Parmenides 1.3. It follows that **ἄστη** can hardly have appeared among the variants which he says he had already communicated to Diels. The word **ἄστη** appears, however, as the reading of N in vol. ii of Mutshmann's text of Sextus, which was published in 1914. It would seem, therefore, that Diels got the reading privately from Mutshmann, who collated N in 1909 and 1911. … In any case, the word is a simple misreading of the manuscript, which has **πάντ' ἄτη**.' このように述べることによってコクソンは「アステー」なる語が権威ある写本のどこにも

出ていないことを強調した。彼によれば、「アステー」という語はたんなるミスプリントにすぎない一方で、テクストの文脈上これに対応する写本上の「**πάντ' ἄτη**」は、まったく無意味（meaningless）なものに過ぎなかった。

25 Pierre Aubenque, *Études sur Parménide*, Tome I, *Le Poème de Parménide*, Texte, Traduction, Essai Critique par Denis O'Brien en Collaboration avec Jean Frère pour la Traduction Française, Librarie Philosophique J. Vrin, 1987, p. 3.

26 André Laks and Glenn W. Most, *Early Greek Philosophy, Vol. V, Western Greek Thinkers, Part 2,* The Eleatics, D4 (The Proem of the Poem), Loeb Classical Library, 2016, pp. 32-33.

27 この第II分冊三行（七五ページ）の訳は、『ソクラテス以前哲学者断片集』別冊六五ページに掲載されている訳文とまったく同じである。

28 日本の出版界の悪いところは、原文校定が一番の基礎となる文献学に関わる場合ですら、ギリシア語やラテン語を用いることを嫌がり避ける点にある。「読者が分かるはずがない」というのが、その決まり文句である。そのような基礎文化破壊的なことをやっていると、その弊は日本文化の全体に波及し、日本文化は確実に滅ぶだろう。

29 Harold Tarrant, Emeritus Professor of University of Newcastle. He has been an Executive Member of the International Plato Society and is a member of several bodies promoting ancient philosophy and classical studies.

30 H. Tarrant, 'Parmenides B1.3: Text, Context, and Interpretation', *Antichthon*, 10, 1976, pp. 1-7.
この論文を送ってくれたことに対してターラントの友情に感謝する。

31 **οὔτε γὰρ ἂν γνοίης τό γε μὴ ἐόν, οὐ γὰρ ἀνυστόν, οὔτε φράσαις.**

32 J. H. Lesher, 'The Significance of **κατὰ πάντ' ἄ<σ>τη** in Parmenides Fr. 1.3,' *Ancient Philosophy* 14 (1994), p. 6: 'Thus neither the **κατὰ πάντ' ἄτη** of our best MS, nor the Heyne-Coxon proposal to emend to **κατὰ πάντ' ἄ<ν>τη<ν>**, nor Renehan's proposal to emend to **κατὰ πάντ' ἄ<σ>τη** on the basis of various Homelic parallels can be considered

free of problems. And while many other emendations have been proposed over the years, none has yet gained wide acceptance.' しかし、このように主張するレッシャー自身は、再び、「新たな解釈」に基づいた（と称する）「アステー」(ἄστη) の読みを提唱するのである。

33 Vishwa Adluri, *Parmenides, Plato and Mortal Philosophy, Return From Transcendence*, Continuum, 2011, pp. 137-138.

34 Miguel Herrero de Jáuregui, 'Salvation for Wanderer: Odysseus, the Gold Leaves, and Empedocles,' in Vishwa Adluri (Ed.), *Philosophy and Salvation in Greek Religion*, De Gruyter 2013, pp. 29-57; なお、A. P. D. Mourelatos, *The Route of Parmenides, Revised and Expanded Edition*, 2008, p. 22をも参照。

35 *Od.* 1.3 は回顧譚。これに対しパルメニデス「序歌」は未完了過去やアオリストの時制を交えるが、基本的に現在進行形の旅を描く。

36 “αἰδοιός τέ μοι εἶναι ἅμα δεινός τε.”

37 Georg Wilhelm Friedrich Hegel, 'Zweiter Teil: Die Naturphilosophie,' *Enzyklopädie der philosophischen Wissenschaften im Grundrisse*, 'Der hauptgesichtspunkt, unter welche die Arzneimittel betracht werden müssen, ist, daß sie ein Unverdauliches sind. ... Die Arzneimittel sind insofern negative Reize, Gift; ein Erregendes und zugleich Unverdauliches wird dem in der Krankenheit sich entfremdeten Organismus als ein ihm äußerliches Fremdes dargeboten, gegen welches er sich zusammennehmen und in Process treten muß, durch den er zum Selbstgefühl und zu seiner Subjektivität wieder gelange.'

38 メアリ・ダグラス『汚穢と禁忌』(Mary Douglas, Purity and Danger, 1966) 塚本利明訳、ちくま学芸文庫、二〇一九年第五刷、一〇三ページ参照。

39 拙論文「古代ギリシアの流血儀礼——動物供犠、ファルマコス、殺人による流血とその浄め」桃山学院大学『社会学論集』第十九巻第一号および第二号、一九八五年初出。後に拙著『ギリシア人の哲学と世界観』玉川大学出版部、一九八六年、七二―一二六ページ所収、参照。

40 最初の音節にアクセントを置いて発音される「ファルマコス」(φάρμακος) というギリシア語は「薬」を意味するが、最後の音節にアクセントを置いて発音される「ファルマコス」(φαρμακός) は当の儀礼において追放される人間(男)を意味する。古代におけるファルマコス儀礼の存在は、アテナイ、コロフォン、アブデラ、マルセーユ、レウカディア、カイロネイア等において確認されている。コロフォンでは、とりわけ不快な人物がファルマコスとして選ばれ、食事を与えられた後、イチジクを磨《す》り潰した液汁と海藻によって身体を汚され、町から追い払われた。アブデラでは、追放用に飼っておかれた貧乏な人非人が、定められた日が来ると町から連れだされ、市壁のまわりを引き回された後、石でもって追われた。マルセーユでは年ごとにではないが、疫病といった、人為では如何ともしがたいことが起こった場合に、公費で飼っておかれた貧乏人が「聖衣」(実際には汚れた襤褸衣《ぼろそ》) を着せられ、町を引き廻されたうえ追放された。レウカディアその他では、ファルマコスは「われらがペリプセマ (περίψημα, ごみ屑) となれかし!」という言葉とともに崖から突き落とされた。カイロネイアでは、飢餓 (ブウリオス βούριος) を体現する人物が戸外へと追い払われた等々。拙稿「古代ギリシアの流血儀礼」を参照。

41 W. Burkert, *Structure and History in Greek Mythology and Ritual*, University of California Press, 1979, p. 71.

42 R. Parker, *Miasma, Pollution and Purification in Early Greek Religion*, Clarendon Press, Oxford, 1983, p. 24.

43 メアリ・ダグラス『汚穢と禁忌』一〇四ページ:「汚穢に関する我々の行動は、一般に尊重されてきた分類を混乱させる観念とか、それと矛盾しそうな一切の対象または観念を非とする反応にほかならない」。

44 「浄」と「穢」は「ファルマコス」儀礼の最後には「一なるもの」として統合される。タルゲリオン月の六日に催行されたアテナイにおける「ファルマコス」儀礼を想い起こしておこう。(1) 儀礼催行のために飼っておかれた男がいる。(2) この男は当の祭日に「ゴミ屑」(καθάρματα) と命名され、そのものずばりの襤褸を身にまとわされ、市の周辺部を引き廻される。（3）そしてイチジクの小枝で「穢《けが》れ」の根源とされる性器を打たれ、石でもって市外に追われた。（4）そしてそのことが、アテナイ市民たちによって言祝《ことほ》がれた（統合）。拙稿「古代ギリシアの流血儀礼」九三―九四ページ参照。

45　排他的選言三段論法［$(a \lor b) \land \neg(a \land b), b \therefore \neg a$］による。

46　詳しくは拙稿 'Re-interpretation of Parmenides' Fragment 1.3,' 桃山学院大学総合研究所『人間文化研究』（8）、二〇一八、一三九―一八六ページ参照。

47　数字は論文発表年をあらわす。

48　H. Tarrant, 'Parmenides B1.3: Text, Context and Interpretation,' *Antichthon*, Vol. 10, 1976, pp. 1-7.

49　コクソンの場合を考えてみよう。彼は、「アステー」（ἄστη）という語の綴りが、写本類に一切見いだされない事実を、見事なまでに暴いてみせた。だが、その後で、すぐさま彼は、恥じることなく先に述べた自分の所見をひっこめて、問題の断片一・三のまさにその場所に、これまた写本にはない「アンテーン」（ἄντην）なる語を補ってみせた。これは、古典学者の責務に反する行為である。

50　W. K. C. Guthrie, *A History of Greek Philosophy*, Vol. II, The Presocratic tradition from Parmenides to Democritus, Cambridge University Press, 1965, p. 7.

51　これに付け加えて彼は次のように言う。「ἄτῃ［錯誤、狂気等、単数対格：著者注］に代わる括弧内の読み（Ἄτη［錯誤、狂気等の女神、単数対格：著者注］、ἄτῃ［錯誤、狂気等、単数与格：著者注］、Ἄτῃ［錯誤、狂気等の女神、単数与格：著者注］）は、どれを採ろうがこの行の読みに関しては大差ない」、と。

52　タ―ラントが「パンタ」（「すべて」「全部」、形容詞「パース」（πᾶς）の中性複数対格形）のブロック内での含蓄を読み切れなかったことは、彼が論文のいちばん最後に記した「役立たずの πάντα」（the unhelpful πάντα）という言葉によっても明らかである。

53　井上忠『パルメニデス』青土社。この著書は、拙著『ゼノン　4つの逆理』講談社とまったく同時期、一九九六年二月に出版されている。

54 この読みは、「アーテー」の与格形を採ることにおいて、わたしの読みとまったく同じである。

55 この英文レジュメは、「あとがき」によるとデニス・オブライエン教授の修正を俟って成った、という。

56 John F. Newell, ‘Parmenidean Irony,’ Ph.D. dissertation, University of Pittsburgh, 2002.

57 ‘A revised version of his Parmenidean Irony,’ Ph.D. dissertation, University of Pittsburgh, 2002: ‘What’s In a Word? Some Things the Manuscript Reading of B1.3 Reveals about Parmenides, Homer, Plato, and Others’ (2017). この草稿は著者によって、親切にもわたしに送られてきたものであるが、二〇二一年二月現在におけるわたしへの彼の通信によれば、“Finding Ithaca and Sense in Parmenides’ B1.3: The Homeric Meaning of εἰδότ-” というタイトルで *Classical Quarterly* に掲載されることになっている、ということである。

58 Newell, in Draft p. 60.

59 Christopher John Kurfess, ‘Restoring Parmenides’ Poem: Essays toward a New Arrangement of the Fragments Based on a Reassessment of the Original Sources,’ University of Pittsburgh, 2012, pp. 38-39.

60 Cf. Lisa Atwood Wilkinson, *Parmenides and To Eon: Reconsidering Muthos and Logos*, Continuum International Publishing Group, 2009; Introduction, ‘Mapping a Route to Parmenides,’ pp. 1-9.

61 Stuart B. Martin, *Parmenides’ Vision: A Study of Parmenides’ Poem*, University press of America, 2016. S・B・マルチンは当該 *Parmenides’ Vision* 四七ページにおいて、現存する七個のパルメニデス写本について Hermann Mutschmann が作成した貴重な系統図を残してくれている。以下のものがそれである。

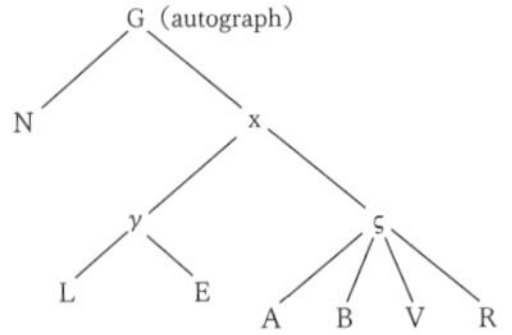

N = *Laurentianus* 85, 19, 13th/14th century.
L = *Laurentianus* 85, 11, dated 1465.
E = *Parisinus* 1964, 15th century.
A = *Parisinus* 1963, dated 1534.
B = *Berolinus Phil.* 1518, dated 1542.
V = *Venetus Marcianus* 262 (408), 15th century.
R = *Regimontanus* 16 b 12, 15th century.

62 Sextus Empiricus, Codex Laur. 85.19. f.124 v [from Coxon, *The Fragments of Parmenides*].
63 ソロン断片四における「エウノミア讃歌」における「テューモス」のことを想起されたい。
64 Richard E. Doyle, *ἌΤΗ: Its Use and Meaning, A Study in the Greek Poetic Tradition from Homer to Euripides*, New York, Fordham University Press, 1984. Cf. pp. 157-165.
65 しかし、ホメロス『イリアス』第二巻一一一における「クロノスの御子ゼウスはわしを深い迷妄の網にからめこんでしまわれた」（Ζεύς με μέγα Κρονίδης ἄτῃ ἐνέδησε βαρείῃ）や、『イリアス』第九巻一八におけるこれとまったく同じ表現にみられるアオリスト能動相での「アーテーィ・エネデーセ」（ἄτῃ ἐνέδησε）という言い方も、受動相にすれば、さしずめ「ἄτῃによって囚われた」（ἐνεδήθην ἄτῃ）と表現されることになるであろう。
66 "τάχα δ' ἵκετο ἔργ' ἀνθρώπων" *Il.*, 19.126-131.
67 ホメロス『イリアス』岩波文庫（下）、松平千秋訳、「伝ヘロドトス『ホメロス伝』」四五三ページ以下。
68 ホメロスの詩歌はパルメニデスの父祖たちの国フォカイアで作られたという伝承がある。同前。
69 Hiercl., ad c. aur.24; Diels, *Die Fragmente der Vorsocratiker*, 6 Auflage, S.360.
70 Hierocles in CA 54.2-3.
71 DL 31A7.
72 Patricia Curd, *The Legacy of Parmenides: Eleatic Monism and Later Presocratic Thought*, Princeton University Press, 1998, p. 155. She refers to O'Brien's *Empedocles' Cosmic Cycle* (pp. 30-31); C. E. Millerd's *On the Interpretation of Empedocles*, 1908; reprinted New York and London: Garland, 1980; B. Inwood's The Poem of Empedocles: *A Text and Translation with an introduction*, University of Toronto Press, 1992; M. R. Wright's *Empedocles: the Extant Fragments*. Yale University Press, 1981; C. Osborne's 'Empedocles Recycled,' *Classical Quarterly*, 37, (1987), pp. 24-50.
73 J. Palmer, *Parmenides & Presocratic Philosophy*, Oxford University Press, 2009, p. 272.
74 断片一一五。

［第三章］

1　Peter Kingsley (born 1953): *In the Dark Places of Wisdom* (Point Reyes, CA: Golden Sufi Center Publishing, 1999; *Reality* (New ed., London: Catafalque Press, 2020; Yulia Ustinova, *Caves and the Ancient Greek Mind: Descending Underground in the Search for Ultimate Truth*, Oxford University Press, 2009; *Divine Mania: Alteration of Consciousness in Ancient Greece*, Routledge, 2018.

2　パルメニデスの時代にはすでにヘシオドス的でアルカイックな冥界＝冥界地下世界説は放棄されていた。エムペドクレスの地獄もまたすでに下界には想定されていない。

3　B1.29: ἀληθείης εὐκυκλέος ἀτρεμὲς ἦτορ. シムプリキオスの読みをとる。

4　タラン前掲書一四七ページ、コクソン前掲書二一六ページ参照。

5　**Η ΠΑΛΑΙΑ ΔΙΑΘΗΚΗ, ΤΑΤΑ ΤΟΥΣ Ο'** (SEPTUAGINTA), **ΕΠΙΣΤΗΜΟΝΙΚΗ** ΕΠΙΜΕΛΕΙΑ, Prof. D. Dr. Alfred Rahlfs, **ΕΛΛΗΝΙΚΗ ΒΙΒΛΙΚΗ ΕΤΑΙΡΙΑ, ΟΔΟΣ ΕΜΜ. ΜΠΙΕΝΑΚΗ 50, ΑΘΗΝΑ**, p. 393. 当『セプタージンタ』引用にあたって注203 "*και φευξεται*" から "*οθεν εφυγεν εκειθεν*" に至る一七行を日本聖書協会版に従って本文に移した。

6　Aeschylus, Hiketides, 609-610: **'μᾶς μετοικεῖν τῆσδε γῆς ἐλευθέρους κἀρρυσιάστους ξύν τ'ἀσυλίᾳ βροτῶν·'**

7　多田富雄『免疫の意味論』「はしがき」を参照。パルメニデスとアイスキュロスが「アシュロン」と「アシュリア」いう語によって問うた問題もまた、当代ギリシアにおける「自己－非自己」のそれであった。

8　『ギリシア悲劇全集2』岩波書店、一九九一年所収、岡道男訳「ヒケティデス」解説、三四五ページ以下。

9　この **χρῆν** が necessity を示すそれであることについてはタラン前掲書二一二－二一三ページを参照。

10　拙論文「古代ギリシアの流血儀礼」（拙著『ギリシア人の哲学と世界観』玉川大学出版部、一九八六年、七二ページ以下）。

11　Leonardo Tarán, *Parmenides: A Text with*

Translation, Commentary, and Critical Essays, Princeton University Press, 1965, p. 16.　なお Christopher Kurfess, 'The Truth about Parmenides' Doxa,' *Ancient Philosophy*, Volume 36, Issue 1, Spring 2016, pp. 13-45 をも参照。

12　Fr.5:"ξυνὸν δέ μοί ἐστιν, ὁππόθεν ἄρξωμαι· τόθι γὰρ πάλιν ἵξομαι αὖθις."

13　断片七・五行「ロゴスに拠りて判定せよ」（κρῖναι δὲ λόγῳ）に関しては拙著『ゼノン4つの逆理』講談社、一九九六年、第6章「エレア学派と現代思想」二二一ページ参照。

14　「否定的充足理由律」についてはBarbara M. Sattler, *The Concept of Motion in Ancient Greek Thought: Foundations in Logic, Method, and Mathematics*, Cambridge University Press, 2020, 2.2.1.3 Principle of Sufficient Reqason, pp. 97-99 を参照。

15　1と0による二進法を確立したのは一七世紀のゴットフリート・ライプニッツである（Explication de l'Arithmétique Binaire）。後に彼は「易経」を知って、その六十四卦に000000から111111を対応させた。他方ジョージ・ブールは、一八〇〇年代中頃、ブール代数によって命題論理の形式化を示した。ブール代数はシャノンの仕事を通じて情報工学の分野で実を結び、「スーパーコンピュータ」を産みだした。なお、ポール・J・ナーイン、松浦俊輔訳『0と1の話――ブール代数とシャノン理論』青土社、二〇一三年をも参照。

16　ニコラ・ブルバキ『ブルバキ数学史』（上）村田全・清水達雄・杉浦光夫訳、ちくま学芸文庫、二〇〇六年、一八ページ。

17　しかし、ブールの出発点は「心の記法」を開発することにあった。坂本壮平「心を記すこと――ブールの論理代数と新しい記号論」東京大学大学院情報学環紀要『情報学研究』No.97を参照。

18　ニコラ・ブルバキ『ブルバキ数学史』（上）、三三一―三四ページ。

19　G. Boole, *The Mathematical Analysis of Logic: Being an Essay towards a Calculus of Deductive Reasoning*, Macmillan, Barclay and Macmillan: Cambridge, 1847, p. 32; *An Investigation of The Laws of Thought: On Which Are Founded The Mathematical Theories of Logic and Probabilities*, Dover

Publications, 1958, pp. 31-32. なお前掲坂本壮平「心を記すこと——ブールの論理代数と新しい記号論」四七ページ参照。

20 Simplicius, 140.34; Diels, fr.1.

21 G. Boole, *Op. cit.*

22 G. Boole, *An Investigation of The Laws of Thought*, pp. 49ff.

23 鈴木照雄『パルメニデス哲学研究』東海大学出版会、一九九九年、四〇、五四－五五ページ参照。

24 拙著『ゼノン　４つの逆理』第六章参照。

25 井上忠『パルメニデス』八五、一七八ページ参照。

26 「プロロゴス」を参照。

27 山鳥重『心は何でできているのか——脳科学から心の哲学へ』角川選書、二〇一一年、二五ページ。

28 同、「過去・現在・未来が折り重なった『今・ここ』」一六一ページ参照。

29 山鳥重「脳の死は心の死を意味するか」（山川偉也編『人間——その生死の位相』世界思想社、一九八八年所収）、さらに、山鳥重『心は何でできているのか』二三ページ以下参照。なお、山鳥重『「気づく」とはどういうことか——こころと神経の科学』ちくま新書、二〇一八年、第六章２「こころの完結性」一七九ページをも参照。

30 「ペデー」は「足枷」「桎梏《しっこく》」「束縛」、「ペイラス」は「綱」「器具」「道具」「索具」「端」「限界」「終結」「成就」「執行」「採決」等を意味する。これに対し「デスモス」は、「綱」「鎖」「枷」「絆」「舫」「牢獄」等を意味する。

31 Michael V. Wedin, *Parmenides' Grand Deduction: A Logical Reconstruction of the Way of Truth*, Oxford University Press, 2014, pp. 171ff.

32 テアイテトス（Θεαίτητος; 前四一七年－前三六九年頃）。おそらくアテネのスーニオン区のエウフロニオスの息子であり、ギリシアの数学者。主な業績は、ユークリッド『原論』第五巻の無理数論。彼は正多面体が五つであることを証明したと言われている。

33 『プラトン全集３』（『ソピステス』藤沢令夫訳）岩波書店、一九七六年、八九－九〇ページ。同じ趣旨のことが『パルメニデス』篇一四五Ａ－Ｂにおいても言われている。アンドレアス・シュパイザー『プラトン弁証法の研究』山川偉也訳、法律文化社、一九七五年、六六ページ参照。

34 John Palmer, *Parmenides and Presocratic Philosophy*, Oxford University Press, 2009, pp. 155-158 参照。

35 Euclid, *The Thirteen Books of Euclid's Elements*, Vol. I, T. L. Heath (trans.), Cambridge University Press, 1908, pp. 155ff.

36 Euclid, Ibid.

37 量子力学的観点からみた光子のようなものである。

38 パーマーは、パルメニデスの「あるもの」を「必然様相」の下に解釈する自説を擁護すべく、「毬(球)」を「あるもの」の「隠喩」とみなした人々を攻撃した (J. Palmer, *Parmenides and Presocratic Philosophy*, Oxford University Press, 2009, pp. 156ff)。「隠喩」派として彼が挙げたのは、当たっているかどうかは問わず、コクソン (Coxon)、オウエン (Owen)、カード (Curd)、コルデロ (Cordero) である。

39 鈴木照雄『パルメニデス哲学研究』五一二―五一六ページ、六一ページ以下。鈴木の著作の最大の欠点は、そのパルメニデス断片一の体系的無視にある。

40 Alexander P. D. Mourelatos, *The Route of Parmenides*, Originally published in 1970 Yale University Press, Revised and Expanded Edition, with a New Introduction, Three Supplemental Essays, and an Essay by Gregory Vlastos, Parmenides Publishing, 2008, pp. 123ff.

41 「毬(球)」は、「モデル」("speculative metaphor") という意味での「隠喩」(metaphor) である、とムーレラトスは言う。

42 Mourelatos, *Op. cit.*, p. 128.

43 Mourelatos, ibid., pp. 128-129.

44 Mourelatos, ibid., pp. 51-55.

45 ミッシェル・セール『幾何学の起源』豊田彰訳、叢書・ウニベルシタス758、法政大学出版局、二〇〇三年、四一―二ページ。

46 前掲拙著『ギリシア人の哲学と世界観』三一―三二ページならびに拙著『哲学者ディオゲネス』講談社学術文庫、二〇〇八年、第八章「ポリス的動物と『獣』のアナロギア」ならびに第十一章「アリストテレスの正義論」を参照。

47 クレメンスは "ὅμοιος" と伝えている。が、写本B、

Lにしたがって“ὁμῶς”と読む。
48 σκιδνάμενον.
49 συνιστάμενον.
50 Simplicius, 140.34; Diels, fr.1.
51 菅野盾樹『メタファーの記号論』勁草書房、一九八五年、九七－九八ページ参照。
52 ただし「アシュロン」を含む四八行にも小辞「エペイ」があるが、この小辞は「あるもの」が「より多」・「より少」であるといった不合理な事態はありえないという趣旨のことを理由づけるもので、いま問題にしている事態とは直接的には無関係である。
53 「客観的で本質的な属性」なる表現は、鈴木照雄『パルメニデス哲学研究』に拠る（三〇五ページ）。
54 『ユークリッド原論』中村幸四郎・寺阪英孝・伊東俊太郎・池田美恵訳、共立出版株式会社、一九七一年、四四六ページ。
55 拙稿「帰謬法、間接証明」（拙著『ギリシア思想のオデュッセイア』世界思想社、二〇一〇年、六八ページ以下）参照。
56 東洋にもそういう男がいた。インドの大乗仏教僧ナーガールジュナ（龍樹）である。拙論文 'Dual Truth, Parmenides and Nāgārjuna' in Hideya Yamakawa, *Visible and Invisible in Greek Philosophy*, University Press of America, 2008, pp. 67-79を参照。
57 村田全『数学史散策　増補版』科学図書館叢書、一九七四年、一五七－一五八ページ。

［第四章］

1 *Euclid's Elements in Greek*, Volume I, Books 1-4, The Greek text of *J. L. Heiberg* (*1883*) *from Euclidis Elementa, edidit et Latine interpretatus est I. L. Heiberg*, Vol. I. Libros I-IV continens, Lipsiae, in aedibus B. G. Teubneri, 1883, with an accompanying English translation by Richard Fitzpatrick, 2005, p. 6.
2 Glenn R. Morrow, *Proclus, A Commentary on the First Book of Euclid's Elements*, Princeton University Press, 1970, pp. 124-125; T. L. Heath, *The Thirteen Books of Euclid's Elements*, Volume I, Cambridge University Press, 1908, pp. 185-186.
3 上垣渉『ギリシア数学のあけぼの』日本評論社、一九九五年、五二－五四ページ参照。

4　アルキメデス『球と円柱について』第一巻命題三三。佐藤徹訳・解説『アルキメデス方法』東海大学出版会、一九九〇年、四一二－四一四ページ。

5　その詳細については前掲『アルキメデス方法』一五六ページを参照されたい。

6　すなわちアルキメデスは、直径1の円について円周が円周率πに等しくなること、さらに円に内接・外接する二つの正6角形のケースについて、「内接正6角形の周の長さ＜円周率π＜外接正6角形の周の長さ」が成り立つことを前提にして「$3<\pi<4$」となること、精確には「$1/2\times6=3<\pi<\sqrt{3}/3\times6=2\sqrt{3}$」となることを確認した。そのうえで正多角形の辺数を増やしてゆき、円に内接・外接する正96角形のケースについて円周率を計算し、「$3\times10/71<\pi<3\times10/70$」すなわち「$3.1408\cdots\cdots<\pi<3.1428\cdots\cdots$」という結論を得た。

7　円周率πは無理数であり、したがって二つの整数の商として表すことができず、しかもその小数展開は循環しない。またそれは超越数であるために、コンパスと定規を有限回用いて円と等面積の正方形を作図することもできない。

8　H. D. P. Lee, *Zeno of Elea*, Cambridge University Press, 1936, p. 9.

9　Glenn R. Morrow and John M. Dillon, *Proclus' Commentary on Plato's Parmenides*, Prinston University Press, 1987, p. 135.

10　大森荘蔵「ゼノンの逆理と現代科学」（『現代思想』一九九三年、二一－四号）、拙著『ゼノン　4つの逆理』講談社、一九九六年、三九ページ参照。

11　拙著『ゼノン　4つの逆理』四七ページ参照。

12　同前、一五一－一五四ページ参照。

13　同前、三八－四八ページ、一九四－一九六ページ参照。

14　三浦要『パルメニデスにおける真理の探究』京都大学学術出版会、二〇一一年、九七ページ参照。

15　プラトン『ソフィステス』篇二四一D（岩波版『プラトン全集3』藤沢令夫訳、七八－七九ページ）参照。

16　古代日本人は「ひと」（人民、庶民、蒼生）を表現する言葉として「青人草」という言葉を使った。『古事記』上巻に「葦原中国に有らゆるうつしき青人草」という表現がみられる。

17 Alexander P. D. Mourelatos, *The Route of Parmenides: A Study of Word, Image, and Argument in the Fragments*, Yale University Press, New Haven and London, 1970, pp. 230-231.

18 Leucippus, frag. 1.1a; Democritus, frag. 4b-c; A. H. Coxon, *Op. cit.*, pp. 223-224.

19 J. Mansfeld, *Die Offenbarung des Parmenides und die menschliche Welt*, Assen, Van Gorcum, 1964, pp. 28-32.

20 Hermann Fränkel, 'Ephemeros als Kennwort für Die menschliche Natur,' In *Wege und Formen Frühgriechischen Denkens*, München, C. H. Beck, 1955, pp. 28-32.

21 J. Bernays, *Gesammelte Abhandlungen*, Bd. I, Berlin, verlag Von Wilhelm Hertz, 1885, p. 62, Note 3 110.

22 拙著『ゼノン 4つの逆理』二二四－二二五ページ、また拙著『ギリシア思想のオデュッセイア』世界思想社、二〇一〇年所収「パルメニデスと龍樹」七六－一〇五ページ以下参照。

23 Coxon, *Op. cit.*, pp. 183-184. コクソンはアイスキュロスやアリストファネスを証拠として挙げている。が、双頭の蛇は今日でもアメリカ、北アフリカ、中国などいろいろなところで発見されている。双頭の蛇には二種類ある。ひとつは頭部に二つの頭が生えているもの。他は、頭部と尾部にそれぞれ一個ずつ頭があるものである。パルメニデスの「双つ頭ども」への言及が「双頭の蛇」にヒントを得たものであったとすれば、それは後者のタイプであっただろう。

24 トニー・アラン『世界幻想動物百科 ヴィジュアル版』上原ゆうこ訳、原書房、二〇〇九年、七六－七七ページ参照。

25 拙著『ゼノン 4つの逆理』二九〇－二九一ページ参照。

26 大森荘蔵『時は流れず』青土社、一九九六年、七七－一〇二ページ。

27 拙論文「始原としてのギリシャ」『現代思想』特集「甦るギリシャ」一九九九年、二七－九号、六六－九三ページ参照。

28 "τῷ" の解釈については Woodbury pp. 145-153; Long pp. 88-89; Mourelatos pp. 181-185; Furley

'Notes on Parmenides,' 7, n 22; Owen 'Naming in Parmenides' 17-25; Nussbaum pp. 74-75, n 37; Burnyeat 19, n 22 等々、多くの議論がある。

29 わたしは、"τῷ πάντ' ὀνόμασται" を採用するギャロップに賛同する。彼は当該箇所を "wherefore it has been named all things that mortals have established." と訳した。D. Gallop, *Parmenides of Elea: Fragments, A text and Translation with an Introduction*, University of Toront Press, 1984, pp. 71-72; Introduction n 27.

30 断片一、二はシムプリキオスによって伝え残されたゼノンの希少な真正の断片である。Simplicius, 140, 74；39, 5. 拙著『ゼノン　4つの逆理』一一三―一二五ページ参照。

31 Carl A. Huffman, *Philolaus of Croton: Pythagorean and Presocratic*, Cambridge University Press, 1993, p. 8.

32 「かねざし」「かね」ともいう。

33 『原論』第一〇巻二二六―二二七ページ；赤摂也「原論第II巻の原形について」(『科学基礎論研究』一九七九年、第一四巻三号、一一七―一二五ページ) 参照。

34 拙著『ゼノン　4つの逆理』「ゼノンの逆理の数学的構造」一〇六ページ以下を参照。

35 岩波版『アリストテレス全集1』所収『分析論前書』井上忠訳、二六六ページ参照。

36 拙論文「Heiberg版ユークリッド『原論』第X巻最終定理（付録27）の証明構造について」（桃山学院大学総合研究所『総合研究所紀要』一九九三年、Vol. 19, No. 1, pp. 11-23）参照。

37 Nestor-Luis Cordero, 'The "Doxa of Parmenides" dismantled', *Ancient Philosophy* 30 (2):pp. 231-246, 2010.

38 Livio Rossetti, ***Φιλοσοφία*** 49 II, 2020, pp. 43-59. なお Christopher Kurfess, 'The Truth about Parmenides' Doxa,' *Ancient Philosophy* 36, 1 (Spring 2016): pp. 13-45 をも参照。

39 メリッソスはパルメニデスの弟子であった。前四四一年―前四四〇年のサモス海戦において、サモス艦隊を率いる提督として、ペリクレス率いる絶頂期のアテネ艦隊と戦い、打ち破った。

40 ロセッティの *Un altro Parmenide* I, p. 128 参照。

41 “An Early Greek Epic, Narrative Structures in Parmenides’ Poem and the Relation between Its Main Parts,” *Mnemosyne* 74 (2021), pp. 200-237, p. 207, Note 22参照。

42 アリストテレス『詩学』一四五四b、松本仁助・岡道男訳、ワイド版岩波文庫、六〇ページ。

43 マンスフェルトの議論には承服しがたい思い込みの類が多い。パルメニデスの旅を「夜の館」から「夜の館」へのサイクリックな旅であると断定したり、断片八最終論証は「球形」の「有」(Being) を結論するものだと主張したりするなど。プラトンやデカルトへの言及は、もちろん、アナクロニズムの類にすぎない。

44 断片一・一行；二行；四行；二二行；二三－三五行；二八行；断片二・一行；断片六・二－三行；断片七・二行；断片八・六行；八行；三六行五一行；六〇行；六一行；断片一〇・一行；四－五行参照。

45 Felix Heinimann, *Nomos und Physis: Herkunft und Bedeutung einer Antithese im griechischen Denken des 5. Jahrhunderts*, Basel, Friedrich Peinhardt Verlag, 1945（『ノモスとピュシス――ギリシア思想におけるその起源と意味』廣川洋一・玉井治・矢内光一訳、みすず書房、一九八三年）ならびに山川偉也「パルメニデスと龍樹」（『ギリシア思想のオデュッセイア』世界思想社所収）参照。

46 K. Reinhardt, *Parmenides und die Geschichte der griechischen Philosophie*, Bonn, F. Cohen, 1916, pp. 82ff., Frankfurt am Main, Zweite Auflage, 1959.

47 拙著『ゼノン　4つの逆理』講談社、一九九六年、二一七ページ以下参照。

48 同前、二一〇ページ参照。

49 第一章注17を参照。

50 「水平線」が見えるということ自体が、大地が丸いことの証明となる。武田康男『地球は本当に丸いのか?』草思社、二〇一七年参照。わたし自身かつてキュプロス島のパフォスの高台に建つホテルAXIOTHEAに宿泊していたとき、そのベランダから、水平線上に巨きな客船が突如現れ航行するのを、興味深く見守った経験がある。

51 西田幾多郎「場所的論理と宗教的世界観」（『西田幾多郎全集第十一巻』岩波書店、四四七ページ）。

［第五章］

1 なわや竹・蔓《つる》を編んで作った土砂の運搬道具。

2 Vigdis Songe-Møller, *Philosophy without Women: the birth of sexism in Western thought*, Continuum, 2002.

3 Jonathan J. Price, *Thucydides and Internal War*, Cambridge University Press, 2001, pp. 208-209.

4 トゥキュディデス・久保正彰訳『戦史』（中）一〇〇－一〇一ページ参照。なお訳文を多少変えた。

5 その詳細については、岩波版『ソクラテス以前哲学者断片集』「第Ⅱ分冊A．生涯と学説」の項を参照。

6 『コロテス論駁』三二。訳文については『ソクラテス以前哲学者断片』第二分冊、岩波書店、一〇五参照。

7 『ギリシア哲学者列伝』IX二五以下参照。

8 「ガラスのように透明な」という意味で、元々ある妖精の名前。

9 Gassner論文、Clopper Almon, *Velia and the Cilento: An Introduction*, 2010など参照。

10 奇しくもプラトンが『パルメニデス』篇においてアテナイにおけるパルメニデス、ゼノン、ソクラテスの会談を設定した期間に相当する。

11 Verena Gassner, *Op. cit.*, p. 81.

12 すでに指摘しておいたとおり、港湾部居住区域Ⅱから発掘された三体のウーリス像の台座に記された数字は、いずれも、パルメニデスの没年すなわち前四四〇年からの経過年数を指すと考えられる。

13 Verena Gassner-Alexander Sokolicek, 'Urban Development and Fortifications in the Lower City of Velia. A Look into the City History of the 5th-2nd centuries B. C.', LA PAROLA DEL PASSATO RIVISTA DI STUDI ANTICH, VOLUME LXXIV/2, FIRENZE OLSCHKI EDITORE 2019, pp. 435ff; Verena Gassner, Maria Trapichler, Roman Saue, 'Pottery Production at Velia: Archaeometric Analyses and the Typological Development of Glazed Ware, Coarse Wares and Transport Amphorae', Giovanna Greco and Luigi Cicala (ed.), Archaeometry. Comparing Experiences, Quaderni del Centro Studi Magna Grecia 19, 2014, pp. 191-193; Babette Bechtold, 'Ghizène（Jerba）and Mediterranean trade from the 5th to the 3rd century

BCE: The evidence of the Greek transport amphorae,' CARTHAGE STUDIES 10, 2019, pp. 89ff.

14 Giovanna Greco and Carmelo Di Nicuolo, 'The Hellenistic Baths at Velia,' Sandra K. Lucore and Monika Trümper (ed.), *Greek Baths and Bathing Culture: New Discoveries and Approaches*, Peeters, 2013, pp. 123ff.

15 Vigdis Songe-Møller, *Op. cit.* p. 71.

16 アテナイに一定期間滞在し、村落の行政単位であるデーモスに登録され、参政権や不動産所有権（エンクテシス）はなく、人頭税（メトイキオン）を納め、兵役に服し、公共奉仕（レイトゥルギア）に指名された人々。

17 米澤茂「ソクラテスとアテネ帝国主義――ソクラテスの活動の再検討」『政治思想研究』第四号、政治思想学会、二〇〇四年、七九―九七ページ参照。

18 村川堅太郎・長谷川博隆・高橋秀『ギリシア・ローマの盛衰』講談社学術文庫、一九九三年など。

19 Martin J. Henn, *Parmenides of Elea: A Verse Translation with Interpretative Essays and Commentarry to the Text*, Praeger, 2003, p. 12; Rose M. Cherubin, 'Sex, Gender, and Class in the Poem of Parmenides: Difference without Dualism?' *American Journal of Philology* 140, no. 1, 2019, pp. 29-66.

［エピローグ］

1 Yamakawa Hideya, *ΜΙΑ ΣΤΑΛΑ ΚΡΑΣΙ*〔詩集『葡萄酒一滴』〕ΕΚΔΟΣΕΙΣ ΙΩΝΙΑ, Athens, 2004; オデュッセアス・エリティス・山川偉也訳『アクシオン・エスティ　讃えられよ』人文書院、二〇〇六年。

2 『ゼノン　4つの逆理』が講談社学術文庫に入ったのは二〇一七年六月。爾後、① 'Re-interpretation of Parmenides' Fragment 1.3'（『人間文化研究』八号、桃山学院大学総合研究所、二〇一八年、一三九―一八六ページ）; ②「再考パルメニデス断片1・3」（『西洋古典学研究』LXVII、二〇一九年、一四―二五ページ）; ③ 'Parmenides' Conception of Polis' (in K. Boudouris (ed.), *Polis, Cosmopolis and Globalisation*, International Center of Greek

Philosophy and Culture, Athens 2019, pp. 271-277);
④ 'The Bottom of Parmenides's ***ΠΕΡΙ ΦΥΣΕΩΣ***' (in Ph. Mitsis & H. L. Reid (ed.), *The Poetry in Philosophy: Essays in Honor of Christos C. Evangeliou*, Parnassos Press, USA 2021, pp. 57-98) が出版された。

3 伊東静雄『詩集 夏花』より。

［パルメニデス断片テクストならびに翻訳］

1 D-K, Tarán: 'κατὰ πάντ' ἄστη' を写本Nにしたがって 'κατὰ πάντ' Ἄτη' と読む。

2 T: 'ὅμως' を 'ὁμῶς' と読む。

3 T: 'ὄνομ(α) ἔσται' を 'ὀνόμασται' と読む。

4 T: 'τάντια' を 'ἀντία' と読む。Long 93-4, Gallop 74.

5 T: 'πάντῃ' を 'πάντων' と読む。

参考文献（選）

H. Diels-W. Kranz, *Die Fragmente der Vorsokratiker*, 3 Bde., 1951-52, Berlin.

Tarán, L., *Parmenides: A Text with Translation, Commentary and Critical Essays*. Princeton University Press (London: Oxford University Press), 1965.

Mourelatos, A. P. D., *The Route of Parmenides: A Study of Word, Image, and Argument in the Fragments*. (First edition Yale University Press 1970) Las Vegas: Parmenides Publishing (2008).

Gallop, D., *Parmenides of Elea: Fragments, A text and Translation with an Introduction*, University of Toront Press, 1984.

Coxon A. H., *The Fragments of Parmenides: A Critical Text With Introduction and Translation, the Ancient Testimonia and a Commentary*, Assen: Van Gorcum, 1986, Las Vegas, Parmenides Publishing (new edition) 2009.

Aubenque, P., *Études sur Parménide*, Tome I, Le Poème de Parménide, Texte, Traduction, Essai Critique par Denis O'Brien en Collaboration avec Jean Frère pour la Traduction Française, Librairie Philosophique J. Vrin, 1987.

内山勝利（総編集）『ソクラテス以前哲学者断片集』（全六冊）、岩波書店、１９９６－１９９８

鈴木照雄『パルメニデス哲学研究』東海大学出版会、１９９９

井上忠『パルメニデス』青土社、２００４

Palmer, J., *Parmenides and Presocratic Philosophy*, Oxford, 2009.

三浦要『パルメニデスにおける真理の探究』京都大学学術出版会、２０１１

Laks, A. and Most, G. W., *Early Greek Philosophy, Vol. V. Western Greek Thinkers, Part 2*, The Eleatics, Loeb Classical Library, 2016.

Adluri, Vishwa, *Parmenides, Plato and Mortal Philosophy*, Continuum, 2011.

アイスキュロス『ヒケティデス』（『ギリシア悲劇全集

2』岩波書店）１９９１

アリストテレス、村川堅太郎訳『アテナイ人の国制』岩波文庫、１９８０

――、橋場弦訳『アテナイ人の国制』（『アリストテレス全集19』岩波書店）、２０１４

――、松本仁助・岡道男訳『詩学・ホラーティウス詩論』ワイド版岩波文庫、２０１２

アルキメデス、佐藤徹訳・解説『アルキメデス方法』東海大学出版会、１９９０

Barnes, Jonathan, *The Presocratic Philosophers*. Routledge and Kegan Paul, 1982.

Boole, G., *An Investigation of The Laws of Thought: On Which Are Founded The Mathematical Theories of Logic and Probabilities*, Dover Publications, 1958.

ブルバキ、ニコラ『ブルバキ数学史』（上）村田全、清水達雄、杉浦光夫訳、ちくま学芸文庫、２００６

Burkert, Walter, 'Parmenides' Proem and Pythagoras' Descent,' Translated by Joydeep Bagchee, in Vishwa Adluri (ed.), *Philosophy and Salvation in Greek Religion*, De Gruyter, 2013.

Cherubin, Rose M., 'Sex, Gender, and Class in the Poem of Parmenides: Difference without Dualism?' *American Journal of Philology* 140, no. 1 (2019).

Cordero, Nestor-Luis, 'The "Doxa of Parmenides" dismantled,' *Ancient Philosophy* 30 (2): pp. 231-246, 2010.

Coxon, A. H., 'The Text of Parmenides fr. 1. 3,' *The Classical Quarterly*, Vol. 18, No. 1, May, 1968.

Curd, Patricia, *The Legacy of Parmenides: Eleatic Monism and Later Presocratic Thought*, Princeton University Press, 1998.

Diogenes Laertius: *Lives of Eminent Philosophers*, Volume II, Books 6-10 (Loeb Classical Library No. 185, 1989).

――加来彰俊訳『ギリシア哲学者列伝』岩波文庫（上中下）、１９８４、１９８９、１９９４

Doyle, Richard E., ***ΆΤΗ****: Its Use and Meaning, A Study in the Greek Poetic Tradition from Homer to Euripides*, New York, Fordham University Press, 1984.

Empiricus, *Sextus Empiricus in four volumes*: Against the logicians. Vol. 2. Harvard University Press. Retrieved 13 April 2022.

Euclid's *Elements* in Greek, Volume I, Books 1-4, The Greek text of J. L. Heiberg (1883) from Euclidis Elementa, edidit et Latine interpretatus est J. L. Heiberg, Uol. I. Libros I-IV continens, Lipsiae, in aedibus B. G. Teubneri, 1883, with an accompanying English translation by Richard Fitzpatrick, 2005.

ユークリッド、中村幸四郎・寺阪英孝・伊東俊太郎・池田美恵訳『ユークリッド原論』共立出版株式会社、1971

Fox, Robin Lane, *The Invention of Medicine: From Homer to Hippocrates,* Penguin Books, 2020.

Fränkel, Hermann, 'Ephemeros als Kennwort für Die menschliche Natur,' In *Wege und Formen Frühgriechischen Denkens,* München, C. H. Beck, 1955.

Gassner, Verena, 'Velia. Fortifications and Urban Design. The Development of the Town from the late 6th to the 3rd C. BC,' in *Empuries* 56, 2009-2011, pp. 75-100.

Guthrie, W. K. C., *A History of Greek Philosophy* Vol.II, The Presocratic tradition from Parmenides to Democritus, Cambridge University Press, 1965.

Heath, T. L., *The Thirteen Books of Euclid's Elements,* Vol. I, Cambridge Universiity Press, 1908.

Hegel, G. W. F., 'Zweiter Teil: Die Naturphilosophie, '*Enzyklopädie der philosophischen Wissenschaften im Grundrisse,* 1830.

Heinimann, Felix, *Nomos und Physis: Herkunft und Bedeutung einer Antithese im griechischen Denken des 5. Jahrhunderts,* Basel, Friedrich Peinhardt Verlag, 1945.

Henn, Martin J., *Parmenides of Elea: A Verse Translation with Interpretative essays and Commentary to the Text,* Praeger, 2003.

Herodotus, Books I-IX (4 volumes) (Loeb Classical Library), 1961.

――――、松平千秋訳『歴史』岩波文庫(上)、1971

ホメロス、松平千秋訳『イリアス』岩波文庫(下)、「伝ヘロドトス『ホメロス伝』」1992

Huffman, C. A., *Philolaus of Croton: Pythagorean and Presocratic, A Commentary on the Fragments and

Testimonia with Interpretive Essays, Cambridge, 1993.

———*Archytas of Tarentum, Pythagorean, Philosopher and Mathematician King*, Cambridge University Press, 2005.

Iamblichus, *On the Pythagorean Life*, Translated with notes and introduction by Gillian Clark, Liverpool University Press, 1989.

伊藤正『ギリシア古代の土地事情』多賀出版、１９９９

ケレーニイ、カール、岡田泰之訳『医神アスクレピオス』白水社、１９９７

川田殖「ヒポクラテスの『誓い』を読む（３）——『誓い』の共同体」（山梨医科大学紀要第七巻）、１９９０

Kingsley, Peter, *In the Dark Places of Wisdom*, Golden Sufi Center Publishing, 1999.

Kouloumentas, Stavros, 'The Body and the Polis: Alcmaeon on Health and Disease,' *British Journal for the History of Philosophy*, vol. 22, No. 5, 867-887; 2014.

Kurfess, Christopher, 'The Truth about Parmenides' Doxa', *Ancient Philosophy*, Volume 36, Issue 1, Spring 2016.

Lee, H. D. P., *Zeno of Elea*, Cambridge University Press, 1936.

Lesher, J. H., *Xenophanes of Colophon, Fragments, A Text and Translation with a Commentary*, University of Toronto Press, 1992.

Lucianus, *Lucian in eight volumes*, II, 'Philosophies for Sale,' Loeb Classical Library, 1915-1963.

———、呉茂一他訳『本当の話——ルキアノス短篇集』ちくま文庫、１９８９

まど・みちお『まど・みちお全詩集』新訂版、理論社、２００１

Mansfeld, J., *Die Offenbarung des Parmenides und die menschiche Welt*, Assen, Van Gorcum 1964.

———"An Early Greek Epic, Narrative Structures in Parmenides' Poem and the Relation between Its Main Parts," *Mnemosyne* 74, 2021, pp. 200-237.

Martin, Stuart B., *Parmenides' Vision:* A Study of Parmenides' Poem, University Press of America, 2016.

ダグラス、メアリ、塚本利明訳『汚穢と禁忌』ちくま学芸文庫、２００９

Minar, E. L., *Early Pythagorean Politics in Practice and*

Theory, Waverly Press, 1942.

Morrow, Glenn R. and John M. Dillon, *Proclus' Commentary on Plato's Parmenides*, Prinston University Press, 1987.

———*Proclus, A Commentary on the First Book of Euclid's Elements*, Princeton University Press, 1970.

村田全『数学史散策　増補版』科学図書館叢書、１９７４

Newell, J., 'A revised version of his Parmenidean Irony,' Ph.D. dissertation, University of Pittsburgh, 2002: 'What's In a Word? Some Things the Manuscript Reading of B1.3 Reveals about Parmenides, Homer, Plato, and Others' (2017).

Noussia-Fantuzzi, Maria, *Solon the Athenian, the Poetic Fragments, Mnemosyne Supplements*, Vol. 326. Brill 2010.

オデュッセアス・エリティス、山川偉也訳『アクシオン・エスティ　讃えられよ』人文書院、２００６

大森荘蔵「ゼノンの逆理と現代科学」(『現代思想』二一－四号)、１９９３

———『時は流れず』青土社、１９９６

Owen. G. E. L. (1960), "Eleatic Questions." *Classical Quarterly* 10: 84-102.

Özyiğit, Ömer, 'Recent Discoveries at Phocaea,' *Empuries* 56. 2009-2011.

プラトン、松永雄二訳『パイドン』篇(『プラトン全集１』岩波書店)、２００５

———、藤沢令夫訳『ソピステス』篇(『プラトン全集３』岩波書店)、２００５

———、田中美知太郎訳『パルメニデス』(『プラトン全集４』岩波書店)、２００５

プルターク、河野与一訳『プルターク英雄伝』(二)「ソローン」(一六)、岩波文庫、１９５２

Plutarch, *Adversus Colotem* 32 in Andre Laks and Glenn W. Most, *Early Greek Philosophy, Vol. V Western Greek Thinkers Part 2*, Harvard University Press 2016.

Price, Jonathan J., *Thucydides and Internal War*, Cambridge University Press, 2001.

Reinhardt, K., *Parmenides und die Geschichte der griechischen Philosophie*, Bonn, Frankfurt am Main, Zweite Auflage 1959.

Rossetti, L., 'Parmenides Misinterpreted,' ***Φιλοσοφία*** 49

II, 2020.
坂本壮平「心を記すこと――ブールの論理代数と新しい記号論」東京大学大学院情報学環紀要『情報学研究』No.97
Sattler, Barbara M., *The Concept of Motion in Ancient Greek Thought: Foundations in Logic, Method, and Mathematics*, Cambridge University Press, 2020.
Songe-Møller, Vigdis, *Philosophy without Women: the birth of sexism in Western thought*, Continuum, 2002.
Strabo, *Geography*, Loeb Classical Library, Books 6-7.
――――飯尾都人訳『ギリシア・ローマ世界地誌』竜渓書舎、１９９４
多田富雄『免疫の意味論』青土社、１９９３
田中美知太郎『プラトンI――生涯と著作』岩波書店、１９７９
Tarrant, H., 'Parmenides B1.3: Text, Context and Interpretation,' *Antichthon*, Vol. 10, 1976.
Thucydides, *History of the Peloponnesian War*: vol. 2 (Loeb Classical Library).
――――、久保正彰訳『戦史』岩波文庫（中）、１９６６
上垣渉『ギリシア数学のあけぼの』日本評論社、１９９５
Ustinova, Yulia, *Caves and the Ancient Greek Mind: Descending Underground in the Search for Ultimate Truth*, Oxford, University Press 2009.
Waterfield, Kathryn, 'Penteconters and the Fleet of Polycrates,' *The Ancient History Bulletin*, Volume Thirty-Three 2019.
Wilkinson, Lisa Atwood, *Parmenides and To Eon: Reconsidering Muthos and Logos*, Continuum International Publishing Group, 2009.
Williams, R. T., *Silver Coinage of Velia*, London, 1992.
山鳥重「脳の死は心の死を意味するか」（山川偉也編『人間――その生死の位相』世界思想社）、１９８８
――――『心は何でできているのか――脳科学から心の哲学へ』角川選書、２０１１
――――『「気づく」とはどういうことか――こころと神経の科学』ちくま新書、２０１８
山川偉也「ルートヴィヒ・フォン・ベルタランフィの一般システム理論」（『人間とイデア』法律文化社）、１９７７

——「古代ギリシアの流血儀礼——動物供犠、ファルマコス、殺人による流血とその浄め」（桃山学院大学『社会学論集』第十九巻第一号および第二号）、１９８５

——「Heiberg版ユークリッド『原論』第X巻最終定理（付録27）の証明構造について」（桃山学院大学総合研究所『総合研究所紀要』Vol. 19, No. 1）、１９９３

Yamakawa Hideya, *ΜΙΑ ΣΤΑΛΑ ΚΡΑΣΙ*〔詩集『葡萄酒一滴』〕ΕΚΔΟΣΕΙΣ ΙΩΝΙΑ, Athens, 2004.

——, 'Dual Truth, Parmenides and Nāgārjuna' in *Visible and Invisible in Greek Philosophy*, University Press of America, 2008.

——, 'Re-interpretation of Parmenides' Fragment 1.3,'（桃山学院大学総合研究所『人間文化研究』8）、2018.

——「再考パルメニデス断片１・３」（『西洋古典学研究』LXVII）、２０１９

——, 'Parmenides' Conception of *Polis*' (in K. Boudouris (ed.), *Polis, Cosmopolis and Globalisation*, International Center of Greek Philosophy and Culture, Athens 2019.

——, 'The Bottom of Parmenides's *ΠΕΡΙ ΦΥΣΕΩΣ*' (in Phillip Mitsis & Heather L. Reid (ed.), *The Poetry in Philosophy: Essays in Honor of Christos C. Evangeliou*, Parnassos Press, USA 2021.

米澤茂「ソクラテスとアテネ帝国主義——ソクラテスの活動の再検討」（『政治思想研究』第四号、政治思想学会）、２００４

［ワ］

［マ］

［ヤ］

［ラ］

［カ］

［サ］

事項索引

[ア]

[マ]

[ヤ]

[ラ]

［サ］

［タ］

［カ］

人名索引

［ア］

アーモン（Clopper Almon） 315
アイスキュロス（Aischylos） 72, 100, 115-123, 298, 306, 319
アインシュタイン（Albert Einstein） 4, 265
アエティオス（Aëtios） 58, 72
アスパシア（Aspasia） 257
アディマントス（Adeimantos） 29, 291
アドルリ（Vishwa Adluri） 86
アナクシマンドロス（Anaximandros） 38, 100
アナクシメネス（Anaximenes） 100
アナクレオン（Anakreon） 100
アポロドロス（Apollodōros） 28, 35, 42
アメイニアス（Ameinias） 28, 36, 37, 40, 46, 48, 49, 56, 261, 296
アリスティッポス（Aristippos） 40
アリストゲイトン（Aristogeíton） 242
アリストテレス（Aristotelēs） 6, 35, 52, 63, 145, 155, 156, 158, 217, 219, 220, 223, 227, 293, 297, 313, 314, 319
アリストテレス（Aristotle 三十人政権執行委員の一人） 30, 33, 35
アルカイオス（Alcaeus） 72, 99
アルキッポス（Archippos） 48, 294
アルキメデス（Archimedes） 177, 180-183, 311, 319
アルキュタス（Archytas） 36, 40
アルクマイオン（Alkmaion） 57, 58, 60, 100
アンティオコス（Antiochos） 18
アンティステネス（Antisthenēs） 242
アンティフォン（Antiphon） 29, 33, 292
イアムブリコス（Iamblichus） 40, 54, 56, 57, 294
イエーガー（Werner Wilhelm Jaeger） 80, 148
池田美恵（Ikeda Mie） 310, 332
伊東俊太郎（Ito Shuntaro） 322
伊東静雄（Ito Shizuo） 317
伊藤正（Ito Tadashi） 67, 68, 297, 298, 321
井上忠（Inoue Tadashi） 90, 92-95, 100, 141, 303, 308, 314, 318
イビュコス（Ibycos） 72, 99
岩倉具実（Iwakura Tomozane） 263, 264
ウィトゲンシュタイン（Wittgenstein） 238
ウィルキンソン（Lisa Atwood Wilkinson） 96
上垣渉（Uegaki Wataru） 310, 311, 323
ウエディン（Michael V. Wedin）

山川偉也（やまかわ・ひでや）

一九三八年生まれ。同志社大学文学部哲学専攻卒業。同大学院文学研究科博士課程単位取得退学。桃山学院大学名誉教授。アテネ大学名誉哲学博士。専攻は哲学。著書に『ゼノン　4つの逆理――アキレスはなぜ亀に追いつけないか』『哲学者ディオゲネス――世界市民の原像』『古代ギリシアの思想』（ともに講談社学術文庫）、『ギリシア思想のオデュッセイア』（世界思想社）、*Visible and Innsible in Greek Philosophy*, University Press of America など、詩集に **ΜΙΑ ΣΤΑΛΑ ΚΡΑΣΙ**（『葡萄酒一滴』ΕΚΔΟΣΕΙΣ ΙΩΝΙΑ）、訳書にオデュッセアス・エリティス『詩集　アクシオン・エスティ　讃えられよ』（人文書院）など。

パルメニデス
錯乱《さくらん》の女神《めがみ》の頭上《ずじょう》を越《こ》えて

二〇二三年　一月一一日　第一刷発行

著者　山《やま》川《かわ》偉《ひで》也《や》

発行者　鈴木章一

発行所　株式会社講談社
東京都文京区音羽二丁目一二―二一　〒一一二―八〇〇一
電話（編集）〇三―三九四五―四九六三
（販売）〇三―五三九五―四四一五
（業務）〇三―五三九五―三六一五

装幀者　奥定泰之

本文データ制作　講談社デジタル製作

本文印刷　信毎書籍印刷株式会社

カバー・表紙印刷　半七写真印刷工業株式会社

製本所　大口製本印刷株式会社

ISBN978-4-06-530570-6　Printed in Japan　N.D.C.131　338p　19cm

KODANSHA

講談社選書メチエの再出発に際して

講談社選書メチエの創刊は冷戦終結後まもない一九九四年のことである。長く続いた東西対立の終わりはついに世界に平和をもたらすかに思われたが、その期待はすぐに裏切られた。超大国による新たな戦争、吹き荒れる民族主義の嵐……世界は向かうべき道を見失った。そのような時代の中で、書物のもたらす知識が一人一人の指針となることを願って、本選書は刊行された。

それから二五年、世界はさらに大きく変わった。特に知識をめぐる環境は世界史的な変化をこうむったとすら言える。インターネットによる情報化革命は、知識の徹底的な民主化を推し進めた。誰もがどこでも自由に知識を入手でき、自由に知識を発信できる。それは、冷戦終結後に抱いた期待を裏切られた私たちのもとに差した一条の光明でもあった。

その光明は今も消え去ってはいない。しかし、私たちは同時に、知識の民主化が知識の失墜をも生み出すという逆説を生きている。堅く揺るぎない知識も消費されるだけの不確かな情報に埋もれることを余儀なくされ、不確かな情報が人々の憎悪をかき立てる時代が今、訪れている。

この不確かな時代、不確かさが憎悪を生み出す時代にあって必要なのは、一人一人が堅く揺るぎない知識を得、生きていくための道標を得ることである。

フランス語の「メチエ」という言葉は、人が生きていくために必要とする職、経験によって身につけられる技術を意味する。選書メチエは、読者が磨き上げられた経験のもとに紡ぎ出される思索に触れ、生きるための技術と知識を手に入れる機会を提供することを目指している。万人にそのような機会が提供されたとき初めて、知識は真に民主化され、憎悪を乗り越える平和への道が拓けると私たちは固く信ずる。

この宣言をもって、講談社選書メチエ再出発の辞とするものである。

二〇一九年二月　　野間省伸

近代性の構造　今村仁司
身体の零度　三浦雅士
近代日本の陽明学　小島　毅
未完のレーニン　白井　聡
経済倫理＝あなたは、なに主義？　橋本　努
ヨーガの思想　山下博司
パロール・ドネ　C・レヴィ＝ストロース　中沢新一訳
ブルデュー　闘う知識人　加藤晴久
熊楠の星の時間　中沢新一
絶滅の地球誌　澤野雅樹
共同体のかたち　菅　香子
三つの革命　佐藤嘉幸・廣瀬　純
なぜ世界は存在しないのか　マルクス・ガブリエル　清水一浩訳
「東洋」哲学の根本問題　斎藤慶典
言葉の魂の哲学　古田徹也
実在とは何か　ジョルジョ・アガンベン　上村忠男訳
創造の星　渡辺哲夫

いつもそばには本があった。　國分功一郎・互　盛央
創造と狂気の歴史　松本卓也
「私」は脳ではない　マルクス・ガブリエル　姫田多佳子訳
AI時代の労働の哲学　稲葉振一郎
西田幾多郎の哲学＝絶対無の場所とは何か　中村　昇
名前の哲学　村岡晋一
「心の哲学」批判序説　佐藤義之
贈与の系譜学　湯浅博雄
「人間以後」の哲学　篠原雅武
ドゥルーズとガタリの『哲学とは何か』を精読する　近藤和敬
自由意志の向こう側　木島泰三
自然の哲学史　米虫正巳
夢と虹の存在論　松田　毅
クリティック再建のために　木庭　顕
AI時代の資本主義の哲学　稲葉振一郎
ウィトゲンシュタインと言語の限界　ピエール・アド　合田正人訳
ときは、ながれない　八木沢　敬

最新情報は公式twitter　→@kodansha_g
公式facebook　→https://www.facebook.com/ksmetier/